# 한국근대 주일한국공사의 파견과 활동

역사
총서

# 한국근대 주일한국공사의
# 파견과 활동

한철호 지음

푸른역사

◉ 일본에 파견된 주일공사 8인(1887~1905)

민영준閔泳駿
1887.5.16~1888.10.14

김가진金嘉鎭
1888.10.14~1893.3.29

김사철金思轍
1893.3.29~1894.8.20

고영희高永喜
1894.5.10~1895.8.27
1903.2.10~1903.12.28

이하영李夏榮
1896.3.12~1898.11.11
1899.5.9~1899.7.25(미부임)
1900.4.22~1900.8.7

조병식趙秉式
1900.8.7~1900.11.13

성기운成岐運
1900.11.13~1901.5.30

조민희趙民熙
1904.4.7~1905.12.23

한국근대사를 전공하게 된 이유 중의 하나는 현재의 구조를 잉태케 한 역사적 뿌리를 올바로 밝혀보고 싶다는 것이었다. 특히 한국근현대사의 전개과정에서 커다란 영향을 미쳤던 한일관계에 관심을 갖고 있었다. 개항 이후 한국병탄에 이르기까지 한국근대사는 곧 한일관계사라고 해도 과언이 아니라고 생각했기 때문이다. 그러나 근대 한일관계는 단순히 양국의 관계로만 이해할 수 있는 차원이 아니었고, 선학들의 연구를 뛰어넘을 만한 역량도 갖추지 못한 탓에 현재 한일관계의 근원과 그 실상을 감히 파헤쳐보겠다는 용기는 머지않아 만용에 지나지 않았다는 사실을 깨닫게 되었다. 따라서 이 주제는 아쉽지만 훗날을 기약을 기약한 채 일단 중단하지 않을 수 없었다.

다행히 초대 주미공사 일행을 중심으로 친미개화파의 형성과정과 개혁활동에 대한 학위논문을 준비하는 과정에서 한일관계사를 새롭게 연구해야 할 필요성과 함께 이를 풀어나갈 만한 중요한 실마리를 얻게 되었다. 그 실마리는 바로 단기간에 특정 업무를 수행한 수신사·조사시찰단·보빙사 등의 외교사절단이나 유학생들과 달리 주재국에 장기간에 걸쳐 체재하면서 활동했던 공사의 존재였다. 우리나라 최초의 근대적 상주외교관이자 대일 외교의 실무담당자였던 주일공사가 어떻게 파견되었고 양국 간의 외교 현안을 처리했으며 일본의 동향을 파악·인식했는가를 살펴보면, 일본의 한국침략과 그 대응에 초점을 맞추거나 특정 사건 혹은 인물에 편중되었던 기존 연구의 공백을 메움과 동시에 근대 한일관계사의 전개과정 및 그 성격을 새롭게 規明할 수 있으리라고 판단했던 것이다.

이러한 관점에 입각해서 주일공사에 관련된 사료를 찾아보니 의외로 새로운 것들이 적지 않았다. 규장각에는 《주일(래거)안》·《주일공사관일기》·《흠차주차일본공사관경용성책》 등이 남아 있었고, 《일안》·《통서일기》·《외아문일기》와 《일본외교문서》·《주한일본공사관기록》 등 공간된 사료에도 관련내용이 많이 담겨 있었다. 또 2006년 일본에서 연구년을 보내는 동안 외무성 외교사료관 소장의 《在本邦各國公使任免雜件—韓國之部—》 등의 사료와 메이지시대에 간행된 각종 신문들을 열람하고 주일공사관 옛터를 답사확인하는 기회도 갖게 되었다.

이 사료들을 토대로 필자는 주일공사관이 1887년 설치된 후 1905년 폐쇄되기까지 주일공사의 파견과 활동을 정리·분석해서 6편의 논문을 집필하기에 이르렀다. 하지만 막상 이를 묶어 책으로 출판하려고 보니 내용이나 체제 모두 부족한 점이 너무 많았다. 그래서 관련 사료를 더 수집해서 꼼꼼히 훑어보고 수정·보완하려고 애썼으나 여전히 만족할 만한 수준에 도달하지 못하였다. 특히 애초 염두에 두었던 주일공사의 일본인식과 주일공사관원의 구성에 대한 분석은 조금 더 보충할 여지가 많아 책의 논지에 맞춰 일부분만 활용하는 데 머무르고 말았다. 따라서 이 책에서는 주일공사관이 설치되었던 1887~1905년간 주일공사의 파견 배경과 과정을 살펴본 다음 시기별로 활동을 고찰하고, 결론격으로 그 의의와 한계를 나름대로 짚어보는 데 역점을 두었다.

저서를 집필하는 동안 주일공사들이 직접 작성한 보고서 혹은 일기 등 각종 문헌의 내용이 매우 빈약하다는 사실을 확인하면서 안타까운 마음을 금치 못하였다. 상대적으로 당시 한국의 일거수일투족을 면밀하게 분석·파악했던 주한일본공사관의 기록이 떠올랐기 때문이다. 어쩌면 단순할 수도 있는 이러한 양국 공사관기록의 질적·양적인 차이가 당시 한국과 일본의 상황을 단적으로 보여줄 뿐 아니라 양국의 명운을 가른 근원일지도 모른다고 판단하면 무리일까? 여러 가지로 미흡하기 짝이 없는 이 책이 일본의 한국병탄 100년을 맞이해서 한일관계에 대한 역사적 흐름을 고찰함과 동시에 일제의 식민지로 전락하는 과정과 그 원인의 중요한 측면을 밝히는 데, 나아가 현재와 미래의 바람직한 한일관계상을 정립·모색하는 데 조금이라도 도움이 되기를 기대한다.

그나마 이 책이 모양새를 갖출 수 있었던 것은 수많은 분들의 도움을 받았기 때문이다. 역사를 공부하는 과정에서 늘 날카로운 비판과 따뜻한 격려를 아끼지 않았던 한국근현대사학회 회원들과 동국대 대외교류연구원 선생님들께 감사드린다. 원고를 정리하고 교정하느라 애썼던 동국대 한성민·조건·이승민 선생님, 대학원생 박광명·김항기·유도근 군에게도 고마움을 전한다. 또 여전히 제 역할을 못하는 저자를 늘 사랑과 이해로 보듬어주는 가족에게 이 책을 바친다. 이 저술은 2006년 정부재원(교육인적자원부 학술연구조성사업비)으로 한국학술진흥재단의 지원을 받아 연구되었다(KRF-2006-812-A00006). 마지막으로 이 책을 기꺼이 출판해 준 푸른역사 박혜숙 사장님과 이 책을 멋있게 편집해 주고 꼼꼼하게 교정해 준 편집부 여러분에게 감사의 뜻을 표하고 싶다.

2009년 10월 11일
한철호

현재 동아시아에는 주변국가들 간의 영토분쟁·역사문제를 둘러싸고 그 어느 때보다 대립과 갈등이 고조되고 있다. 이러한 상황에서 동아시아 각국이 생존 전략을 찾아 고심했던 백 년 전의 국제정세는 우리에게 시사해주는 바가 적지 않다. 조일수호조규(강화도조약, 1876)의 체결 이후 조선은 자주독립을 유지하고 근대적 국민국가를 수립하기 위해 일본·중국 및 서구 열강의 외압에 대응하는 동시에 서구식 제도·문물의 수용 방법을 다양하게 모색하였지만, 결국 일본의 식민지로 전락하는 비극을 맞이하였기 때문이다.

조일수호조규의 체결 후 조선은 미국·영국·프랑스·러시아 등 서구 열강과 근대적 조약을 맺음으로써 중국 중심의 화이론적華夷論的 조공질서朝貢秩序에서 벗어나 세계자본주의체제에 본격적으로 편입되었다. 이러한 상황 속에서 조선은 자주독립을 유지하고 근대적 국민국가를 수립하기 위해 일본·중국 및 서구 열강의 외압에 대응하는 동시에 서구식 제도·문물의 수용 방법을 다양하게 모색하였다. 특히 조선정부는 일본과 국교를 맺은 뒤 수신사修信使·조사시찰단朝士視察團 등의 외교사절단과 유학생들을 일본에 파견함으로써 메이지유신明治維新 이후 일본의 근대적인 제도개혁과 부국강병책의 추진상황, 그리고 국제정세의 동향을 파악하려고 노력하였다.

아울러 조선정부는 일본과 조약을 체결한 지 11년 만인 1887년에 주일공사관을 도쿄東京에 개설하고 주일공사를 파견함으로써 실질적인 양국 간의 국교정상화를 이룩하였다. 주일공사관은 외교 활동을 전개하기 위해 설립된 역사상 최초의 근대적 상주공사관常駐公使館으로서 조선의 자주독립을 대내외에 과시했다는 점에서 그 역사적 의의가 크다. 또한 주일공사들은 특정 업무를 수행한 수신사 등의 외교사절단이나 유학생들과는 달리 일본에 장기간 주재하면서 양국 간의 외교 현안을 처리했을 뿐 아니라 일본의 동향을 광범위하고 체계적으로 파악할 수 있었다는 점에서 주목을 요한다. 더욱이 그들 중에는 귀국 후 정부의 각종 개화·자강추진기구에서 근무하거나 갑오개혁·독립협회운동에서 중요한 역할을 담당하였고, 정치·외교 분야에서 두드러지게 활동한 인물들이 많았다.

따라서 일본과 실질적인 국교정상화의 상징인 주일공사관이 1887년 개설된 후부터 1905년 을사늑약으로 폐쇄될 때까지 주일공사들의 파견과정 및 외교활동과 그들의 일본인식을 철저하게 분석·정리하는 작업은 한국근대의 정치·개혁운동 및 한일관계의 전개과정, 그리고 국제질서의 변화에 대한 한국인의 대외관을 올바로 파악하는 데 관건이 된다. 그럼에도 수신사 등의 외교사절단이나 유학생들의 활동과 일본관에 관해서는 많은 고찰이 이뤄져 왔던 반면, 대일對日 외교의 실무를 공식적으로 담당했던 주일공사에 관한 연구는 매우 소홀하다. 단지 주일공사의 파견은 주미공사를 파견하기 위한 예비조차—청국에 대한 이른바 '선파후자先派後咨'—로써 언급되었을 뿐이다.[1] 다행히 최근에 이르러 통리기무아문—통리교섭통상사무아문 계통의 외교관서와 상주사절을 중심으로 근대 외교제도를 고찰한 연구가 이뤄졌다. 그러나 이 연구 역시 초대 주일공사의 파견에 한정되어 있기 때문에 역대 주일공사들은 물론 참찬관·서기관 등의 정확한 임면任免 사항도 파악되어 있지 않고, 아쉽게도 그들의 외교 활동과 일본인식은 물론 주일한국공사의 철수 및 주일한국공사관의 폐지에 대해서는 다루고 있지 않다.[2]

한편 기존의 한일관계사 연구는 두 가지로 나누어 볼 수 있다. 그중 하나는 일본의 대한 침략정책과 한국의 대응을 해명하는 데 초점을 맞추고, 그 범위 역시 강화도조약·임오군란·갑신정변·갑오개혁·을사늑약 등 중요 사건을 중심으로 그 전후의 처리과정을 살펴보는 데 편중되어 있다. 그 결과 이들 사건들 사이에 벌어졌던 양국의 외교에 관해서는 특정 주제에 국한되어 부분적으로 다루어졌을 뿐, 당시 주일외교의 실무를 담당했던 주일한국공사의 역할과 활동에 대해서는 밝혀져 있지 않다.

다른 하나는 최근 대한제국에 대한 관심이 높아지면서 정치·경제·군사 정책은 물론 외교정책을 고찰한 연구이다. 종래 열강의 대한정책을 밝히는 경향에서 벗어나 이른바 광무정권이 어떠한 외교정책을 펼쳤는

●

[1] 송병기, 〈소위 "삼단"에 대하여〉, 《사학지》 6, 1972; 김원모, 〈박정양의 대미자주외교와 상주공사관개설〉, 《남사정재각박사고희기념 동양학논총》, 고려원, 1984.
[2] 김수암, 〈한국의 근대외교제도 연구〉, 서울대 외교학과 박사학위논문, 2000.

가에 대해 연구가 본격적으로 이뤄졌던 것이다. 그 결과 일본의 침략과 한국지배라는 결과론에 입각해서 그 과정을 꿰맞추는 식의 한계를 비판하고, 당시의 격동하는 동아시아 국제정세와 러·일 양국 간의 각축 속에서 시기별로 광무정권의 외교정책이 어떻게 변화해갔는가가 밝혀졌다. 특히 고종이 단순히 열강들을 끌어들여 세력균형을 도모한 데 그치지 않고 자주독립을 유지하기 위해 적극적으로 주권수호외교를 펼쳤던 사실을 높이 평가한 연구들이 주목된다.[3]

하지만 기존의 대일 외교정책에 관한 연구는 중립화정책·삼국제휴론·한일동맹론·망명자문제를 중심으로 이뤄져 있을 뿐 아직까지 그 전모가 밝혀지지 않았다. 무엇보다도 고종이 주권수호외교의 일환으로 전개한 각종 정책들은 어떠한 배경에서 나왔고, 어떠한 의도로 구상되어 구체적으로 전개되었는가에 대해서는 치밀하게 연구되지 않았다. 더군다나 주일공사들이 대한제국 정계 내에서 발의되고 결정된 정책들을 어떻게 일본정부와 교섭하고 이를 추진했는지가 제대로 연구되지 않았던 것이다. 한마디로 주일공사관 설치 이후 주일공사의 활동과 그 의의에 관해서는 본격적인 연구가 전혀 이뤄지지 않았다고 해도 과언이 아니다.

따라서 한일관계의 역사적 근원을 이루는 근대 한일외교의 전모를 체계적으로 조감하고 그 성격을 밝혀내기 위해서는 한국정부의 정책 입안

---

[3] 주일공사와 관련된 대표적인 연구로는 모리야마 시게노리, 김세민 옮김, 《근대한일관계사 연구》, 현음사, 1994; 현광호, 《대한제국의 대외정책》, 신서원, 2002; 《대한제국과 러시아 그리고 일본》, 선인, 2007; 서영희, 《대한제국 정치사 연구》, 서울대학교출판부, 2003 등이 있다.

및 결정과정, 그리고 주일공사들의 대일 교섭, 일본정부의 대응에 관한 주일공사와 고종 및 정부대신 간의 논의 등을 일목요연하고도 입체적으로 분석하는 작업이 필수적이다. 이러한 관점에 입각해서 이 책에서는 대일외교의 실무를 담당하였던 주일공사들의 파견 배경 및 과정, 그리고 외교 활동을 중심으로 한국정부가 어떻게 일본에 관한 정책을 구상·전개해나갔는가를 살펴봄으로써 한일관계에 대한 역사적 흐름을 고찰함과 동시에 일제의 식민지로 전락하는 과정과 그 원인의 중요한 측면을 밝히고, 나아가 현재와 미래의 바람직한 한일관계상을 정립·모색해보고자 한다.

이 책은 근대 한일외교사의 전개과정과 그 성격을 새롭게 밝히기 위한 일환으로 주일 조선공사관이 개설(1887)된 후 폐쇄될 때까지 그 핵심적 역할을 담당했던 주일공사의 파견 배경과 목적 및 경위, 외교 활동, 그 한계 등을 고찰하고자 한다. 본서의 구성은 다음과 같다.

제1부에서는 주일공사의 파견 배경과 과정을 살펴볼 것이다. 우선 강화도조약 중 제2관에 규정된 공사주경公使駐京 조항의 의미를 알아보고, 1884년 흥선대원군의 귀국설에 대한 대응 차원에서 논의되었던 주일공사의 파견문제를 정리하고자 한다. 그리고 1886년 근대적 외교제도에 의거하여 최초로 주일 판리대신에 임명된 이헌영의 파견 배경과 목적, 주일공사관을 감정하기 위해 도쿄에 파견된 이원긍의 활동을 고찰하겠다.

다음으로 주일공사들의 임면과정을 살펴보고자 한다. 주일공사들은 한일관계를 비롯한 국내외의 정세 변화에 따라 특수한 목적을 띠고 발탁되었다. 예컨대, 초대 주일공사 민영준의 경우 국제정세에 밝지도 않은

데다가 개화에 대한 식견을 갖추지 못한 부적격자였지만, 주미공사를 파견하기 위한 '선파후자'의 목적을 띠거나 고영희·이하영·조병식의 경우처럼 갑오개혁·아관파천·의화단사건 등 국내외 정세의 변동에 따른 해결책을 모색하기 위한 목적을 띠었던 것이다. 따라서 각 공사마다 발탁 배경 및 파견 목적을 상세히 분석함으로써 한일관계의 변화과정 전체를 조감해볼 것이다.

제2부에서는 주일공사들이 재임 시 어떠한 외교 활동을 펼쳤는가에 대해 공사관 개설 초기(1887~1894), 갑오개혁기(1894~1896), 아관파천·대한제국 전기(1896~1900), 대한제국 후기(1900~1905) 등 4시기로 나누어 정리·분석하겠다. 그들은 양국 간에 발생하는 각종 현안을 처리하였을 뿐 아니라 근대식 제도와 문물을 수용하는 창구 역할을 하였으며, 재일 유학생을 통제·관리하였고, 일본을 포함한 국제정세의 변동 상황을 분석하는 등 다양한 활동을 펼쳤다. 따라서 이러한 외교 활동을 국내 정치상의 관련 속에서 일목요연하게 분석하면, 당시 한·일 외교관계의 실태를 입체적으로 조감하고 그 특징과 의의를 올바로 파악할 수 있을 것이다.

제3부에서는 앞의 연구를 토대로 주일공사들의 의의와 그 한계를 밝혀보고자 한다. 이를 위해 주일공사 임명 전후 그들의 사회·정치적 배경을 중심으로 인적 구성의 특징과 성격을 살펴볼 것이다. 특히 주일공사들이 1907년 사망한 조병식을 제외하고 모두 1910년 일본의 국권강탈 후 작위와 은사금을 받고 매국 친일파로 전락하였던 원인을 밝혀보고자 한다. 아울러 주일공사들 중 김가진·이하영·조민희 등을 제외한 대부분은 실질적인 재직 기간이 짧았기 때문에 대리 혹은 서리공사가 대임

하고 있었던 사실에 착안해서 주일공사관이 파행적으로 운영될 수밖에 없었던 원인과 실태를 분석하는 데에도 역점을 두고자 한다.

　이상과 같이 근대 한일관계의 역사적 근원을 이루는 주일공사에 관한 본서가 일본의 한국침략과 그 대응에 초점을 맞춰왔던 기존 연구의 공백을 메움으로써 근대 한일관계사와 정치사, 그리고 개혁운동사의 전개과정 및 그 성격을 새롭게 규명하는 데 기여할 수 있기를 바란다. 나아가 본서가 한·일 양국의 현재를 올바로 이해하고 미래의 바람직한 관계를 모색·정립하는 데 일조할 수 있기를 기대한다.

# 주일공사의
# 파견 배경 및 과정

# 01

## 주일공사의 파견 배경

### 1 — 조일수호조규의 체결과 '파사주경' 논의

조일수호조규('강화도조약')의 체결로 양국은 전통사회와 다른 근대적 국제관계를 맺고 문호를 개방하기로 합의하였다. 하지만 당시 조선정부는 일본의 침략 의도뿐만 아니라 국제정세의 변화를 제대로 예측하지 못하고 있었다. 그나마 정부 내에서 상대적으로 국제정세에 밝은 편에 속했던 접견대신 신헌申櫶조차도 회담 중 구로다 기요타카黑田淸隆가 조약 초안을 제시했을 때 조약이 무엇이냐고 반문했을 정도였다. 일본 측이 조약안을 수용하지 않을 경우 군대를 동원해 침략하겠다고 협박하는 상황 아래 조선정부 내에서는 통상·화약和約을 맺어 일본의 무력 도발을 미연에 방지해야 한다는 개국불가피론, 구호舊好를 회복하는 차원에서 일본과 수교해야 한다는 구호회복론이 설득력을 얻게 되었다.[1] 그

---

[1] 이헌주, 〈강위의 대일개국론과 그 성격〉, 《한국근현대사연구》 19, 2001, 3~43쪽 참조.

결과 1876년 2월 3일(양력 2/27)에 체결된 조일수호조규는 조선에 대한 일본의 일방적인 특권만을 규정한 전형적인 불평등조약으로서 향후 일본이 조선을 침략하는 데 결정적인 발판이 되었다.

이 조규에 과거 양국의 우호적인 관계를 거듭 확인하고 발전시키기를 원한다'欲重修舊好'는 구절에도 나타나듯이, 구호회복론에 입각한 명분론적 인식은 근대적 국제관계에 대한 지식의 결여를 단적으로 보여준다. 실제로 조선정부는 조규를 검토하는 과정에서 일본 외에 다른 나라와 조약을 맺지 않을 것이라고 주장하여 최혜국조항을 거부하였고, 조선 개조開祖의 묘가 있는 영흥부永興府의 개항에 적극 반대해서 다른 지방으로 변경하고자 주장하였다. 근대적인 상주사절단의 파견을 규정한 조규의 제2조도 예외는 아니었다.

잘 알려져 있듯이, 조일수호조규의 제2조는 "일본국 정부는 지금부터 15개월 뒤에 수시로 사신을 파견하여 조선국 한성에 가서 직접 예조판서를 만나 교제 사무를 토의하며 해당 사신의 주류구잠駐留久暫은 그때의 형편에 맡긴다. 조선국 정부도 또한 수시로 사신을 파견하여 일본국 도쿄에 가서 직접 외무경을 만나 교제 사무를 토의하며 해당 조선국 사신의 주류구잠 역시 그때의 형편에 맞게 정한다"고 되어 있었다. 즉, 조약 체결 15개월 뒤 양국이 중요 안건을 다루기 위해 각각의 수도에 수시로 사신을 파견하되, 그 주재기간(주류구잠)은 그때의 형편에 맞게 정하도록 규정함으로써 근대적인 양국 사신—공사—의 수도 상주는 정확히 명시되지 않았던 것이다.

애초에 조선과 조약을 체결하여 공사를 한성에 주재시켜 조선의 동향을 신속하게 파악함과 동시에 자국의 세력을 확대할 기반으로 삼고자

했던 일본정부도 조규의 제2조만으로는 공사의 파견 및 상주를 쉽게 추진할 수 없다고 판단하였던 것 같다. 그리하여 조규 체결 직후 그 후속조치를 위해 파견된 외무성 이사관 미야모토 고이치宮本小─는 조일수호조규부록안의 제1조에 '사신의 주류구잠'을 상주사절의 파견으로 해석하여 사신의 관사를 설치한다는 내용을 포함시켰다. 일본주재 외국공사 중에 10년 이상 머무르는 경우도 있다는 사례를 들어 '주류구잠'의 '구'를 수도 상주(주경駐京)라고 주장했던 것이다.

그러나 조선의 강수관 조인희趙寅熙는 이사관의 파견과 같이 양국 통교상 사신의 왕래는 당연하지만, '영주永住'라는 말이 없으므로 이를 '주경'으로 해석할 수 없을 뿐 아니라 사신의 관사를 설치할 필요도 없다고 대응하였다. 신헌도 조인희와 동일한 관점에서 '주류구잠'에 대해 이사관이나 조선에서 파견한 수신사처럼 수시로 사신을 파견하는 것으로 해석하고 조약상에 '설관設館'이라는 글귀는 없기 때문에 허락할 수 없다는 논리를 펼쳤다.[2]

이로 말미암아 상주사절 문제가 교착상태에 빠지자 1877년 8월 일본정부는 하나부사 요시모토花房義質를 대리공사로 임명·파견할 것이므로 양국 간의 교제에 관한 모든 사무를 그와 협의·처리해달라고 조선 측에 통보하였다. 하나부사도 양국의 외교사무가 점차 번잡해지고 있으

2 김수암, 〈한국의 근대외교제도 연구〉, 서울대 외교학과 박사학위논문, 2000, 133~143쪽. 조일수호조규 체결 과정 및 그 이후 양국 공사의 파견 논의와 배경에 관해서는 김수암의 논문에 잘 정리되어 있다. 여기에서는 이 논문을 토대로 하되, 다른 기존 연구와 자료를 참고로 재정리하면서 저자의 견해를 보충하였다.

므로 공사를 주재시키는 것이 사무를 신속하게 처리할 수 있을 뿐 아니라 비용도 절감할 수 있다고 조선 측을 설득하는 데 힘을 기울였다. 심지어 그는 자신의 한성 상주에 관한 주장을 뒷받침하기 위해 《만국공법萬國公法》과 《성초지장星軺指掌》 등을 조선 측에 증정하기도 하였다.[3] 그러나 조선정부는 사신의 직무를 교빙에 국한하고 관리관과 지방관 간의 교섭으로 충분하다는 이유로 하나부사의 한성 상주를 거절하고 말았다.

이에 일본정부는 하나부사를 변리공사로 격상시킨 후 "한성에 주재시켜 교섭에 관한 일을 관장하게 한다"는 내용의 국서를 봉정하는 새로운 전략을 펼쳤다. 그리하여 1880년 11월 16일(12/17) 서울에 도착한 하나부사는 국왕을 알현한 뒤 국서를 직접 전달하게 해달라고 요청하였다. 조선정부는 공사의 주경을 허용하는 문제를 놓고 논란을 벌인 끝에 천황의 칭호문제 등에 대해 청의 자문을 구한 후 11월 25일(12/26) 국서를 수리하기에 이르렀다. 조선정부가 일본의 국서 내용에 아무런 이의를 제기하지 않았기 때문에 마침내 일본공사의 주경이 실현되었던 것이다.

비록 조선정부는 조야의 반발을 의식해서 일본공사의 한성 상주를 공식적으로 허락하지 않은 채 묵인하는 형식을 취했지만, 점차 상주사절의 파견에 대한 이해의 폭을 넓힘과 동시에 그 필요성을 절감하지 않을 수 없었다. 이미 조규체결 이전부터 《만국공법》·《성초지장》 등을 비롯한 근대적인 국제법 관련 서적이 입수·유포되고 있었으며, 수신사·조사시찰단·영선사 등이 구미국가 공사의 주재 상황을 직접 목격하거나

---

[3] 田保橋潔, 《近代日鮮關係の研究》 上, 朝鮮總督府中樞院, 1940, 623쪽.

상주사절제도를 조사하였을 뿐 아니라 청국 외교관들과 교유하는 과정에서 상주사절에 대한 지식을 습득했기 때문이다.[4]

이러한 상황에서 1881년 말 청국의 알선으로 미국과 조약 체결이 본격적으로 추진된 것을 계기로 조선정부 내에서는 미국공사의 한성 주재를 허용해야 할 뿐만 아니라 조선도 상주사절을 조약 체결국에 파견해야 한다는 분위기가 무르익었다. 당시 영선사로서 톈진天津에 체재 중이었던 김윤식金允植은 일본과 마찰을 빚었던 공사 파견 및 주경이 국제법의 통례이자 조약 체결 후 급선무라고 파악하였다. 이미 일본공사가 한성에 주재하고 있는 만큼 미국공사의 주재를 막을 수 없으며, 우리도 관원을 파견·주재시켜 '화동和同'을 꾀해야 한다는 논리였다.[5]

아울러 1882년 2월 고종은 문의관 어윤중魚允中을 톈진에 보내 청국과 통상관계를 새롭게 맺고 청국의 수도 베이징北京에 사절단을 상주시키려고 시도하였다. 이러한 '파사주경派使駐京'은 근대적인 외교제도에 대한 정확한 이해를 바탕으로 조공사절과 칙사의 왕래에 따른 경비부담을 개선하는 차원에서 한걸음 더 나아가 만국의 통례인 '주사駐使'에 의거한 것이었다. 따라서 이 시도는 사대사행事大使行을 폐지함으로써 조공체제를 부정하고 근대 국제공법체제 하의 대등한 관계로 전환하려는 의지가 담겨져 있다는 점에서 주목할 만하다.[6] 그러나 청국은 전통적인

---

4 김수암, 앞의 논문, 149~154쪽.

5 金允植, 《陰晴史》, 國史編纂委員會, 1958, 52~58쪽, 1881년 11월 27, 12월 26일자.

6 이러한 인식조차 의정부 전현직 대신들의 반발을 초래하였으며 재야유생들 가운데에는 사절제도의 개편이 청과의 관계를 악화시켜 조선에 진출하려는 하나부사 요시모토의 계책

사대관계의 변질을 우려한 나머지 조선의 '파사주경' 요구를 거절하였다.[7]

더욱이 청국은 조미조약을 체결했음에도 임오군란을 무력으로 진압한 뒤 조선의 내정을 직접 간섭한 데 이어 1882년 10월 17일 전통적인 '속방'관계에 가탁해서 조선을 식민지화하려는 의도 아래 조청상민수륙무역장정을 체결하기에 이르렀다. 청국은 전통적인 속방관계에 있는 조선을 만국공법체제 하의 '속국'으로 명문화함으로써 기존의 종속체제를 유지하려 했던 것이다. 그 결과 1884년 3월 최초의 상주사절인 주진대원駐津大員 남정철南廷哲은 베이징이 아니라 텐진으로 파견되기에 이르렀다.[8]

한편 1882년 7월 25일 임오군란을 수습하기 위해 특명전권대신 겸 수신사 박영효朴泳孝가 일본에 파견되었다. 무엇보다 종래의 '수신사'와 달리 그 앞에 '특명전권대신'이란 명칭이 붙은 점이 눈에 띈다. 그는 제물포조약의 비준문서를 교환하고 임오군란 당시 발생한 일본인의 피해를

●

이라고 주장할 정도였다. 《승정원일기》, 1882년 3월 8, 9일조; 《고종실록》, 1882년 5월 4일조; 김수암, 앞의 논문, 163쪽.

[7] 한철호, 〈통리군국사무아문(1882~1884)의 조직과 운영〉, 《이기백선생고희기념 한국사학논총》 하, 일조각, 1994, 1537~1538쪽; 구선희, 《한국근대 대청정책사 연구》, 혜안, 1999, 64쪽; 권혁수, 《19세기말 한중관계사연구─李鴻章의 조선인식과 정책을 중심으로─》, 백산자료원, 2000, 114~119쪽.

[8] 中央硏究院 近代史硏究所 編, 《淸季中日韓關係史料》 3, 中央硏究院 近代史硏究所, 1972, 979쪽, #594. 김정기, 〈청의 조선정책(1876~1894)〉, 《1894년 농민전쟁연구》 3, 역사비평사, 1993, 43~44쪽; 이은자, 〈한국 개항기(1876~1910) 중국의 치외법권 적용 논리와 한국의 대응〉, 《동양사학연구》 92, 2005, 199~210쪽; 한철호, 〈한국 근대 주진대원의 파견과 운영(1883~1894)〉, 《동학연구》 23, 2007, 49~61쪽.

사과·배상함으로써 경색된 양국의 관계를 회복하고 우의를 다지는 임무를 띠고 있었다. 임오군란을 무력으로 진압한 청국에 반감을 품은 그는 일본 체재 중 국기를 제정·게양했으며, 일본뿐 아니라 구미열강의 외교관들과도 활발하게 교류하면서 조선이 청국의 속국이 아니라 엄연한 자주독립국가임을 천명하였다.[9]

특히 박영효는 일본·서구 국가들과도 대등한 관계를 수립하려는 의도 아래 일본외무성에 보낸 외교문서에 연도를 조선의 개국기원으로 표기하고 자신의 직함을 '수신사'가 아니라 '대조선 전권대신'으로 적었으며, 서구 국가의 외교관과 문서를 교환하거나 접촉할 때에도 '대조선 전권대신'을 사용하였다. 심지어 그는 숙소 대문에도 '대조선국특명전권대신공관大朝鮮國特命全權大臣公館'이란 커다란 표찰을 내걸기도 하였다.[10]

이러한 '대조선 전권대신'의 호칭 사용은 의례를 중시하는 중국 중심의 전통적인 외교체제로부터 탈피하고 서구의 근대적 외교체제에 입각해서 각국과 동등한 자주독립국임을 의도적이라도 내세우려 했던 것으로 여겨진다.[11] 나아가 이는 조선정부가 필요한 경우 "수시로 사신을 파견"

9 최덕수, 〈《사화기략》(1882) 연구〉, 《사총》 50, 1999, 38~51쪽; 한철호, 〈우리나라 최초의 국기('박영효 태극기' 1882)와 통리교섭통상사무아문 제작 국기(1884)의 원형 발견과 그 역사적 의의〉, 《한국독립운동사연구》 31, 2008, 154~160쪽.

10 《時事新報》, 1882년 10월 24일자, 〈大朝鮮國特命全權大臣公館〉; 《東京日日新聞》, 1882년 10월 24일자, 〈韓使〉.

11 彭澤周, 《明治初期日韓淸關係の硏究》, 塙書房, 1969, 232~234쪽; 이광린, 〈춘고 박영효 (1861~1939)〉, 《개화기의 인물》, 연세대학교출판부, 1993, 102~104쪽; 하우봉, 〈개항기 수신사행에 관한 일연구〉, 《한일관계사연구》 10, 1999, 150쪽.

한다는 조일수호조규의 조항에 따라 수신사를 보냈던 전례에서 벗어나 상주사절의 파견을 염두에 두고 있었음을 간접적으로 시사해준다.

실제로 박영효의 귀국을 전후한 시기에 정부 내에서는 일본에 공사를 파견하려는 논의가 구체적으로 진행되고 있었다. 이러한 사실은 11월 28일(1883/1/6) 고종에게 복명한 박영효가[12] 곧바로 일본공사 다케조에 신이치로竹添進一郎를 만난 자리에서 1883년 2월경 일본에 공사를 파견하기로 대략 내결內決되었고 알려주었던 점에서 확인할 수 있다. 이때 다케조에는 주일공사의 격식 등을 논의하면서 변리공사가 적절하다는 의견을 피력하였다고 한다. 또한 그는 박영효가 공사로 임명될 것이며, 공사파견의 목적은 세칙을 담판짓는 데 있다고 단정하였다.[13]

그러나 박영효의 주일공사 파견예정설은 단순히 그가 수신사로 일본에 머무는 동안 미처 합의보지 못했던 세칙문제를 협의하려는 목적뿐 아니라 일본을 비롯한 구미 각국과 적극적으로 관계를 개선하려는 의도에서 비롯된 것이라고 여겨진다. 당시 조선에 대한 청국의 압력이 가중되고 있는 상황하에서 조선정부가 일본을 조선의 독립과 근대적 개혁을 지원해줄 세력이자 부국강병을 추진하기 위한 모델로 인식하게 되었으며, 서구 열강과도 조약을 맺어 적극적으로 원조를 요청하려고 노력하였기 때문이다.[14]

---

[12] 朴泳孝, 《使和記略》, 國史編纂委員會 編, 《修信使記錄》, 國史編纂委員會, 1958, 276쪽.

[13] 다케조에가 이러한 사실을 보고한 날짜는 12월 4일(1883/1/12)이었다. 伊藤博文 編, 《秘書類纂: 朝鮮交涉資料》 中, 秘書類纂刊行會, 1936, 5쪽.

[14] 伊藤博文 編, 위의 책, 5쪽. 김현철, 〈박영효의 '근대국가 구상'에 관한 연구—개화기 문명개

비록 박영효를 공사로 임명·파견하려 했던 논의는 결국 실행되지 않았지만, 반청 개화를 달성하기 위해서 주일공사를 파견하여 외세를 활용해야 한다는 논의는 점차 확산되어갔다. 1883년 말 전후 정계에서 흥선대원군이 3월경 귀국한다는 소문으로 긴장감이 감돌았을 때에도 주일공사의 파견이 재차 거론되었다. 이 소문은 낭설로 판명되었지만, 그 속에 내포된 청국의 내정 간섭과 견제에 대한 고종과 민씨척족 등 위정자들의 위기의식이 고조되었다. 1884년 3월 초 고종은 "만약 청국이 무리하게 우리의 권리를 압제한다면 미국과 미국공사가 반드시 극력으로 쟁판爭辨"해줄 수 있을지 여부에 주의를 기울일 정도로 반청정책에 부심하였던 것이다.[15]

이어 4월 4일(4/28)일에도 고종은 시마무라 히사시島村久 일본임시대리공사에게 앞으로 양국 간에 어떠한 어려운 일이 일어나더라도 서로 도와주어야 한다고 말하면서 그 뜻을 일본정부 혹은 천황에게 전해달라고 부탁하였다. 이는 외교상으로 매우 중대하고도 이례적인 조치였기 때문에 시마무라는 일단 고종의 요청을 받아들였지만 이를 외무성에 보고하지 않았다고 한다.[16]

화론자에 나타난 전통과 근대를 중심으로—〉, 서울대 외교학과 박사학위논문, 1999, 91~105, 110~111쪽; 한철호, 〈개화기 박영효의 《사화기략》에 나타난 일본 인식〉, 《한국학논집》(한양대) 44, 2008, 100~118쪽.

15 윤치호 저, 송병기 역, 《국역 윤치호일기》, 연세대학교 출판부, 2001, 99쪽, 1884년 3월 4일자(3/30); 95~96쪽, 2월 22일자(3/19); 103쪽, 3월 12일자(4/7) 참조. 또 이선근, 《한국사-최근세편-》, 을유문화사, 1961, 590~592쪽 참조.

16 이 부분은 田保橋潔, 앞의 책, 920~922쪽에 의거해서 재정리·보강하였다. 또 김수암, 앞의

고종은 일본 측으로부터 아무런 답변이 없자 한규설韓圭卨을 시마무라에게 보내 상황을 탐지케 하였다. 그때야 비로소 시마무라는 조선정부가 일본주차공사를 임명하여 그로 하여금 외무성을 거치지 말고 일본 천황에게 직접 기밀친서를 봉정하는 방법밖에 없다는 의견을 내놓았다. 이를 보고받은 고종은 영중추부사 홍순목洪淳穆·좌의정 김병국金炳國 등 시원임대신에게 주일공사의 파견을 논의케 하였다.[17] 이 자리에서 대신들은 갑자기 주일공사를 임명하는 것은 청국의 감정을 해칠 우려가 있을 뿐 아니라 공사 파견에 따른 경비를 마련하기 힘들다는 이유로 반대하였다. 그러나 고종은 내탕금으로 경비를 댈 수 있으며, 또 "독립국이 공사를 파견하는 것은 당연한 일이므로 다른 나라가 관계할 바가 아니며, 조약을 교환한 이상 서로 공사를 파견하는 것은 조약을 이행하는 것이다. 일본에서는 이미 몇 년 전 이곳에 공사를 주재시켰으므로 우리가 지금 공사를 파견하지 않는 것은 일본에 대해 무례한 것이다"고 주장하였다. 결국 고종의 의사에 따라 일본에 공사를 파견하기로 결정되었다.

이어 주일공사의 임무가 매우 중대하다는 판단 아래 인선에 심혈을 기울인 끝에 호군 조준영趙準永이 내정되었고, 앞으로 긴급한 일이 발생할 경우 서로 원조할 것을 부탁하는 내용의 기밀친서의 문안도 신중하게 작성되었다. 그러나 시마무라는 친서의 문안에는 이의를 제기하지 않았

논문, 192쪽 참조.

[17] 김병국이 4월 29일(5/23) 좌의정을 사임하였던 사실로 추측컨대, 4월 29일 이전에 주일공사 파견에 대해 논의되었음을 알 수 있다.

지만, 공사는 반드시 일류로서 조정 내에서도 발언권이 있는 인물이어야 한다는 이유를 내세워 조준영의 발탁에 반대하였다. 고종은 그의 제의를 받아들여 인선에 재착수하여 민응식閔應植을 발탁하였지만, 정부 내에서 반발하는 바람에 쉽게 결정이 나지 않았다. 특히 5월 3일(5/26) 보빙사 정사로서 미국과 유럽을 방문하고 돌아온 민영익閔泳翊이 민응식의 임명에 강력하게 제동을 걸었기 때문에 결국 주일공사 파견은 보류되고 말았다.

이처럼 고종이 근대국가의 속성인 자주에 대한 이해를 바탕으로 청을 견제하기 위한 세력균형책의 일환으로 주일공사를 파견해야 한다는 논리를 펼쳤던 점은 주목할 만하다. 고종은 독립국의 권리에 입각해서 공사 파견의 당위성을 주장했기 때문이다.[18] 하지만 고종의 주일공사 파견 동기는 흥선대원군의 환국으로 위축될지도 모를 왕권을 보존·수호하는 데 있었다는 점에서 커다란 한계를 지닌다. 해외상주 외교관으로서 공사가 수행해야 할 다양한 임무를 고려하기보다 왕권을 보존하기 위해 주재국의 원조를 요청하는 단기적·일시적인 목적을 달성하는 데 역점을 두었던 것이다. 이러한 고종의 주일공사 파견 동기와 논리는 향후에 재론된 주일공사뿐 아니라 주미공사 등을 파견하는 과정에서도 관철되었다.

●

[18] 김수암, 앞의 논문, 184~187쪽.

## 2 — 이헌영의 임명과 이원긍의 파일

갑신정변 이후 청국은 조선에 대해 종전의 소극적인 견제정책을 버리고 내정·외교에 깊숙히 관여하는 적극적인 간섭정책을 취하기 시작했다. 이러한 청국의 대조선 정책에 불만을 품은 고종과 민씨척족은 대내적으로 친청적 관료를 배척하고 자신들의 측근을 정부 요직에 재배치시키는 인사개편을 시도하였으며, 대외적으로 청·일 양국보다 강력한 러시아에 보호를 요청하였다. 이로 말미암아 청국과 고종 및 민씨척족세력 간의 대립은 더욱 심화되어 갔다.

이처럼 조·청 양국 간의 갈등이 점차 심화되는 상황에서 1886년 1월 30일(양력 3/5) 고종은 의주부윤 이헌영李𨯶永을 내무부참의로 임명한 다음 곧바로 "일본과 수호를 맺은 지 이미 오래되어 교제상의 온갖 사무가 점점 많아지고 있으니" 주차일본 판리대신辦理大臣으로 발탁한다는 명을 내렸다.[19] 그는 1881년 조사시찰단의 조사로서 일본을 방문·시찰한 경험이 있기 때문에 주일공사로 발탁된 것으로 판단된다.

이에 의거해서 외아문독판 김윤식은 1886년 2월 11일(3/16) 조선주재 일본임시대리공사 다카히라 고고로高平小五郞에게 "병자수호조규 제2관에 따라 참의내무부사 이헌영을 판리대신으로 임명하여 일본 도쿄에 특파"하기로 결정하였다는 사실을 통보하면서, 현재 그가 의주에 있기 때문에 한성에 돌아온 후 부임하게 될 것이라고 조회하였다.[20] 그러나

[19] 高麗大 亞細亞問題研究所 編, 《舊韓國外交文書: 日案》(이하 《일안》으로 약칭) 1, 高麗大 亞細亞問題研究所, 1965, 313쪽, #658.

이헌영은 한성으로 돌아오지 않은 채 동지춘추·형조참판·종정경·동지의금부사 등에 임명되었다가 6월 2일에 병으로 판리대신직을 비롯한 관직을 사직한다는 상소를 올렸다. 이에 대해 고종은 그에게 사직하지 말고 병을 조섭한 뒤 한성으로 올라오라면서 판리대신직에 대해서는 변경하겠다고 회답하였다.[21] 6월 26일 그가 내무부협판으로서 수문사修文司에 배치된 점으로 미루어 볼 때,[22] 고종은 그를 일단 한성으로 불러들인 뒤 일본에 파견할 계획이었던 것으로 여겨진다. 하지만 그 후속조치는 이뤄지지 않았다. 따라서 근대적 외교제도에 입각하여 최초로 임명된 주일 판리대신의 파견은 실행에 옮겨지지 않았다.

그 후 정부는 주진독리통상사무駐津督理通商事務를 지낸 박제순朴齊純을 후임으로 임명하려 했지만 비용도 충분히 확보하지 못한데다가 그 역시 이 직책을 탐탁치 않게 여겼기 때문에 선뜻 결정을 내리지 못하고 있었다. 그렇다고 이헌영의 파견을 일본 측에 통보한 뒤 아무런 조치를 취하지 않는 것도 경우에 어긋났기 때문에, 정부는 우선 외아문주사 이원긍李源兢을 주일종사관으로 파견하여 공사관서를 물색함과 동시에 임시대리의 명의로 공관사무를 취급토록 하겠다는 의견을 다카히라에게 타진하였다. 이에 대해 다카히라는 공사관 설립 초부터 서기관이 임시대리로 공사관 업무를 보는 예는 없으며, 일본정부도 승인해주지 않

●

20 《일안》 1, 314쪽, #660.
21 《승정원일기》, 1886년 6월 2일자.
22 《승정원일기》, 1886년 6월 26일자.

을 것이니 오히려 공사관을 설치하지 말고 공사 임명 전까지 이원긍의 파견을 보류하는 편이 좋겠다고 회답하였다.[23]

이러한 사전 조율 끝에 7월 24일(8/23) 조선정부는 주일공사관을 물색하기 위해 이원긍을 도쿄에 파견하는 조치를 취하였다. 이어 7월 27일 이원긍에게 정부가 일본 외무성과 비밀리에 협의하여 처리할 일이 있어 일본에 파견하니 업무를 처리하라는 훈령을 내렸다.[24] 이원긍에게 부여된 비밀 업무는 다름이 아니라 일본에 망명 중인 김옥균金玉均·박영효 등의 인도를 교섭하는 것이었다. 이에 대해 다카히라는 민비가 자신이 총애하는 이원긍을 도쿄에 보내 김옥균 등의 거동을 정탐하려는 의향을 갖고 있었는데, 민영익의 반대로 보류하였다가 민영익이 톈진으로 떠나자 실행에 옮겼다고 보고하였다.[25]

실제로 이원긍은 8월 2일(8/30) 히고마루肥後丸를 타고 인천을 출발하여 도쿄에 도착한 다음 자신이 맡은 두 가지 임무를 수행하였다.[26] 먼저 그는 도쿄에 있는 세이쇼지靑松寺라는 절을 공사관 건물로 구입하려고 시도하였다. 이에 대해 일본 측은 세이쇼지의 승려들이 이 절을 팔 것인지, 또한 이원긍이 절을 살 수 있는 자금을 갖고 있는지에 대해 의구심을

●

23 日本外務省 編, 《日本外交文書》(이하 《일외서》로 약칭) 19, 日本國際聯合協會, 1936, 338~359쪽, #123; 362~363쪽, #127.

24 高麗大 亞細亞問題硏究所 編, 《統署日記》1, 高麗大 亞細亞問題硏究所, 1972, 414쪽, 1886년 7월 27일자.

25 《일외서》19, 358~359쪽, #123; 김수암, 앞의 논문, 193~194쪽 참조.

26 이때 이원긍은 從人 李柄斗·朴鍾浩, 通詞 朴琪悰을 대동하고 일본으로 향했다. 《통서일기》1, 431쪽, 1886년 9월 9일자.

품고 있었다.[27] 그 후 이원긍이 어떻게 세이쇼지를 구입하려는 교섭을 벌였는가에 대해서는 알려져 있지 않다. 다만 1886년 12월 22일경 도쿄 오다하라쵸小田原町의 건물에서 공사관 임시 이전식을 거행한 사실로 미루어, 세이쇼지를 매입하지 못한 채 다른 건물을 물색하였던 것임을 알 수 있다.[28]

다음으로 이원긍은 공사관의 구입보다는 김옥균 등의 인도에 더 심혈을 기울였다. 그는 도착 직후 김옥균의 인도를 의뢰한다는 1886년 7월 27일자 외아문독판 김윤식의 서한 등을 일본 외무대신 이노우에 가오루 井上馨에게 직접 전달하면서 교섭을 벌이려고 시도했던 것이다. 때마침 이노우에가 홋카이도北海道로 여행 중이었기 때문에 그는 사이토齊藤 비서관과 김옥균 등의 인도에 대해 논의하였다. 그러나 사이토는 다카히라 대리공사로부터 공사관 설치에 대해서만 통보 받았을 뿐인데, 조선정부가 적당한 절차를 밟지 않고 전혀 성격이 다른 일을 논의하는 것은 부당하다고 강조하였다. 이어 이노우에도 이원긍과의 면담에서 이 일에 대한 언급을 회피한 채 사이토에게 떠넘겼고, 사이토는 이원긍의 자격을 시비 걸어 그와는 "양국에 관한 대사大事를 의논할 수 없다"고 단호하게 거부해버렸다.[29]

한편 사이토로부터 김옥균 등의 인도문제를 보고받은 이노우에는 이와

---

27 《일외서》 19, 362쪽, #125; 364쪽, #127.
28 《東京日日新聞》, 1887년 1월 16일자, 〈築地小田原町へ朝鮮公使館建築〉.
29 《일외서》 19, 360~362쪽, #125.

같은 사실을 다카히라에게 알리면서 그 사정을 자세히 탐문하라는 지시를 내렸다. 이에 다카히라는 별입시 정병하鄭秉夏·김가진金嘉鎭 등이 김옥균의 인도문제를 계획하고 '공법가公法家'로 알려진 이원긍을 발탁·파견하였으며, 또한 그가 휴대한 김윤식의 서한은 김윤식이 외아문독판으로 복직한 7월 29일 이전에 작성된 것이므로 서상우徐相雨가 명의를 도용했을 가능성이 크다고 보고하였다. 더욱이 1886년 5월경 지운영池運永의 김옥균 암살미수사건으로 7월 8일에 이미 김옥균이 오가사와라도小笠原島로 유배된 상태였기 때문에 그의 인도 교섭은 더 이상 진전될 수 없었다. 결국 이원긍은 11월 초에 귀국하는 안경수安駉壽 편으로 자신의 자격으로는 김옥균을 인도하는 사명을 달성할 수 없으며, 김옥균의 신분은 조선에서 상상하는 것과는 달리 고도孤島로 유배되었기 때문에 앞으로 그다지 걱정할 바가 없다는 내용의 서신을 김윤식과 정병하에게 보냈다.[30] 이로써 볼 때, 이원긍의 파일 목적은 명목상 주일 조선공관을 물색하는 것이었지만, 실질상 김옥균 등의 인도 교섭에 있었음을 알 수 있다.

그런데 이러한 사실에 관련해서 되짚어보아야 할 문제는 조일수호조규를 체결한 지 10년 만에, 그리고 일본이 서울에 하나부사 공사를 파견한 지 6년 만에 이헌영을 주일 판리대신으로 임명한 실질적인 이유와 목적은 무엇이었는가 하는 점이다.

이 점에 관해서는 고종이 양절체제론적兩截體制論的 인식에 입각해서

---

30 《일외서》 19, 363~364쪽, #127; 364~365쪽, #128.

먼저 일본에 사절을 파견하여 중국의 의향을 살펴본 다음 서구 열강에 전권을 파견하기 위한 치밀한 계산—이른바 '선파후자先派後咨'의 명분 획득—이 깔려 있었다는 견해가 있다.[31] 이 견해는, 뒤에서 살펴보겠지만, 1887년 5월 민영준閔泳駿을 이헌영의 후임으로 파견할 당시의 의도에 비춰볼 때 어느 정도 타당성을 지닌다. 이헌영을 주일 판리대신으로 임명하기 직전에 그에게 내무부협판직을 부여했던 조치는 민영준의 주일 판리대신 임명 때의 선례가 되었을 뿐 아니라 그 자체가 청국의 영향 아래 놓였던 외아문의 통제에서 벗어나 나름대로 내무부 중심으로 자주외교를 실행하려는 의도에서 나왔기 때문이다.[32]

그러나 문제는 과연 고종이 이헌영을 주일 판리대신으로 임명한 1886년 1월 당시에도 구미 상주사절단을 파견할 의도를 가지고 있었는가 하는 점이다. 잘 알려져 있듯이, 구미 상주사절단의 파견은 1886년 6~7월에 걸쳐 발생한 이른바 제2차 조러밀약의 추진, 그로 말미암은 위안스카이袁世凱의 국왕폐위시도 등의 사건을 전후해서 본격적으로 논의되고 있었다. 따라서 이 무렵 단지 이헌영의 병으로 말미암아 주일 판리대신의 파견을 유보하고 그 후임을 신속하게 발령하지 않은 채 이원긍을 종사관으로 파견한 점은 왠지 석연치 않은 구석이 있다. 만약 위에서 언급한 대로 주일 판리대신의 파견이 '비용' 문제로 미뤄졌다면, 이는 주일

●

31 송병기, 앞의 논문, 97~98쪽; 김수암, 앞의 논문, 193쪽.
32 한철호, 〈민씨척족정권기(1885~1894) 내무부의 조직과 기능〉, 《한국사연구》 90, 1995, 28~32쪽.

판리대신의 파견이 '선파후자'의 선례를 마련하려는 치밀한 계획 아래 추진되지 않았거나 혹은 주일 상주공사관의 설치가 아닌 특정한 정치적 내지 외교적 목적을 달성하기 위해 급속히 진행되었을 가능성이 있음을 반증해준다.

그렇다면 당시 조· 일 양국 간에 관련된 문제들 가운데 주일 판리대신을 파견할 만큼 고종 혹은 민씨척족이 서둘러 해결해야 할 사항은 무엇이었을까? 그것은 이원긍의 파견 목적에서도 알 수 있듯이 일본에 망명 중인 김옥균의 인도문제였을 것으로 추정된다. 왜냐하면 이헌영의 판리대신 임명 직전의 상황을 살펴보면, 김옥균과 일본인 오이 겐타로大井憲太郎 등의 국내침공설 혹은 쿠데타설의 유포로 조선 정계에 긴장이 고조되고 있었을 뿐 아니라 김옥균의 처리문제가 조· 일 양국 간의 가장 중요한 현안으로 거론되고 있었기 때문이다. 즉, 당시의 세도가 민응식은 일본공사관을 찾아가 김옥균 등의 침공설에 대해 우려를 표명하였고, 외아문독판 김윤식도 여러 차례에 걸쳐 다카히라 공사에게 이 사건의 진상을 규명해줄 것과 함께 김옥균의 인도를 요청하기 위해 사절을 파견하겠다는 의사를 전달했던 것이다.[33]

이러한 김윤식의 대일 사절단 파견논의가 있은 후 이헌영이 주일 판리대신에 임명된 점은 주목할 만하다. 김옥균의 인도문제는 서로 정치적 견해를 달리 했던 김윤식과 민씨척족도 공통적으로 해결해야 할 중대 사

---

33 《일외서》 19, 526쪽, #210; 535~538쪽, #211; 《통서일기》 1, 303~304쪽, 1885년 11월 14일자.

안이었기 때문에 김윤식도 외아문독판으로서 이헌영의 파견을 적극 추진하였던 것이다. 요컨대, 이헌영의 주일 판리대신 임명은 반청 자주외교를 추진하기 위한 상주공사관의 설치보다는 김옥균 등의 인도 교섭에 실질적인 목적이 있었다고 판단된다.

02

---

# 민영준의 임면과정

---

---

1887년 3월경 이원긍이 주일공관을 감정하고 돌아온 지 두 달 후인 5월 16일(7/6) 고종은 도승지 민영준을 일본주재 판리대신으로, 부사과 김가진을 참찬관參贊官으로 임명하였다. 이어 외아문은 5월 20일 일본공사관에 "작년 1월 30일 판리대신으로 임명되었던 이헌영이 병으로 사임하여 협판내무부사 민영준을 다시 판리대신으로 파견하게 되었다"고 통보함으로써 주일공사의 파견을 다시 추진하였다.[34] 이처럼 민영준이 이헌영의 후임으로 임명되었다는 사실을 애써 강조한 것은 이헌영 임명 시 청국이 별달리 반발하지 않은 점을 염두에 두었을 것으로 여겨진다. 잘 알려져 있듯이, 민영준의 파일 목적은 이를 '선파후자'의 전례로 삼아 미국과 유럽주재 전권공사를 파견하는 데 있었다.[35]

●

34 《일안》 1, 436쪽, #940.
35 실제로 6월 13일 민영준일행이 일본으로 떠난 뒤 외아문독판 서상우는 6월 22일 이 사실을

초대 주일공사로 발탁된 민영준은 1877년 문과에 합격한 후 정언·대사성·영변부사·이조참의·승지 등을 거쳐 1886년 12월 내무부참의로 임명된 지 한 달여 만에 협판으로 승진하면서 점차 두각을 나타내다가 주일 판리대신에 발탁되기 직전인 1887년 5월 13일 도승지로 임명되었다. 그는 외국을 다녀온 경험도 없고 국제정세에 밝지도 않은데다가 개화에 대한 식견을 갖춘 인물도 아니었다.

그럼에도 민영준은 왜 주일공사로 발탁되었을까? 그 이유에 대해서는, 민비와 먼 친척인 관계로 정권의 핵심에 참여할 수 없었던 그가 외국에 왕래하며 시무時務를 아는 자를 매우 중시했던 당시의 시류에 편승하여 주일공사직을 꾀해 얻어서 일본에 간 지 오래지 않아 돌아왔으며, 그 후 고종과 민비의 총애와 신임을 받아 세도로 군림하게 되었다는 정교鄭喬의 평가가 주목할 만하다.[36] 또한 민영준이 일본으로 출발하기 직전인 6월 10일 위안스카이가 주일 청국공사 쉬청쭈徐承祖에게 보낸 서신의 내용 가운데 민영준을 "민비의 족질族姪로 귀척貴戚의 자제인데 정말로 무능하다. 또 듣건대, 그 직임에 오래 있을 수가 없으며, 만약 그 직을 사임하고 돌아오면 김가진이 대신 맡을 것"이라고 논평했던 점 역시 시사하는 바가 적지 않다.[37] 여기에는 위안스카이가 의도적으로 민영준을

---

위안스카이에게 조회하였고, 이에 대해 청국이 아무런 반응을 보이지 않자 6월 29일 박정양과 심상학을 각각 미국 및 유럽5개국주재 전권공사로 임명했던 것이다.

[36] 鄭喬, 변주승 역주, 《대한계년사》 1, 소명출판, 2004(《大韓季年史》 上, 國史編纂委員會, 1957), 185~186쪽. 단, 정교는 민영준이 1888년 10월(음력)에 일본에서 귀국한 것으로 잘못 기술하였다.

평가절하한 측면도 있지만, 민영준이 주일공사로 적임자가 아니라는 사실을 지적하고 있을 뿐 아니라 그가 곧 귀국할 예정이라는 것도 정확하게 예측하고 있기 때문이다.

따라서 정교와 위안스카이의 논의를 종합해보면, 고종은 민영준이 민씨척족이자 자신의 측근이라는 점 때문에 주일공사의 격을 맞추기 위해 일시적으로 그를 주일공사에 임명했고, 민영준 역시 고종으로부터 즉시 귀국을 내락받은 상태에서 권력과 부를 획득하는 데 필요한 발판을 마련하기 위해 공사직을 수용했던 것으로 추정된다.[38]

한편 6월 8일 전양묵全良黙과 안길수安吉壽가 서기관으로, 안경수가 번역관으로 각각 임명되어 주일공사의 진용이 갖춰짐에 따라 민영준일행은 6월 12일 고종에게 사폐하였다. 이 자리에서 고종은 민영준과 김가진에게 국서를 내려줌과 아울러 첫째 친목화호를 도모하여 불화가 생기지 않도록 타협하고, 둘째 본국 사정에 관계되는 사안을 수시로 품계하며, 셋째 견문을 넓히고 신문지를 널리 열람하여 일본의 사정을 살펴보고, 넷째 일본주재 사절들과 교유하여 세계의 사정을 보고하라는 등의 임무를 부여하였다. 이날 외아문독판 서상우는 일본 외무대신 이노우에 가오루에게 민영준일행의 파견을 공식적으로 통보해주었다.[39]

---

37 《청계중일한관계사료》 2, 2336쪽, #1255.

38 실제로 민영준은 귀국 후 주일 관리대신의 직책을 겸임한 채 1887년 12월 15일 평양감사로 발령받아 1889년 11월 8일까지 재직하는 동안 민씨척족 중의 세도가로 부상할 수 있는 기반을 닦았다. 한철호, 〈민씨척족정권기(1885~1894) 내무부 관료 연구〉, 《아시아문화》 12, 1996, 263~264쪽.

그 후 민영준일행은 13일 제물포로 가서 14일 히고마루를 타고 일본으로 향했다. 출발 당시 일행은 민영준·김가진·전양묵·안길수·안경수 외에 수원隨員 3명, 근반跟伴 5명, 그리고 일본인 가와쿠보 츠네요시川久保常吉 등 총 14명이었다.[40] 그들은 16일 부산에 도착하여 그 다음날 쓰시마對馬島로 떠났다.[41] 서울을 출발한 지 14일 만인 6월 27일(8/16) 도쿄 신바시역新橋驛에 도착하여 조선주재 임시대리공사 곤도 마스케近藤眞鋤의 영접을 받은 민영준일행은 외무성에서 내준 마차를 타고 교바시구京橋區 미나미나베쬬南鍋町 이세간여관伊勢勘旅館에 여장을 풀었다. 이때 그들은 서상우 등이 '대조선흠차대신여관大朝鮮欽差大臣旅館'이라고 크게 써서 내걸었던 것과는 달리 아무런 표찰도 달지 않는 지극히 소박한 모양을 보여주었다고 전해진다. 이는 아마 자신들의 파견을 주목 대상이 되지 않도록 애써 노력한 흔적으로 생각된다.[42]

●

39 《일안》 1, 440쪽, #950.
40 《통서일기》 1, 547쪽, 1887년 6월 15일. 일행 중에는 조선에 유학 중인 가와쿠보 외에 조선주재 일본공사관 서기생 가와카미 다츠이치로川上立一郎가 안내자로 동행했다고 한다. 《時事新報》, 1887년 8월 16일자, 〈閔泳駿氏の一行〉 참조.
41 《통서일기》 1, 552쪽, 1887년 6월 28일자; 《時事新報》, 1887년 9월 7일자, 〈朝鮮釜山通信〉.
42 《時事新報》, 1887년 8월 17일자, 〈朝鮮公使の着〉; 《東京時事新聞抄》(규장각 7561), 6월 28일. 그들은 나가사키長崎(8/7 도착, 8/8 출발; 이하 양력), 고베神戶(8/10 도착, 8/11 출발), 오사카大坂(8/11 도착, 8/12 출발), 교토京都(8/12 도착, 8/14 출발), 나고야名古屋(8/14 도착, 8/15 출발), 요코하마橫濱(8/16 도착)를 거쳐 오후 3시 40분경 기차로 도쿄東京에 도착하였다. 《時事新報》, 1887년 8월 9일, 11일, 13일, 16일, 17일자 참조.
한편 민영준일행은 도쿄에 도착하기 전에 이미 이원긍이 정해놓았던 小田原町 소재 공관에서 머무르지 않고, 伊勢勘旅館 혹은 山城町의 山城軒에 체류하면서 공사관을 물색하기로 예정하였다고 한다. 《時事新報》, 1887년 8월 12일자, 〈朝鮮公使の旅館〉 참조.

도쿄 도착 후 민영준은 주일 판리대신으로서 본격적인 활동을 벌였다. 6월 28일 민영준·김가진·전양묵 등은 외무성을 내방한 데 이어 7월 1일에는 김가진과 전양묵이 청국공사관을 방문하였다.[43] 아울러 김가진은 국서봉정일을 확정하기 위해 국서 사본을 외무성에 발송하는 절차를 밟았다. 또한 민영준일행은 거주장소가 협소했기 때문에 새로이 공사관 서를 탐색하여 7월 7일(8/25)에는 아카사카구赤坂區 레이난사카쵸靈南坂町 27번지 구로다 나가나리黑田長成의 별장을 세내어 이전하였다.[44] 또한 민영준은 7월 18~19일에 시나가와유리공장品川硝子工場과 센주라사제조소千住羅紗製造所를 시찰하였고, 시바공원芝公園 내 도쿠가와德川 2대장군 영옥靈屋 및 고요칸紅葉館과 아사쿠사공원淺草公園을 유람하기도 하였다.[45]

7월 20일(9/7)에는 공사관에서 현판식이 거행되었다. 이때 김가진은 '대조선국흠차대신공서大朝鮮國欽差大臣公署'라는 글자를 쓰고 이를 길이 5척의 간판에 새긴 다음 금박을 입혀 공사관 정문에 내걸었다.[46] 7월

43 《동경시사신문초》, 6월 29일, 7월 2일.
44 《時事新報》, 1887년 8월 22일자, 〈朝鮮使節〉 및 26일자, 〈朝鮮公使館〉; 《동경시사신문초》, 7월 4일 및 8일. 한편 1893년 11월 25일 공관건물이 난로 실화로 불탔기 때문에 12월 7일 東京 麴町區 永田町 1丁目 18番地 일본육군대신 오야마 이와오大山巖의 양옥을 임대하여 이주하였다. 《통서일기》 3, 230쪽, 1893년 11월 27일자; 234쪽, 12월 4일자; 235쪽, 12월 7일자; 245쪽, 12월 25일자 등 참조.
45 《時事新報》, 1887년 9월 7일자, 〈朝鮮國公使〉; 《동경시사신문초》, 7월 20일.
46 글씨는 아시노蘆野楠山가 조각하였다고 한다. 《時事新報》, 1887년 9월 7일자, 〈朝鮮國公使〉; 《동경시사신문초》, 7월 20일.

25일(9/12)에는 공사관 개관 후 첫 공식행사로 국왕 고종의 탄신 축하연을 성대하게 열었다. 그러나 민영준이 아직 국서를 바치지 않은 상태였기 때문에 이 축하연에는 손님이 별로 없었다고 한다.[47]

이제 남은 일은 일본 천황에게 국서를 봉정하는 것이었다. 그런데 민영준이 가져간 6월 13일자의 국서가 격식상 문제가 있었기 때문에 봉정일이 늦어지고 있었다. 이 국서에는 민영준을 판리대신에 임명하는 내용 외에 김가진을 참찬관에 임명한다는 문구가 들어가 있었는데, 아마 이 문구가 격식에 어긋났던 것 같다. 그리하여 외아문은 7월 9일자로 국서에서 "정삼품김가진위참찬관동부正三品金嘉鎭爲參贊官同赴"라는 구절, 이에 관련된 "양신균충兩臣均忠" 가운데 '양'과 '균', '병유幷有', "영해사신등경모순례領該使臣等敬慕循禮" 등을 삭제하고, "치국서致國書"의 '치'를 '봉奉'으로 바꾼 다음[48] 내무부부주사 유성준兪星濬을 국서이정위원國書釐整委員으로 임명하여 일본으로 급파하였다.[49]

당시 청국은 미국 및 유럽주재 전권공사의 파견에 대해 매우 민감한 반응을 보이고 있었다. 위안스카이는 7월 2일 이들 전권공사의 임명을 리훙장李鴻章에게 보고하고, 7월 24일에는 "조선이 공사를 파견하여 천하에 자주를 표시하고자 하는 데 대해 청국은 평행할 수 없도록 속방됨을 각국에 표시"하기 위해 이른바 3조條─조선공사는 청국공사에게 정

---

47 《時事新報》, 1887년 9월 13일자, 〈朝鮮國王の誕辰〉; 《동경시사신문초》, 7월 26일.
48 《일안》 1, 440쪽, #950.
49 國史編纂委員會 編, 《大韓帝國官員履歷書》, 國史編纂委員會, 1972, 757쪽.

문呈文·함첩銜帖을 사용하고 청국공사는 주필硃筆로 조회케 하는 것—
를 건의하였던 것이다. 이 건의를 받은 리훙장은 7월 26일 위안스카이를
통해 조·청 양국 관원의 왕래 문서에는 체제가 있으므로 주일공사와
서양 파견 공사들에게 3조를 준수토록 하라고 지시하였다. 조선정부는
3조가 제3국과 직접 관계없이 조·청 공사 간의 왕래 문서에만 적용되는
것이었으므로 순순히 받아들였다.[50] 그렇지만 3조의 요구가 바로 더욱
강도 높은 청국의 간섭을 예고하는 조치였기 때문에 주일 판리대신의
국서봉정을 서두르지 않을 수 없었다.

유성준이 개정된 국서를 가지고 나가사키長崎를 거쳐 요코하마橫濱에
도착한 때는 7월 28일이었다. 원래 7월 27일 도착할 예정이어서 참찬관
김가진, 서기관 전양묵, 번역관 안경수 등 3명이 요코하마로 맞이하러
갔는데, 배가 풍우를 만나 도착이 하루 연기되었던 것이다. 이들 일행은
도착 즉시 기차를 타고 신바시로 향했고,˙민영준 이하 모든 공사관원들
도 정거장으로 마중을 나갔다.[51] 그리하여 마침내 8월 4일(9/20) 오전
10시 민영준을 비롯한 김가진·전양묵·안길수·안경수 등은 일본 천황
에게 국서를 봉정하기에 이르렀다. 이어 8월 5일에는 조선공사관에 국
기를 계양함으로써 우리나라 최초의 근대적 외교제도에 입각한 상주공
사관으로서 면모를 갖추게 되었다.[52] 이로써 주일 판리대신의 파견은

●

50 송병기, 앞의 논문, 98쪽 참조.
51 《時事新報》, 1887년 9월 13일자, 〈朝鮮の特使〉 및 14일자, 〈전보〉; 《동경시사신문초》,
   7월 27일 및 29일.
52 《時事新報》, 1887년 9월 23일자, 〈朝鮮の国旗〉; 《동경시사신문초》, 8월 7일.

일단 '선파후자'라는 소기의 목적을 달성하는 성과를 거둔 셈이었다.

국서봉정을 마치자 민영준은 아리스가와有栖川 등 3궁宮과 내각대신들 및 각국 공사관을 방문하여 면회를 하거나 명함을 돌린 후 곧바로 귀국할 준비를 서둘렀다.[53] 8월 10일경 그는 배멀미 때문에 도쿄를 출발해서 도카이도東海道 육로를 따라 고베神戶로 갔다. 당시 일본 신문에 따르면, 참찬관 김가진, 서기관 안길수 및 유성준 등만 남은 채 나머지 일행은 민영준과 함께 돌아갈 예정이라고 되어 있다.[54] 그러나 유성준이 민영준과 함께 귀국한 사실로 미루어 이 신문보도를 완전히 신뢰할 수 없지만, 실제로 김가진 이외에 누가 남아 공사관 업무를 보았는지 정확히 알려져 있지 않다.

민영준의 귀국에 대해서는 일본 측도 별다른 반응을 보이지 않았다. 다만 민영준이 도쿄에 도착한 지 보름 만에 이미 그가 서리공사를 유치하고 환국하려 한다는 기사,[55] 또 국서봉정 전날인 8월 3일에도 민영준이 8월 10일경 도쿄를 출발하여 육로를 따라 도카이도를 거쳐 나가사키로 가서 츠루가마루敦賀丸를 타고 귀국하려 한다는 기사가 일본 신문에 실린 점으로 미루어[56] 그의 귀국은 사전에 예정되었을 가능성이 크다고 판단된다. 8월 21일 그는 고종에게 복명하였다.[57]

●

53 《時事新報》, 1887년 9월 23일자, 〈関公使〉;《동경시사신문초》, 8월 7일.

54 《時事新報》, 1887년 9월 24일자, 〈朝鮮公使閔泳駿氏〉;《동경시사신문초》, 8월 8일.

55 《時事新報》, 1887년 8월 30일자, 〈朝鮮公使〉;《동경시사신문초》, 7월 12일.

56 《時事新報》, 1887년 9월 19일자, 〈朝鮮公使〉;《동경시사신문초》, 8월 3일.

57 《승정원일기》, 1887년 8월 21일조.

이처럼 국서봉정 직후 민영준이 귀국한 이유에 대해서는 다음과 같이 추론해볼 수 있다.[58] 주일 판리대신의 파견이 무엇보다 '선파후자'의 전례를 남기는 데 목적이 있었던 만큼, 그 목적이 달성된 후 막대한 비용을 들여가면서까지 판리대신직을 유지할 필요가 없었다는 점이다. 앞서 이원긍의 경우에서 살펴보았듯이, 일본정부는 공사를 파견하지 않은 채 다른 직책을 가진 사람이 대리공사직을 수행할 수 없다는 입장을 견지하고 있었다. 따라서 민영준의 파견은 이러한 일본 측의 요구조건을 충족시키기 위한 일종의 외교적 요식 행위에 불과했던 것으로 판단된다.

따라서 주일 판리대신의 파견은 구미에 전권공사를 파견하기 위한 '선파후자'의 선례를 남긴다는 측면에서는 부분적인 성과를 거두었다고 평가할 수 있다. 그렇지만 부적격자인 민영준의 파견과 그의 예정된 즉시 귀국으로 말미암아 조·일 양국 간의 산적한 현안을 해결함과 동시에 일본의 정황과 세계의 정세를 정확하게 파악해야 하는 임무를 제대로 수행할 수가 없었다는 한계성을 지닌다. 아울러 이헌영과 이원긍의 경우와 마찬가지로 고종 혹은 민씨척족이 장기적이고 치밀한 계획 아래 대일 외교를 펼쳤다기보다 정치적 목적에 집착했다는 비판을 받아야 할 것이다.

●

58 이에 대해 송병기는 민영준이 1887년 9월 삼단이 약정되자 이를 의도적으로 지키지 않기 위해 10월에 館務를 김가진에게 맡기고 귀국하였던 것으로 파악하였다. 그러나 민영준이 8월 21일에 이미 고종에게 복명하였던 만큼, 이 견해는 날짜 착오로 말미암은 오류라고 여겨진다. 송병기, 앞의 논문, 106쪽 참조.

03
—

## 김가진의 임면과정

—

—

　민영준이 도쿄에 부임한 지 두 달도 못되어 귀국하자 1887년 10월 참찬관 김가진이 대리공사로 임명되었다. 민영준의 조기 귀국이 예정되어 있었듯이, 김가진의 대리공사 임명 역시 사전에 결정되었을 가능성이 매우 크다. 그는 서얼 출신이었지만 1877년 문과 급제 후 규장각검서관을 시작으로 관계에 진출하였고, 장악원·장흥고주부 등 주로 궁중의 사무를 맡아 박학과 총명으로 고종의 총애를 받았으며, 1883년부터 외아문주사와 인천항감리서서기관으로서 외교·통상업무에 종사하였다. 1885년에 내무부주사에 임명된 그는 다음해에 미국인 고문관으로 부임한 내무부협판 데니Owen N. Denny와 고종 간의 연락책으로 활약하는 한편, 별입시別入侍로서 1886년 7월 고종의 밀명에 따라 김학우金鶴羽·조존두趙存斗·전양묵 등과 함께 제2차 조러밀약을 획책하였다는 혐의로 잠시 유배를 당하기도 했다.[59]

●

[59] 林明德, 《袁世凱與朝鮮》, 中央研究院 近代史研究所, 1970, 261~265쪽; 김원모, 〈袁世凱의

이처럼 김가진은 고종의 측근으로서 신임이 두텁고 반청적 입장을 취하고 있었기 때문에 1886년 10월 12일부터 1887년 5월 2일까지 주진독리통상사무(주진대원)의 종사관으로 근무한 다음 주일참찬관으로 발탁되었으며, 민영준의 귀국 후 대리공사로 근무하다가 마침내 1888년 10월 14일 주일 판사대신으로 승진되었다.[60] 그는 일본 주재기간 동안에도 1889년에 민영익과 더불어 위안스카이의 소환을 추진하는 등 반청 자주외교를 펼쳐나갔다.[61] 특히 주일 청국외교관 왕펑자오王鳳藻가 공식석상에서 "동양에서 독립국은 오직 일본과 청국뿐이다"고 발언하자 그가 즉각 연단에 올라가 "조선은…… 오랜 역사와 사직을 갖고 있는 독립국이다. 누가 망탄무계妄誕無稽하게 감히 우리나라를 욕하고 다른 나라에 예속되었다고 하는가?"라고 반박했다는 일화도 전해진다.[62]

1889년 말 김가진은 주재한 지 2년 4개월 만에 휴가를 얻어 귀국할 준비를 서둘렀다. 12월 26일(1/16) 그는 시바공원 안에 있는 고요칸에서 주일청국공사 리수창黎庶昌과 청국공사관원 및 내외 귀빈 10여 명을 초대해서 전별연을 열었으며, 12월 27일 일본 천황을 배알한 데 이어 야마가타 아리토모山縣有朋 총리대신과 아오키 슈죠靑木周藏 외무대신 등을

한반도 안보책(1886)〉, 《동양학》 16, 1986, 236~240쪽.

60 일본 신문도 김가진에 대해 "청국에 유학해서 예민·활발한 명성"이 있다고 보도하였다. 《時事新報》, 1887년 8월 17일자, 〈朝鮮辦理大臣〉; 《동경시사신문초》, 6월 28일; 한철호, 앞의 논문(2007), 70쪽.

61 《청계중일한관계사료》 5, 2694~2695쪽, #1483.

62 細井肇, 《現代漢城の風雲と名士》, 日韓書房, 1910, 168~169쪽.

비롯한 대신들 및 외무성 관리들을 방문하여 귀국인사를 하였다. 원래 그는 28일에 귀국할 예정이었으나 비로 말미암아 그 다음날인 29일 신바시에서 첫 기차로 요코하마에 도착한 뒤 미국 해군에서 내준 함선에 탑승하였다. 그는 귀국 후 내각에 들어가 중요 관직에 취임할 것이라는 풍문도 돌았다.[63]

1890년 1월 21일 김가진은 인천에 도착하였으며, 22일에 고종에게 복명하면서 일본의 국내외정세에 관해 우호적으로 보고하였다.[64] 그런데 김가진은 인천에 도착했던 1월 21일에 승지로 낙점을 받은 뒤 부호군·내무부참의에 임명되었다. 이어 2월 21일 그는 내무부참의를 유지한 채 여주목사에 임명되었으며, 1891년 3월 22일 안동부사로 발령받았다. 그는 여주목사 재직 중에 여주의 사역이 다른 고을에 비해 매우 많아 납부할 세와 대동大同을 이미 상정법詳定法에 따라 대납해왔는데, 기한 만료로 백성들이 곤경에 처했으므로 3년간 더 상정법에 따라 대납해달라고 건의해서 허락을 받아내는 등 선정을 펼치기도 하였다.[65]

이처럼 김가진은 일본에서 귀국한 뒤 1년이 넘도록 다른 관직생활을 하고 있었기 때문에 주일공사관은 대리공사체제로 운영되고 있었다. 따

●

63 12월 27일(1/17) 그가 주일청국공사 리수창黎庶昌을 공사관으로 초대하였다는 보도도 있지만 확실치 않다. 《讀賣新聞》, 1890년 1월 18일자, 〈黎氏朝鮮公使館を訪問し〉; 1월 23일자, 〈朝鮮公使金嘉鎭氏〉; 1월 28일자, 〈拜謁〉 및 〈朝鮮公使の歸國〉; 1월 29일자, 〈朝鮮公使の歸國〉; 《승정원일기》, 1890년 1월 22일조.

64 《통서일기》 2, 267쪽, 1890년 1월 22일자; 《승정원일기》, 1890년 1월 22일조.

65 《승정원일기》, 1890년 7월 26일조.

라서 1891년 5월 13일(6/19) 당시 실질적인 최고 권력기관이었던 내무부는 김가진으로 하여금 임지인 안동에서 곧바로 일본으로 가서 주일공사직에 복귀할 것을 건의하였다.[66] 그 바로 직전에 일본 언론에서 김가진이 주일공사직을 수행하기 위해 도쿄로 부임할 것이라는 보도가 있었던 점으로 미루어, 정부 내에서 이미 그에 대한 논의가 이뤄지고 있었음을 알 수 있다.[67] 이에 따라 7월 6일(8/10) 그는 안동을 출발하여 17일 부산에서 시라카와마루白川丸를 탔으며, 19일 오사카大阪를 거쳐 22일경에 도쿄에 도착하였다.[68]

김가진이 갑자기 주일공사직에 복귀한 주요 목적은 주일 청국공사인 리훙장의 양자 리징팡李經芳과 협의해서 초대 주미공사 박정양朴定陽의 파견 전제조건으로 여전히 조·청 양국 간 전통적 속방관계의 상징이었

---

[66] 《승정원일기》, 1891년 5월 13일조.

[67] 일본 신문들은 김가진이 귀국한 뒤 주일공사직에서 해임되지 않은 채 여주목사로 임명되었다가 여름에 안동부사로 전임되어 (양력) 5월 하순에 부임하였으며, 지방사무를 인수한 다음 신임 서기관 권재형權在衡 등과 함께 주일공사관으로 귀임할 것이라고 보도하였다. 《東京日日新聞》, 1891년 6월 12일자, 〈日本駐箚朝鮮辨事大臣〉; 《讀賣新聞》, 1891년 6월 16일자, 〈朝鮮公使及び書記官の轉任〉.

[68] 그는 복명 시 안동을 출발한 지 14일 만인 7월 20일(8/24)에 도쿄에 도착하였다고 보고하였다. 하지만 《讀賣新聞》에 의하면, 공사관이 고종의 만수절(7월 25일: 8/29)을 맞이해서 鹿鳴館에서 신·구공사 교임피로연을 겸해 축하연을 개최할 예정이었다가 김가진이 아직 도착하지 않았기 때문에 7월 21일(8/25)에 갑자기 보류하였다고 한다. 따라서 7월 22일에 김가진이 권재형과 함께 도쿄에 도착했다는 《秘書類纂》의 기록이 더 신빙성을 지닌 것으로 판단된다. 《東京日日新聞》, 1891년 7월 22일자, 〈金嘉鎭氏〉; 8월 25일자, 〈朝鮮公使の交代〉; 9월 11일자, 〈金嘉鎭氏〉; 《讀賣新聞》, 1891년 8월 28일자, 〈朝鮮公使館の宴會見合及せといる〉; 伊藤博文 編, 앞의 책, 下, 12쪽; 《승정원일기》, 1891년 9월 21일조.

던 '영약삼단另約三端'을 취소시키는 것, 당시 진행 중인 오스트리아와 통상조약을 체결하는 것 등이었다고 한다.[69] 먼저 그는 부임 직후 리징팡을 만나 '영약삼단'의 폐기에 대해 협의하였다. 하지만 리징팡은 내정을 정비하지도 않은 채 누누이 청국을 괴롭히면서 어찌 이러한 요구를 할 수 있는가라고 난색을 표하였다. 만약 정말로 독립국이 되고자 한다면 먼저 내정을 우선 정비하라는 이유로 거절하였던 것이다.[70]

심지어 김가진은 주일 오스트리아공사 비겔레벤Roger de Biegeleben과 조약 체결에 대해 논의조차 하지 못하였다. 그가 도쿄로 가는 도중 비겔레벤이 청국의 천주교 탄압에 열강과 공동으로 대처하기 위해 텐진으로 떠나는 바람에 잠시 기차 안에서 마주쳤을 뿐이었기 때문이다. 따라서 그는 공사관에 도착한 뒤에 비겔레벤이 남겨놓은 조약 초고와 서신을 열어보았다. 비겔레벤의 서신에는 자신이 두서너 달 동안 청국으로 출장하게 되었으므로 조약 초고를 조선정부에 보내 그 가부를 정하고, 자신이 임소로 돌아왔을 때 만나서 결정하자는 내용이 들어 있었다. 김가진은 자신이 오는 것을 알면서도 사전에 아무런 통보없이 떠난 비겔레벤

---

69 伊藤博文 編, 앞의 책, 下, 15~16쪽. 또한 일본 언론에서는 그의 파일 목적을 러시아 황태자 흉변사건의 위문, 오스트리아와 통상조약 체결 등 2건으로 보도하였다. 러시아 황태자 흉변사건, 즉 오츠大津사건은 1891년 4월 4일(5/11) 일본순사 츠다津田三藏가 일본을 방문 중인 러시아 황태자 니콜라이를 군도로 내리쳐서 상해를 입힌 사건인데, 이미 4월 20일(5/27)에 대심원에서 그에게 살인죄를 적용하여 무기징역을 확정하였다. 따라서 이 사건에 대한 위문은 그의 파견 목적으로 간주하기 어렵다고 판단된다. 《東京日日新聞》, 1891년 9월 11일자, 〈金嘉鎭氏〉.

70 伊藤博文 編, 앞의 책, 下, 16쪽.

의 행동에 뒤통수를 맞은 듯 분개하였다.

결국 김가진은 비겔레벤의 말을 전적으로 따라 나중에 조약을 의논한 다음 귀국할 경우 "국권의 사체에 손상과 해로움이 있을" 것이란 판단 아래 미리 그 사유를 정부에 보고하였다. 귀국 후 그는 고종에게 조약 초고를 검토하여 체결 여부를 결정한 뒤 오스트리아공사로 하여금 한성으로 와서 조약을 체결하도록 하되, 만약 오스트리아공사가 한성에 올 수 없다면 주일대리공사 권재형權在衡에게 권한을 위임하여 오스트리아공사와 협의·체약토록 하자는 의견을 내놓았다.[71] 이에 따라 1891년 11월 25일 조선정부는 대리공사 권재형을 전권공사로 임명하여 비겔레벤과 협상을 벌였으며, '속방조회'의 제출을 둘러싸고 난항을 겪은 뒤 그 다음 해 5월 비로소 조오조약을 체결하기에 이르렀다.[72]

일본 체재 중 김가진이 일본에 망명 중인 김옥균·박영효 등과 함께 민씨척족정권을 타도하려는 계획에 관여하려 했다는 점은 주목할 만하다. 1891년 3월경부터 김옥균 등은 리훙장·흥선대원군과 내통하여 국정을 개혁하고 민씨척족을 제거하려고 계획하였다. 그들은 때마침 김가진·안경수·권재형 등이 일본에 파견된 것을 계기로 이를 실행에 옮기기 시작하였다. 김가진 등이 민씨척족의 부정부패와 무능에 대해 매우 비판적인 입장을 견지하고 있다고 판단했기 때문이다.

8월 5일(9/7) 김가진 역시 안경수와 함께 요코하마로 가서 미국 해군

71 《승정원일기》, 1891년 9월 21일조; 伊藤博文 編, 앞의 책, 下, 16쪽.
72 조오조약의 체결과정에 관해서는 본서 제2부 제1장 참조.

제독 베르네프를 방문하였고, 그 다음날 안경수는 박영효를 만나 거사 계획을 듣고 찬동을 표하였다. 이 과정에서 김가진은 흥선대원군과 김옥균 간의 연락을 맡은 안경수가 민씨척족에게 밀고할 것을 염려하였기 때문에 오히려 김옥균 등에게 이 계획을 역이용하자고 제안하였다. 즉, 그는 양측의 음모를 고종에게 밀고하여 조정의 동요를 조장함으로써 청국 측이 민씨척족을 텐진으로 납치하도록 계획을 수정하였던 것이다. 김옥균은 김가진의 계책을 전해 듣고 이를 후쿠자와 유키치福澤諭吉에게 자문하였는데, 후쿠자와는 김가진이 '수서양단首鼠兩端'의 태도를 취하고 있다고 여겨 그 계책을 결코 실행해서는 안 된다고 답하였다고 한다.[73]

8월 6일 김가진은 베르네프 제독을 방문하여 조선정부에서 변란이 있을 것이니 미군 군함 5~6척을 파견해달라는 전훈電訓을 전달하였다. 베르네프는 사건 발생을 예견해서 함대를 파견할 수 없지만, 다행히 최근 청국 해안에서 인천으로 군함 2~3척이 항해할 예정이므로 잠시 정박할 수 있다고 답변하였다. 그러나 안경수가 미군 군함의 파견 요청에 대해 부정적인 반응을 보였기 때문에, 김가진은 그가 밀고할지도 모른다고 염려하였다. 더군다나 《요미우리신문讀賣新聞》에 김옥균과 흥선대원군의 동향이 보도되고, 김가진도 그와 연루되어 있다는 소문도 나돌았다. 따라서 김가진은 그 소문이 조선에 전해지면 매우 위험한 처지에 빠질지 모른다고 판단하고, 사태가 이 지경에 이르렀으므로 빨리 일본을 떠나는 것이 최선책이라고 생각했다고 전해진다.[74]

●

73 伊藤博文 編, 앞의 책, 下, 7~14쪽.

실제로 김가진은 도쿄에 부임한 지 한 달이 갓 지난 9월 2일(10/4) 서기관 권재형을 대리공사로 삼고 귀국길에 올랐다.[75] 그는 일본으로 파견되기 전부터 자신에게 부여된 현안을 처리하고 곧바로 귀국할 예정으로 알려져 있었지만,[76] 김옥균 등과의 연루설로 말미암아 귀국을 서둘렀을 가능성도 적지 않다고 추측된다. 과연 김가진이 김옥균 등의 계획에 어느 정도 깊숙이 관여되어 있는지는 정확히 알 수 없지만, 민씨척족의 부패와 전횡을 비판적으로 인식하고 있었다는 점은 부정하기 힘들다. 그가 귀국하여 9월 21일 고종에게 복명한 다음 안동부사로 복직한 뒤 1893년 5월 29일 승지로 임명되기까지 철저하게 중앙정계에서 배제당한 이유도 민씨척족의 반감을 샀던 데 있었다고 여겨진다.

74 伊藤博文 編, 위의 책, 14~17쪽.

75 《일안》 2, 241쪽, #1968; 《東京日日新聞》, 1891년 10월 7일자, 〈代理公使歸國等〉.

76 《東京日日新聞》, 1891년 9월 11일자, 〈金嘉鎭氏〉.

04
—

# 김사철의 임면과정

—

—

　김가진의 귀국으로 오랫동안 주일공사가 부재한 상황 아래 1893년 3월 29일 외아문 참의 김사철金思轍이 신임 주일공사로 임명되었다. 그 직접적인 계기는 3월 19일 오이시 마사미大石正己 일본공사가 고종을 알현하는 자리에서 무례하게 굴은 행동에 항의하려는 데 있었다. 오이시가 무츠 무네미츠陸奧宗光 외무대신의 명령에 따라 외아문독판 조병직趙秉稷에게 함경도·황해도 방곡배상안을 14일 이내에 해결해달라고 최후통첩을 보낸 데 이어 고종에게도 직접 그 문제에 대한 불만을 토로하면서 외아문의 태도를 비난하는 발언을 거침없이 내뱉었기 때문이다. 심지어 그는 다음날에도 다시 외아문에 최후통첩의 내용을 고종에게 직접 아뢸 필요가 있으므로 알현을 알선해달라고 요구하였다. 이러한 그의 요청은 거절당했지만, 고종뿐만 아니라 정부 내에서 커다란 반발을 일으켰다.[77]

●

77 《통서일기》 3, 87~90쪽, 1893년 3월 19~22, 24일자; 伊藤博文 編, 앞의 책, 下, 78~85쪽;

비록 4월 3~4일에 방곡배상안에 대한 협상이 끝났지만, 4월 5일 고종은 3정승 등과 함께 국정을 논의하는 자리에서 오이시 공사의 무례함을 직접 거론하였다. 이에 영의정 심순택沈舜澤·좌의정 조병세趙秉世·우의정 정범조鄭範朝 등은 모두 이를 놀랍고도 패역스러운 일로 규정하고 통탄과 분노를 금치 못했으며, 판중추부사 김홍집金弘集은 "저 사신의 죄상을 그 정부에 알린다면 반드시 소환하여 죄를 물을 것입니다"라고 건의하였다. 고종은 오이시 공사의 죄상을 이미 전보로 알렸지만 이 사실을 잘 모르는 해외 관서에는 다시 문서로 기록하여 보내도록 조치하고, 주일대리공사 권재형은 직위가 낮아서 항의하는 데 적합하지 않으므로 김사철을 공사로 삼았다고 밝혔던 것이다.[78]

5월 4일 고종은 김사철을 소견하는 자리에서도 네덜란드·스페인과 조약을 맺는 데 초안을 두 가지 형태로 나누어 작성하지 말고 기존의 조약에 준하여 정하라는 것 외에, 방곡령사건을 처리하는 과정에서 오이시 일본공사가 실례를 범한 점이 많았다고 일본정부에 전달하라는 지시를 내렸다. 이 사실로 미루어 그의 파견은 오이시 공사의 무례를 강력하게 일본정부에 항의함과 동시에 양국의 현안이었던 방곡령사건이 마무리된 후 일본의 동향을 살피는 데 역점을 둔 듯하다.[79]

한편 김사철의 주일공사 발탁 이유에 관해서는 《요미우리신문》의 다

《일안》 2, 388~396쪽, #2287~2293; 《일외서》 26, 351~354쪽, #162 부속2; 이선근, 앞의 책, 906~907쪽 참조.

78 《승정원일기》, 1893년 4월 5일조.

79 《일성록》 및 《승정원일기》, 1893년 5월 4일조.

음과 같은 평가가 흥미를 끈다.

주일주차조선공사 김가진씨는 이번에 퇴직하고 외무참의 겸 한성소윤 김
사철씨가 그 후임이 되었다. 원래 김가진씨는 친일적[日本贔屓] 인사이지
만, 어쨌든 완고한 조선국 사람을 위해서 기꺼이 일해 왔다. 따라서 특히
반대당은 씨를 바라보기를 자국의 영욕을 되돌아보지 않는 간적奸賊으로
간주하기에 이르렀다. 사정이 이미 이와 같으므로 씨의 공평무사한 계획은
오히려 양국의 이익을 해치는 듯한 경향이 되었다. 이로 말미암아 근거 없
이 씨의 직을 면한 것으로 이 일은 이미 본년 4월경에 정해져 있었는데,
이번 방곡사건의 담판이 점차 매듭지어지자 이에 그 임면의 사태를 발표함
에 이른 것이라고 한다.[80]

김사철은 늘 민씨척족이 이신頤臣하는 자로서 편녕사지便佞邪智로 은밀하
게 왕비의 거처를 출입하면서 중용해달라고 부탁하였다. 그 뜻은 대체로
외교관이 되려는 데 있었다. 때마침 김가진이 일본주재공사가 되자 사철이
이를 질투해서 왕비에게 중상하였다. 김가진이 약간 외국의 사정에 능통하
기 때문에 주외駐外공사가 되었으니 매우 감복한다고 희롱하면서 시세에
편승해서 민씨에게 화를 입힐 것이니 빨리 그를 퇴임시키지 않으면 후환이
미칠 것이라고 중상하였던 것이다. 왕비가 크게 놀라서 국왕에게 중상하여
김가진을 파면·귀국토록 하였다.[81]

●

80 《讀賣新聞》, 1893년 5월 28일자, 〈本邦駐箚朝鮮公使更替の次第〉.
81 《讀賣新聞》, 1894년 9월 13일자, 〈金思轍, 金嘉鎭を王妃に讒し〉.

위의 내용은 다소 과장된 측면이 있지만, 김사철에 관해 몇 가지 중요한 정보를 시사해준다. 즉, 그가 친민씨척족계 인사라는 점, 외교관으로서 공사로 근무할 의향을 갖고 있다는 점, 김가진이 민씨척족에 대해 비판적이라는 것을 간파하고 있다는 점, 친일적 성향을 띠었던 김가진과는 관계가 별로 좋지 않았을 것이라는 점 등이다.

실제로 김가진이 민씨척족을 타도하려는 김옥균 등의 계획에 동조하였다가 귀국 후 푸대접을 받았던 사실을 감안하면, 김사철이 직·간접적으로든 김가진을 중상하였을 가능성도 배제할 수 없다. 또한 그가 1878년 문과에 급제한 뒤 응교와 외아문주사·참의를 거친 이른바 외교통이었던 점도 사실과 부합한다. 고종도 "오랫동안 통리교섭통상사무아문에 재직하여 외무에 익숙"하다는 이유로 그를 주일공사로 발탁하여 차질 없이 업무를 수행토록 하였기 때문이다.[82]

그러나 김사철이 외국에 공사로 파견되기를 갈망했다는 점은 재고의 여지가 있다. 1888년 주미 참무관으로 발령받았을 때, 그는 각국에 사신을 파견·주재시키는 목적이 상업에 관한 일을 보호하며 교섭관계를 처리함에 있는데, 미국에 한 명의 상인도 활동하지 않으므로 실제로 할 일도 없고 막대한 경비를 낭비할 뿐이라는 이유로 부임을 거부한 적도 있기 때문이다.[83] 이러한 그의 태도는 당시 조선의 실상을 정확하게 지적한 것으로 평할 수도 있지만,[84] 미국행을 거절하려는 변명의 성격이

82 《일성록》 및 《승정원일기》, 1893년 5월 4일조.
83 《고종실록》, 1888년 8월 21일조.

짙다. 실제로 4월 27일 그는 주미 참무관 당시와 마찬가지로 병든 부친을 보살펴야 된다는 핑계로 주일공사 사직소를 올렸는데, 이는 단지 예의상이라기보다 그의 진심이 담겨져 있는 것으로 여겨진다.[85]

한편 김사철은 고종을 알현한 지 3일 뒤인 5월 7일 서기관 김사순金思純 등과 함께 서울을 떠나 인천에 머물다가 14일에야 비로소 일본선박 기소가와마루木曾川丸에 탑승하였고, 5월 20일 오사카를 거쳐 5월 21일 (7/4) 도쿄에 도착하였다.[86] 5월 22일 그는 일본 외무성에 김가진의 해임과 자신의 부임을 조회했으며, 6월 3일에는 요코하마로 가서 미국영사관을 비롯한 각국 영사관을 인사차 방문했고, 7월 8일 아오야마연병장青山練兵場에서 열병식을 관람하였다.[87] 고종탄신일인 7월 25일에 그는 로쿠메이칸鹿鳴館에서 축하연 겸 취임피로연을 열었다. 이 자리에는 일본 황족 및 대신, 그리고 각국 공사 등 80여 명이 초대될 예정이었다고 한다.[88] 8월 2일 그는 일본 천황을 알현하고 그 다음날 일본의 각성을 방문하여 신임 인사를 하였다.[89] 8월 24일 수행원 1명과 일본인 통역관

---

84 김수암, 앞의 논문, 203쪽 참조.

85 《승정원일기》, 1893년 4월 27일조. 뒤에서 살펴보듯이, 그는 일본에 도착한 지 3개월 만에 귀국하였다.

86 5월 20일 대리공사 권재형은 그를 맞이하기 위해 요코하마로 마중나갔다. 《통서일기》 3, 114쪽, 1893년 5월 7일자; 116쪽, 5월 14일자; 121쪽, 5월 21일자; 《東京日日新聞》, 1893년 7월 5일자, 〈朝鮮公使の來着〉.

87 《東京日日新聞》, 1893년 7월 16일자, 〈朝鮮公使各國領事を訪ふ〉; 《승정원일기》, 1893년 9월 16일조.

88 《讀賣新聞》, 1893년 8월 29일자, 〈朝鮮公使の夜會〉.

89 《승정원일기》, 1893년 9월 16일조; 《讀賣新聞》, 1893년 9월 13일자, 〈朝鮮公使就任の披露〉.

1명을 대동하고 오지王子 초지부抄紙部와 일본메리야스회사 제조장을 시찰하였다.[90]

그러나 김사철에 관해서는 고종탄신 축하연을 마친 후인 8월 1일 일단 귀국할 예정이라는 풍문이 나돌았다.[91] 이 풍문은 들어맞지 않았지만, 그가 휴가를 받아 9월 2일 귀국할 예정이며 유기환俞箕煥이 대리공사를 맡을 것이라는 언론 보도는 사실로 판명되었다.[92] 실제로 그는 일본 천황을 알현한 다음날인 9월 2일(10/11) 도쿄를 출발하여 9월 15일 서울에 도착하였고, 그 다음날 고종에게 복명하였다.[93]

이후 김사철은 임지로 되돌아가지 않았는데, 1894년 2월 22일 이일직 李逸植·권동수權東壽·권재수權在壽 등의 박영효 암살사건을 계기로 양 국 간의 외교적 마찰이 빚어지자 그의 주일공사 부임이 거론되었다. 암 살 실패 후 주일공사관으로 피신한 권동수 등을 일본 경찰이 강제로 끌 고 간 데 항의해서 2월 30일(4/5)에 대리공사 유기환이 갑자기 귀국해버 렸기 때문이다.[94] 일본정부는 이를 조선공사관 철수 조치로 간주하고 다시는 공사관과 관계를 갖지 않겠다고 항의함과 동시에, 일본에는 사

●

90 《讀賣新聞》, 1893년 10월 4일자, 〈朝鮮公使の總攬〉.

91 《讀賣新聞》, 1893년 8월 29일자, 〈朝鮮公使の夜會〉.

92 《讀賣新聞》, 1893년 10월 8일자, 〈朝鮮公使〉.

93 《讀賣新聞》, 1893년 10월 11일자, 〈謁見〉; 《승정원일기》, 1893년 9월 16일조.

94 그는 4월 6일 오사카에 도착한 뒤 4월 8일 시라카와마루를 타고 고베에 도착하자마자 하선하 지 않은 채 곧바로 떠났다. 《일외서》 27:1, 533~534쪽, #344; 538쪽, #349; 《東京日日新 聞》, 1894년 4월 6일자, 〈朝鮮公使の引揚〉; 4월 7일자, 〈朝鮮代理公使〉; 4월 10일자, 〈俞公 使等歸國〉.

실상 조선공사관이 없는 셈이므로 가급적 조속한 시일 내에 김사철이나 다른 인물을 일본으로 파견해서 유기환의 행동을 공식적으로 시정해달라고 촉구하였다.[95] 이에 조선정부는 유기환이 정부의 명령에 의해 귀국한 것은 아니라고 변명하면서 3월 4일(4/9) 서기관 김사순을 대리공사로 임명한 데 이어, 유기환사건 등으로 냉각된 관계를 회복하기 위해 김사철의 부임을 서둘렀다.[96]

일본공사 오토리 게이스케大鳥圭介 역시 자신의 귀국을 늦추면서까지 김옥균 피살사건과 유기환의 이임사건을 마무리하면서 김사철의 출발을 권고하였고, 심지어 이를 재촉하기 위해 그와 동행하려고 준비하였다.[97] 결국 3월 27일(5/2) 김사철은 주일공사직을 다시 수행하기 위해 고종을 알현하였다. 문제는 이 자리에서 그가 80세된 노부老父로 말미암아 오래 머물 수가 없으니 "속히 사신의 일을 처리하고 곧바로 복명하겠다"고 아뢰자 고종이 승낙해주었다는 점이다.[98] 이는 양국의 관계가 심각하게 돌아가고 있는 상황 속에서도 김사철이 주일공사로서 상주할 마음도 없었을 뿐 아니라 고종 역시 이를 인정해 주었다는 점에서 얼마나 주일공사가 파행적으로 운영되고 있는가를 단적으로 보여준다.

●

95 《일외서》 27:1, 541쪽, #351; 국사편찬위원회 편, 《駐韓日本公使館記錄》(이하 《일관기록》으로 약칭) 4, 국사편찬위원회, 1989, 150쪽, (13).

96 《일외서》 27:1, 543쪽, #352; 《讀賣新聞》, 1894년 4월 15일자, 〈朝鮮通信〉.

97 《일관기록》 4, 153~154쪽, (25); 《일관기록》 2, 132쪽, (13) 기밀 제36호 本25, 기밀 제37호.

98 《승정원일기》, 1894년 3월 27일조.

김사철은 알현을 마치자마자 번역관 김낙준金洛駿을 대동하고 서울을 떠나 4월 1일 인천에 도착하였으며, 4월 3일(5/7) 오토리 공사와 함께 일본상선 히고마루에 탑승하였다. 김사철 일행은 4월 6일(5/10) 부산에 잠시 정박하였다가 나가사키를 거쳐 4월 9일(5/13) 오전 고베에 도착하였다. 이곳에서 그는 오토리 공사와 헤어진 다음 12시경 곧바로 기차로 출발하여 4월 10일 도쿄에 도착하였다.[99]

김사철은 부임 직후 신문기자와 만난 자리에서 김옥균 횡사에 관해 조선인 대부분이 슬퍼하지 않고 정부의 조치에 만족하고 있으며, 오토리 공사가 조선정부 측에 김옥균의 유골에 참형을 가한 사건에 대해 충고한 것도 국법이 엄존하므로 도저히 수용할 여지가 없다는 입장을 확고하게 표명하였다. 아울러 그는 김옥균 암살사건 후 국민의 감정은 "아무런 이상 없이 지극히 평온"하며, 비가 내린 후 땅이 견고해지는 것처럼 이번 자신의 방일 목적이 양국의 국교를 원만하게 처리하는 데 있다고 밝혔다. 이 사건이 더 이상 외교문제로 비화되지 않도록 정부와 국민의 입장을 긍정적으로 전달했던 것이다.[100]

한편 김사철이 파견된 시기를 전후해서 조선에서는 전쟁의 기운이 감돌고 있었다. 동학농민전쟁의 발발을 빌미로 청·일 양국은 대규모의 군대를 조선에 파견하였기 때문이다. 이에 당황한 외아문독판 조병직은

---

[99] 《통서일기》 3, 302쪽, 1894년 4월 6일자; 306쪽, 1894년 4월 10일자; 《東京日日新聞》, 1894년 5월 12일자, 〈大鳥公使の歸着〉; 5월 15일자, 〈大鳥公使と朝鮮公使〉.

[100] 《東京日日新聞》, 1894년 5월 17일자, 〈朝鮮公使の談〉.

조선주재 일본임시대리공사 스기무라 후카시杉村濬에게 동학군이 패전하고 정국이 안정되었으므로 파병 방침을 철회해달라고 요구함과 동시에, 일본외무대신에게 파병 중지를 요청하되 이미 파병했으면 즉각 철수해달라고 요구하라는 전령을 주일공사 김사철에게 보냈다.[101] 이어 정부군과 전주화약을 맺은 동학군이 무장해제하여 전라도가 안정을 되찾았다는 순변사 이원회李元會의 보고를 근거로, 즉각 일본정부와 상의하여 조선주재 일본공사에게 호위병을 철거하라는 전칙을 보내도록 하라고 주일공사에게 전보하였다.[102] 이에 의거해서 5월 11일(6/14) 김사철은 외무성에 가서 30여 분간 무츠 외무대신과 면담하는 등 교섭을 벌었다.[103]

당시 일본은 동학농민군을 진압한다는 명분 아래 히로시마에 대본영을 설치한 다음 대규모 일본군을 파견하여 청국과 전쟁을 벌일 만반의 준비를 갖추고 있었다. 따라서 조선정부가 강력하게 군대 철수를 요청했지만, 일본이 이 요구를 받아들일 리 만무하였다. 이어 무츠 외무대신은 오토리 공사에게 전쟁의 명분을 마련하기 위해 조선정부에 내정개혁을 촉구하라는 훈령을 보냄과 동시에, 보충해야 할 사항을 구두로 전달하기 위해 구리노 신이치로栗野愼一郎 외무성 정무국장에게 조선으로 가라는 명령을 내렸다.[104] 이러한 상황에서 5월 20일(6/23) 김사철은 재

---

101 《일안》 2, 632~633쪽, #2834, #2835; 《통서일기》 3, 321쪽, 1894년 5월 5일자; 323쪽, 5월 7일자.

102 《통서일기》 3, 329쪽, 1894년 5월 15일자.

103 《讀賣新聞》, 1894년 6월 15일자, 〈朝鮮公使金思轍氏〉.

104 《일관기록》 3, 128~132쪽, (6).

차 무츠 외무대신을 방문한 다음, 일본의 형세와 정략 등을 보고하기 위해 귀국하기로 결정하였다.[105] 이어 5월 26일 그는 서기관 김사순을 대리공사로 삼은 뒤 구리노와 함께 도쿄를 출발, 귀국길에 올랐다.[106]

6월 2일(7/4) 김사철은 인천에 도착하자마자[107] 곧바로 서울로 가서 국왕을 알현하였다. 이 자리에서 그는 "일본군은 틀림없이 우리나라를 집어삼킬 수 없으며, 오직 불화의 씨를 만듦으로써 허세를 부리며 위협할 뿐입니다"라고 복명하였다.[108] 이처럼 대일 외교의 책임자로서 일본의 정세를 가장 정확하게 파악하고 있어야 할 김사철의 정세판단은 그야말로 판단착오가 아닐 수 없었다.[109] 이로부터 불과 18일 뒤인 6월 21일 그의 판단과는 정반대로 일본군은 무력으로 경복궁을 점령한 다음 곧바로 청일전쟁을 일으켰기 때문이다.

●

105 《讀賣新聞》, 1894년 6월 25일자, 〈朝鮮公使の歸國〉.

106 5월 26일 오전 11시 30분 김사철은 신바시를 떠나 요코하마에 도착하였고, 이곳에서 군함 츠쿠바筑波를 방문하여 예포 7발의 환영을 받았으며, 그 다음날 고베에 도착한 뒤 곧바로 히로시마로 떠났다. 이때 구리노는 김사철과 헤어져 고베에서 1박하였다. 《讀賣新聞》, 1894년 7월 1일자, 〈朝鮮公使と栗野政務局長〉, 〈朝鮮公使筑波艦を訪ふ〉; 《통서일기》 3, 340쪽, 1894년 6월 2일자; 349~350쪽, 6월 16일자.

107 《통서일기》 3, 340쪽, 1894년 6월 2일자.

108 吳汝綸 編, 《李文忠公(鴻章)全書: 電稿》 16, 文海出版社(影印), 1965, 3932쪽; 《승정원일기》, 1894년 6월 3일조.

109 《일성록》, 1893년 9월 16일조.

05

———

# 고영희의 임면과정

———

———

    갑오개혁 초기 개혁추진의 중추기구로 조직된 군국기무처軍國機務處
는 1894년 7월 1일 일본정부가 조선의 고유한 자주를 인정해준 후의에
감사함을 표시하고 관계를 돈독히 하기 위한 일환으로 전권대사를 속히
파견하기로 결정하였다. 그러나 청일전쟁이 점차 확대되면서 일본은 소
극적인 내정간섭정책을 펼치고 있었고, 상대적으로 군국기무처도 개혁
의안을 심의·채택하는 데 여념이 없었기 때문에 이 결정은 실행이 늦춰
지고 있었다.[110] 그리하여 8월 4일 군국기무처는 빨리 보빙대사로 선택·
파견함과 동시에 주일 변리공사를 전권공사로 격을 높여 교섭사무에 '암
련諳鍊'한 인물을 파송하자는 의안을 재결의하였다.[111] 김사철의 귀국
이래 공석으로 남아 있는 채 서리공사체제로 유지되고 있는 주일공사의

———

110 유영익, 《갑오경장연구》, 일조각, 1990, 3, 12~19쪽.
111 軍國機務處, 《議定存案(第一)》(규장각 17236); 유영익, 앞의 책, 229, 234쪽.

부임도 시급한 과제였기 때문이다.

일본군이 평양전투·황해해전에서 대승을 거둔 8월 16일 비로소 박정양과 이완용이 각각 보빙대사와 주일공사로 임명되기에 이르렀다.[112] 하지만 그들이 그 직책을 선뜻 받아들이지 않았기 때문에, 외무아문은 이완용으로 하여금 상복을 벗고 일본에 부임하도록 촉구함과 동시에 이상재를 박정양의 수행원으로 충원하였다.[113] 그럼에도 이완용은 생모의 상중과 부친의 노환을 이유로 내세워 교체해달라는 상소를 올렸다. 그 결과 이완용은 주일공사직의 사임을 허락받았고, 곧이어 보빙대사 박정양도 이준용李埈鎔으로 대체되었다.[114] 당시 이완용·박정양 등 초대 주미공사 출신의 관료들이 주축을 이룬 정동파貞洞派가 서울주재 외교관 및 영사관클럽—서울클럽The Seoul Club—의 일원인 구미외교관과 정부고문·선교사들과 긴밀하게 접촉하면서 반일운동을 모색하고 있던 상황을 고려해보면,[115] 이완용의 사직 이유는 한낱 핑계에 지나지 않았음을 알 수 있다.

그러나 청일전쟁에서 일본의 승리가 확실해짐에 따라 정부는 보빙대사와 주일공사의 파견을 서두르지 않을 수 없었다. 따라서 9월 5일에는 의화군義和君 이강李堈이 보빙대사로, 그 다음날에는 농상아문협판 성

---

112 《승정원일기》, 1894년 8월 16일조.

113 《승정원일기》, 1894년 8월 20일조.

114 《승정원일기》, 1894년 8월 27, 29일조.

115 한철호, 《친미개화파연구》, 국학자료원, 1998, 77~79쪽.

기운成岐運이 주일전권대신으로 임명되었다.[116] 9월 12일 의화군은 고종을 알현한 뒤 수원 유길준俞吉濬·고영희 등과 함께 15일 서울을 출발했던 반면,[117] 성기운은 임지로 부임하지 않았다. 그는 1884~1889년간 두 차례나 텐진주재 종사관과 서기관으로 근무했으며, 1893년 상하이上海주재 찰리통상사무禁理通商事務로 임명되었고, 1894년 동학농민군 봉기 시 위안스카이에게 청국군대의 파병을 요청한 실무자로 활약한 적도 있었다.[118] 이처럼 성기운은 청국통으로서 외교 경험이 풍부했기 때문에 발탁되었을 가능성이 크지만, 바로 그러한 이유로 인해 일본으로 부임하기를 꺼려했던 것으로 여겨진다.

주일공사의 파견이 난항을 겪는 가운데 12월 4일에 이르러서야 이준용이 주일공사로 임명되었다. 이러한 조치는 평양전투·황해해전의 승리를 계기로 일본정부가 조선의 보호국화를 적극 추진하기 시작한 사실과 관련이 깊다. 9월 17일 특명전권공사로 발탁된 이노우에 가오루는 부임 직후 일본 고문관을 동원하고 내정개혁을 적극 추진함과 동시에 동학농민군을 진압하고 흥선대원군·이준용을 정계에서 축출하는 데 심

---

116 《승정원일기》, 1895년 9월 5일조.

117 보빙대사의 수원으로 갑오개혁의 핵심인물인 유길준의 목적은 첫째, 신정부 창립 후의 현상과 앞으로 개혁을 실행하는 데 곤란한 사정, 둘째, 국채 발행에 관한 일본정부의 의견을 타진하는 일, 政事 고문관을 초빙하는 일 등이었다. 보빙대사 이강은 10월 20일 국왕에게 복명하였다. 《고종실록》, 1894년 9월 5, 6일, 10월 20일조; 《일안》 3, 91~92쪽, #3208, 3209, 3210; 《통서일기》 3, 414~416쪽, 1894년 9월 15, 16, 17일자; 《時事新報》, 1894년 10월 17일자; 《일관기록》 5, 59쪽, 기밀 제197호 본118.

118 한철호, 앞의 논문(1996), 271쪽; 앞의 논문(2007), 73쪽.

혈을 기울였다.[119] 특히 11월 12일 이노우에 공사는 국왕을 알현한 자리에서 재차 〈내정개혁강령〉의 실시를 요구하고, 고종과 민비를 견제·위협하는 수단으로 이준용 문제를 들먹였다. 이노우에는 이준용이 동학군을 사주해서 일본군을 배척하고 민비와 세자를 폐위시키려는 음모를 꾸며 왔다고 은근히 거론한 다음, 자신이 왕실의 안녕을 보호해주겠다고 확답하면서 외국으로 유학을 가거나 주일공사로 근무하기를 희망하는 이준용에게 장기간 외국에서 공부해야만 된다고 충고해준 적이 있으므로, 그를 외국으로 내보내자는 의견을 제시했던 것이다. 고종은 이 제안에 동의한다면서 곧 조치를 취하겠다고 답변하였다.[120]

이처럼 이노우에 공사는 마치 이준용이 스스로 주일공사로 파견되기를 자원한 것처럼 꾸며 고종에게 건의했고, 고종이 이 건의를 받아들이는 형식을 취하여 이준용을 주일 특명전권공사 임명하기로 결정함으로써 국왕과 정치적 타협을 벌였다. 그러나 실제로 10월 15일 이노우에 공사가 흥선대원군을 만났을 때, 또 10월 16일 흥선대원군의 권유로 찾아온 이준용을 만났을 때에도 이준용이 스스로 유학이나 공사로 외국에 나아가기를 요청한 적은 없었다. 이와 반대로 이노우에는 흥선대원군에게 이준용은 아직 젊으니 장차 '유위有爲'한 인물이 되려면 외국의 학문을 배워야 한다고 권고하였으며, 이준용에게도 이러한 자신의 견해를 내비

---

[119] 이노우에 공사의 발탁 과정 및 목적, 그리고 활동에 관해서는 이선근, 앞의 책, 307~340쪽; 유영익, 앞의 책, 38~81쪽 참조.
[120] 《일외서》 27:2, 119~120쪽, #487; 143~144쪽, #496, 부속서 2.

췄던 것이다.[121]

따라서 이준용의 주일공사 임명은 흥선대원군 혹은 이준용이 자발적으로 원했던 것이라기보다는, 항일 정치세력을 거세함과 동시에 고종에 대한 영향을 강화하려는 이노우에의 의도가 관철된 것이라고 판단된다. 일본 신문이 신임 주일공사 이준용이 곧장 히로시마로 가서 국서를 봉정할 예정이라는 기사를 게재하였고, 무츠 무네미츠 외무대신도 이를 오보라고 생각하면서도 이노우에에게 그로 하여금 먼저 도쿄에 가서 외무성의 수속을 밟도록 해야 한다는 주의를 주라고 요청할 정도로 그의 주일공사 부임은 기정사실로 받아들여졌던 것 같다.[122] 그러나 이후 박영효·서광범徐光範 등과 김홍집·김윤식·어윤중 등의 알력이 심화되면서 이준용의 반일 음모사건이 다시 현안으로 떠올랐다. 이러한 신변의 위협 속에서 1895년 3월 22일 이준용은 주일공사를 사직한다는 상소를 올렸지만, 실제로는 권고사직을 당한 것과 다름없었다.[123] 결국 그로부터 2일 뒤에 이준용은 모반죄로 체포·구금되고 말았다.

이와 같이 장기간 주일공사가 공석으로 남아 있는 상황에서 오랫동안 서리공사직을 맡아왔던 김사순은 외무아문에 강력하게 귀국 의사를 밝혔다. 1895년 2월 10일 그는 자신이 일본에서 근무한 지 3년이 되었는데, 신병으로 말미암아 근무하기가 어려우므로 곧 환국하겠다는 뜻을

121 《일외서》 27:2, 78쪽, #497; 85, 90쪽, #480.
122 《일관기록》 6, 3쪽, (6).
123 《승정원일기》, 1895년 3월 22일조.

밝히면서 번역관 한영원韓永源을 서리공사로 임명해달라고 요청했던 것이다.[124] 외무아문은 2월 19일에 이태직李台稙을 참찬관으로 임명했지만, 그의 부임이 늦어지자 4월 6일 김사순은 외무성에 자신의 귀국 이후 한영원을 서리공사로 임명한다는 사실을 통보한 뒤 그 다음날 도쿄를 떠났다.[125]

1895년 3월 이후 삼국간섭으로 인해 일본의 영향력이 위축되는 정세 속에서 박정양·박영효연립내각이 조직된 5월 10일 이준용의 후임으로 학부협판 고영희高永喜가 주일공사로 임명되었다. 고영희는 수신사 김기수金綺秀·조사시찰단 홍영식洪英植·보빙대사 의화군의 수원으로 일본을 방문했을 뿐만 아니라 원산항사무관처리·일본공사 하나부사의 차비역관[126]·외아문과 내무부참의·기기국방판 등을 역임함으로써 외교뿐 아니라 근대적 제도와 문물에도 밝은 인물이었다.[127] 특히 고종의 신임이 두터운 데다가 유길준을 비롯해 김학우·장박張博 등 신진 개화파와도 긴밀하게 교류해왔던 그는 갑오개혁에도 학무·농상아문협판으로 등용되어 적극적으로 개혁에 참여하고 있었다.[128] 따라서 삼국간섭 이후

---

124 《일안》 3, 210쪽, #3485.

125 4월 14일 외부는 한영원에게 서리공사직을 위임하는 훈령을 전보로 보냈다. 《駐日公使館日記》(규장각 15724), 1895년 4월 6, 14일자; 《일안》 3, 255쪽, #3597.

126 이러한 인연으로 그는 재임 중 각별한 인연을 맺었던 하나부사와 서로 왕래하면서 친분을 쌓기도 하였다. 《주일공사관일기》, 1895년 7월 12, 21일자.

127 박대양, 《동사만록》, 민족문화추진위원회, 1977, 408쪽.

128 大村友之丞 編, 《朝鮮貴族列傳》, 大村友之丞, 1910, 70~71쪽; 細井肇, 《現代漢城の風雲と名士》, 日韓書房, 1910, 49~52쪽; 최영희, 〈주한일본공사관기록 수록 《韓末官人의 經歷一

그 어느 때보다 일본의 정세를 정확하게 파악하고 능동적으로 대처할 필요성이 절실했기 때문에 '일본통'인 고영희가 주일공사로 발탁되었던 것으로 보인다.

여러 차례 주일공사 파견이 유산된 데다가 그 명칭도 특명전권공사로 바뀌었기 때문에 외부는 서둘러 인장을 새로 만들고 국서를 수정하는 데 분주하였다.[129] 또한 주일공사관에는 김사순의 귀국 이후 참서관도 공석이었으므로 5월 23일에는 한영원·유찬劉燦을 서기생, 윤5월 9일에는 이태직을 참서관으로 각각 임명함으로써 관원을 재정비하였다. 그런 다음 윤5월 10일 고영희는 이태직·유찬 등과 함께 서울을 출발, 14일 인천항에서 일본상선 스루가마루駿河丸에 국기를 달고 탑승해서 27일 도쿄에 도착하였고, 그 다음날 외무대신임시대리 사이온지 긴모치西園寺公望를 방문하여 국서 부본副本을 전달하고 국서봉정일을 정해달라고 요청하였다.[130]

이미 고영희의 주일 특명전권공사 임명 사실을 통보받은 사이온지는 이준용이 주일공사직에서 면직되었다는 통지를 아직 받지 못했으므로,

●

般)〉, 《사학연구》 21, 1969, 381쪽; 유영익, 앞의 책, 105, 184~194쪽.

[129] 《통서일기》 3, 594~596쪽, 1895년 5월 15, 18일자.

[130] 공사 일행의 일정은 다음과 같다. 16일 부산 도착, 17일 나가사키 도착, 18일 시모노세키 도착, 19일 고베 도착, 24일 기차로 고베 출발, 오사카 경유 교토 도착, 26일 교토 출발 하마마츠 도착, 27일 도쿄 도착. 《駐日案》 1(규장각 18060), 신 제1호, 1895년 6월 1일; 李台稙, 최강현 옮김, 〈명치시대 동경일기: 泛槎錄〉, 서우얼출판사, 2006, 16~41 1895년 5월 10일~27일자. 또한 최강현, 〈범사록〉, 《한국문학의 고증적 연구》, 고려대 민족문화연구소, 1996 참조.

일단 조선정부로 하여금 외무성에 통지해줄 것을 요구하라고 지시한 적이 있었다.[131] 그런데 이날 사이온지는 전임공사 김사철의 해임장이 없을 뿐 아니라 신임장에도 이에 대해 아무런 언급이 없는 것은 국서봉정 격식에 어긋난다는 트집을 잡아 그 해임장이 도착할 때까지는 신임공사의 사무 취급을 임시로 인정하겠다고 통보해왔다.[132] 아울러 사이온지는 이노우에 가오루 공사에게도 이러한 요지로 전보를 보내면서, 지금까지 주일공사는 해임장을 봉정하지 않아도 되었지만 앞으로는 다른 나라와 마찬가지로 해임장을 내는 것으로 정하려 하니 조선정부에 조속히 해임장 발송을 요청하도록 지시하였다.[133]

또한 사이온지는 이노우에 공사에게 의화군의 친서와 달리 고영희의 친임장에 '폐하'라는 존칭이 없기 때문에 역시 앞으로 서로 폐하의 존칭을 쓰는 방향으로 일치시키기 바란다는 뜻을 조선정부에 통보하되, 고영희의 친임장은 종전의 관례에 따른 것이므로 그대로 봉정시킬 예정이라고 밝혔다.[134] 국서봉정 절차의 미비 사항을 통보받은 외부는 즉각 김사철의 해임장을 속달로 보내는 동시에 향후 국서에 서로 폐하의 존칭을 사용하는 데 동의하였다.[135] 이러한 과정을 거쳐 7월 3일에야 고영희는

131 《주일공사관일기》, 1895년 5월 15, 16일자; 《일관기록》 7, 162쪽, (92); 《일안》 3, 277~278쪽, #3653.
132 《주일안》 3, 신 제1호, 1895년 6월 1일.
133 《일관기록》 7, 186쪽, (143).
134 《일관기록》 7, 187쪽, (144).
135 《일안》 3, 311쪽, #3732; 《일관기록》 6, 240쪽, 제94호; 《일관기록》 7, 187쪽, (146).

김사철의 해임을 기록한 국서를 봉정하기에 이르렀다.[136]

이처럼 일본정부가 전임공사의 해임장 문제를 트집 잡아 고영희의 신임장 봉정 절차를 까다롭게 다룬 것은 삼국간섭으로 추락된 위신을 만회하려는 의도라고 여겨진다. 그런데 고영희가 주일공사로 부임한 지 석 달도 안 된 8월 20일 일본은 민비를 살해하는 극악무도한 행위를 저질렀다. 이 사건 직후인 8월 27일(10/15) 주일공사 고영희가 사임하고, 그 후임으로 김가진이 임명되었다. 하지만 김가진은 부임하지 않았고, 1896년 2월 1일 면직되고 말았다. 그 이유는 주일공사로 부임하더라도 민비살해사건에 대한 처리가 용이하지 않은 실정에서 훗날 자신의 신변 안전에 위험을 초래할지도 모른다고 생각했기 때문이라고 추측할 수 있다.

그런데다 이 사건 후 이준용이 일본 유학을 추진하고 있었다는 사실도 김가진이 부임을 꺼려했던 원인으로 작용하였다. 당시 서울주재 외교관들 사이에 아직 인심이 흉흉한 상황 하에서 종친의 외국행은 바람직하지 못하다는 의견이 지배적이었다. 사이온지 역시 고무라에게 그의 일본행을 막으라는 지시를 내렸다.[137] 그럼에도 고무라는 러시아공사 베베르 Karl I. Waeber의 동의를 얻어 그를 출발시키도록 조치했는데,[138] 결국 여론에 못이겨 이를 철회하고 말았다. 그러나 10월 12일 춘생문사건으로 정세가 일본에게 유리하게 반전되자 고무라 공사는 이준용의 일본 유학

●

136 《주일공사관일기》, 1895년 7월 3일자; 《주일래안》 2, 1895년 7월 3일.
137 《일관기록》 8, 178쪽, (3).
138 《일관기록》 8, 179쪽, (5).

을 재추진하였다. 그런데 정부가 형편을 봐서 그를 주일공사로 임명하기로 내정하였다고 알려졌고, 이러한 사정을 알게 된 김가진이 사표를 냈다는 것이다.[139] 실제로 1896년 2월 1일 김가진은 주일공사 사직소를 올렸다.[140]

요컨대, 이완용·성기운·이준용 등을 주일공사로 발령하였지만, 그들은 부임하지 않았다. 이 기간 동안 김사순이 서리공사를 맡았고, 그도 1895년 4월 귀국함으로써 한영원이 서리공사 업무를 수행하였다. 1895년 5월 주일공사 고영희가 부임하였지만 그 역시 3개월 만에 귀국하고 말았다. 이후 김가진이 주일공사로 임명되었으나 부임하지 않은 상태에서 면직되었다. 따라서 1895년 8월 29일 이후 참서관 이태직이 서리공사로 근무하고 있었다. 결국 갑오개혁 중 주일공사가 정식으로 부임했던 기간은 3개월여에 불과하고, 대부분 서리공사체제로 파행적으로 운영된 셈이다.

---

[139] 《일관기록》 8, 180쪽, 기밀 제6호; 《일관기록》 9, 131~132쪽, 기밀 제6호. 또한 《일관기록》 7, 239~240쪽, (28) 참조.
[140] 《승정원일기》, 1895년 12월 18일조.

06
—

# 이하영의 임면과정

—

—

## 1 — 제1차 임면 배경 및 경위(1896.3~1898.11)

### 1) 파견 배경 및 경위

1895년 8월 27일 고영희 사임 후 주일공사직은 공석으로 남아 있는 채 참서관 이태직이 대리공사로 근무하고 있었다.[141] 더욱이 아관파천으로 양국관계가 더욱 악화되는 상황에서 신정부는 무엇보다도 대일관계를 회복해야 할 필요성을 절실히 느끼지 않을 수 없었다. 그런 와중에서 1896년 3월 12일 한성부관찰사 이하영李夏榮이 주차일본특명전권공사에 임명되었다. 3월 13일 외부대신 이완용은 주한 일본변리공사 고무라에게 이하영의 임명을 통보하였으며, 그 다음날 고무라는 이 사실을 본국정부에 보고하였다고 이완용에게 알려주었다.[142]

●

[141] 이태직, 앞의 책, 93~96쪽, 1895년 8월 27일~9월 2일; 최강현, 앞의 논문, 362쪽.

이하영의 주일공사 발탁서에 대해서는 다음과 같은 《지지신보時事新報》의 기사평이 눈길을 끈다.

[이하영]씨는 원래 부산 초량에서 태어나 항상 일본거류지에 들어가 매매를 중개하면서 생계를 꾸리고 있었다. ……씨는 당시 이미 일본어에 능통했을 뿐 아니라 영어를 연구하고 있었는데, 후에 경성으로 놀러가서 미국의사 알렌씨 밑에서 일하게 되면서 더욱 영어에 숙달해졌고, 나중에 미국주차조선공사를 따라서 서기관이 되었다가 얼마 안되어 귀국하였다. ……작년 10월 8일 사변[민비살해사건─필자주]부터 오랫동안 잠익해서 아는 사람이 없었지만, 지난 2월 11일 사변[아관파천─필자주]에 의해서 다시 소환되어 한성부 관찰사에 임명되었고, 이번에 다시 일본주차공사로 나아가게 되었다. 씨의 출신은 이미 기록한 바대로 명문이 아니기 때문에 다른 귀현貴顯처럼 문단의 교제에는 혹 부족한 점이 있겠지만 준조절충간樽組折衝間에 능히 일을 처리함은 씨의 장기라고 할 만한 바이다. 이노우에 전공사 같은 이도 당시이미 신임하는 바로서 일본 사정에도 통효通曉하고 있으므로 씨의 부임은 양국을 위해서 편리함이 많을 것이다.[143]

즉, 이하영은 일본어에 능통하고 일본 사정에도 밝으며, 명문가문 출신은 아니지만 외국과의 교섭 능력이 뛰어났고('樽組折衝), 일본 측의 신임도 두텁기 때문에 양국의 관계를 개선하는 데 적격자라는 것이다.[144]

---

142 《일관기록》 11, 38쪽, (76) 제14호.
143 《時事新報》, 1896년 3월 31일자, 〈日本駐箚公使〉.
144 황현도 이하영이 일어를 잘하여 총애를 받았으므로 특별히 주일공사로 발탁되었다고

그러나 이하영의 주일공사 임명 배경에 관해서는 상반된 견해가 존재한다. 먼저 아관파천 직후 법부대신 이범진李範晉이 정계의 전면에 나서서 권력을 전횡하려 하자 이완용·이윤용李允用 등이 반발하였고, 이하영도 이범진과 불편한 관계에 불안을 느낀 나머지 주일공사 부임을 자원했다는 견해이다. 아관파천 당시 이하영은 지방[통진]에 있었지만, 친일관료로 낙인찍혀 살해당했던 정병하鄭秉夏와 친밀한 사이였기 때문에 민비살해사건의 진상규명 과정에서 혹시 자신에게 불이익이 돌아올지도 모른다고 염려하고 있었다. 따라서 이범진의 행동에 촉각을 곤두세우고 있었던 그는 이완용 등의 협조를 얻어 주일공사로 발령받게 되었다는 것이다.[145]

이와는 반대로 이하영은 "이범진의 유일한 고굉股肱"으로서 이범진이 정계 내에서 점차 배척·고립되는 상황에서도 그와 친분을 두터이 하였기 때문에 고영희의 후임으로 농상공부협판이 되거나 혹은 외부협판으로 영진榮進할지도 모른다는 소문이 나돌았는데, 갑자기 주일공사에 임명되었다는 견해도 있다. 신정부가 민영환閔泳煥을 러시아로 파견함에도 불구하고 주일공사를 공석으로 남겨두면 일본의 감정을 더욱 상하게 할지도 모르기 때문에 그를 명의뿐인 주일공사로 임명하였다는 것이다.[146]

위의 두 견해 가운데 이하영이 이범진보다는 이완용·이윤용 등과 정

평하였다. 황현 지음, 임형택 외 옮김, 《역주 매천야록》 상, 문학과지성사, 2005, 495쪽.
[145] 《일관기록》 9, 165~166쪽, 기밀 제19호.
[146] 《東京朝日新聞》, 1896년 3월 22일자, 〈李夏榮〉.

치적 유대관계를 유지해왔던 사실로 미루어 전자가 더 신빙성이 있다고 판단된다.[147] 다만 이하영의 주일공사 임명은 단순히 이범진의 견제로부터 벗어나기 위한 임시방편이 아니라 대일관계를 개선하려는 조치로 보는 것이 타당하다. 3월 9일 주일공사를 역임했던 고영희가 외부협판으로 전임된 것도 이와 동일한 맥락에서 이뤄졌다고 여겨지기 때문이다.[148] 아울러 이하영이 일본으로 파견되기 직전인 3월 10일 민영환이 러시아특명전권공사에 임명되었던 점도 주목할 만하다. 이러한 일련의 움직임은 아관파천을 계기로 신정부가 러·일 양국에 대한 외교관계를 새롭게 정립·모색하기 위한 시도라고 판단된다.

3월 말과 4월 초에 걸쳐 그는 두세 차례 일본공사관에서 베풀어준 송별연에 참석한 뒤[149] 4월 5일 부인과 두 아들, 그리고 서기생 이필영李弼榮 등과 함께 서울을 출발해서 인천항에 도착하였다.[150] 그 다음날 이하영

147 한철호, 앞의 책, 135~136쪽.

148 《時事新報》, 1896년 3월 15일자, 〈高永喜の轉任〉; 《東京朝日新聞》, 1896년 4월 2일자, 〈日本人排斥熱〉.

149 《東京朝日新聞》, 1896년 4월 7일자, 〈日本駐箚公使〉; 《時事新報》, 4월 7일자, 〈日本駐箚朝鮮公使〉; 4월 11일자, 〈來往一束〉.

150 이하영은 일본에 머무르기로 결심했기 때문에 가족을 함께 데리고 갔다고 한다. 이에 대해 황현은 공사 부임 시 가족을 데리고 가는 것은 이때부터 시작되었다고 평하였다. 한편 동행할 예정이었던 참서관 이명상은 부친상을 당해 출발하지 못했는데, 그는 기복 후 조속히 일본으로 부임하라는 외부대신 이완용의 훈령에도 응하지 않다가 결국 5월 30일 신병을 이유로 고희경과 교체당했다. 황현, 《역주 매천야록》 상, 495쪽; 《관보》, 1896년 4월 8일자; 《東京朝日新聞》, 1896년 4월 15일자, 〈日本駐箚公使〉; 《주일안》 2, 훈령 제10호, 1896년 5월 6일; 훈령 제16호, 1896년 5월 30일.

은 일본우선 히고마루를 타고 출항해서 부산에 잠시 정박한 후 나가사키(10일)·시모노세키(11일)를 거쳐 고베(12일)에 도착하였다. 이곳에서 그는 귀국하기 위해 미리 와있었던 대리공사 이태직을 만나 업무를 인계받았다.[151] 13일 이하영 일행은 기차로 오사카로 가서 수일간 체류하였고, 17일 교토에 도착했다가 19일 출발하여 하마마츠濱松에서 숙박하였으며, 20일 도쿄 신바시역에 도착해서 세이죠학교成城學校 및 게이오의숙慶應義塾 유학생도 수십 명의 영접을 받은 후 공사관으로 들어갔다.[152] 이어 22일 그는 국서 부본을 일본 외무대신 사이온지에게 전달하고, 24일 사이온지를 방문하여 국서봉정 날짜 등에 대해 담화를 나누었다. 그리고 예정대로 5월 5일 이하영은 공사관원과 함께 국서를 봉정하기에 이르렀다.[153]

### 2) 귀국 배경 및 경위

이하영은 취임 후 양국 간의 각종 현안, 특히 경부철도부설권 문제와 관련해서 정부에 직접 일본의 사정 등을 전달하기 위해 귀국을 요청했지

---

151 이태직은 고베에서 신임공사 이하영을 만나 사무를 인도하기 위해 10일 오전 11시 45분 신바시발 기차로 고베로 떠났다. 그는 이하영에게 업무 보고를 마친 다음 13일 오후 치쿠고가와마루筑後川丸로 귀국길에 올랐다. 《東京朝日新聞》, 1896년 4월 12일자, 〈駐日朝鮮公使〉；〈朝鮮の元代理公使〉；《時事新報》, 1896년 4월 10일자, 〈朝鮮代理公使の歸國〉；1896년 4월 14일자, 〈朝鮮公使〉.

152 《時事新報》, 1896년 4월 21일자, 〈朝鮮公使の來着〉. 그의 일정에 관해서는 《時事新報》, 1896년 4월 11~21일자 참조.

153 《주일래안》 1, 제2호, 1896년 5월 4일.

만, 아무런 답변을 듣지 못했다. 더욱이 일본 내에서는 그가 경부철도부설권을 일본에게 내주지 말라고 국왕에게 은밀히 상주하였다고 알려짐으로써 곤란한 입장에 처해 있었다. 이로 인해 그가 조만간 귀국해서 주일공사직을 사직하거나 전임하게 될 것이라는 소문도 나돌았다. 또한 그의 부인이 병에 걸려서 빨리 치료를 받아야 할 입장이었기 때문에 귀국을 염두에 두지 않을 수 없었다. 그러나 그의 부인만 10월 8일경 도쿄를 떠나 귀국하였고, 그는 정부의 명령을 기다리게 되었다.[154]

이하영이 잠시 귀국하라고 통보받은 것은 1896년 12월 20일이었다. 12월 26일 그는 도쿄에서 고베에 도착, 니시무라여관西村旅館에서 1박한 뒤 이세마루伊勢丸를 타고 귀국길에 올랐다.[155] 29일 그의 부산 도착 소식을 전해들은 외부는 부산항감리에게 환영사절을 보내라고 지시하고, 안전 귀국을 축하하는 전보를 전달토록 하였다. 아울러 외부는 인천항감리에게도 이하영이 31일 인천항에 도착할 예정이므로 극진히 환영해주고, 1월 1일은 휴일인 관계로 외부직원들이 마포까지 출영할 수 있게 1월 2일 입경하도록 그에게 부탁하라는 지시를 내렸다.[156]

●

154 《東京朝日新聞》, 1896년 10월 8일자, 〈李朝鮮公使〉; 10월 21일자, 〈京釜鐵道と李公使〉.
　　1896년 10월 21일 이하영 부인 일행은 겐카이마루玄海丸를 타고 귀국하였다. 《일관기록》
　　14, 98쪽, (15) 보고 제14호.

155 《在本邦各國公使任免雜件—韓國之部—》(이하 《공사임면잡건》으로 약칭) 1(日本外務省
　　外交史料館 6-1-8-4-7), 제11호, 1896년 12월 23일; 《東京日日新聞》, 1897년 1월 1일자,
　　〈朝鮮公使李夏榮氏を訪ふ〉.

156 《外衙門日記》(《舊韓國外交官係附屬文書》 6), 高麗大學校 亞細亞問題研究所, 1974, 230
　　쪽, 1896년 12월 29일자; 231쪽, 12월 30, 31일자.

그러나 예정과 달리 이하영은 부산에서 약 보름간 머무르면서 국내 정치상황을 파악하거나 일본영사 이쥬인 히코키치伊集院彦吉를 만나 경부철도부설권 등에 관해 환담을 나누었다.[157] 이처럼 그가 외부의 상경 권유날짜를 넘기자 외부는 부산항감리에게 그의 부산 출발일을 파악·보고하라는 지시를 내렸다.[158] 1897년 1월 12일에야 비로소 그는 겐카이마루玄海丸를 타고 부산항을 출발, 14일 인천항에 도착하였다. 외부는 인천항감리에게 이하영이 도착 즉시 상경하지 말고 본부의 연락을 받은 후 출발하도록 양해를 구하고, 그의 출발 시각을 신속히 통보해달라고 연락하였다. 그 다음날 이하영은 인천을 떠나 서울에 도착하였고, 외부대신 이완용과 협판 고영희·국장 김각현金珏鉉 등은 마포까지 나아가 그를 맞이하였다.[159]

그의 귀국 이유는 정확히 알려져 있지 않지만, 당시의 상황과 관련해서 다음과 같이 세 가지로 추론해볼 수 있다. 첫째, 당시 양국의 최대현안이었던 경부철도부설권 문제에 관한 대책을 협의하기 위한 것이라고 판단된다. 아관파천 후 정부는 일본의 영향력에서 벗어나기 위한 일환으로 경인·경의철도부설권을 각각 미국인·프랑스인에게 양여하고, 나아가 11월 5일에는 향후 1년간 외국인에게 철도부설권을 허가하지 않겠다는 조칙을 선포하기에 이르렀다. 이에 대해 〈조일잠정합동朝日暫定

157 《일관기록》 12, 300~301쪽, 기밀 제2호.
158 《외아문일기》, 233쪽, 1897년 1월 4일자.
159 《외아문일기》, 236~238쪽, 1897년 1월 12, 13, 14, 15일자; 《독립신문》, 1897년 1월 19일자 각부신문.

合同〉의 체결(1894.8)로 경부철도부설권을 확보했다고 여겼던 일본은 조칙이 〈조일잠정합동〉을 무시한 조처라고 강력히 항의하였다.[160]

이러한 상황에서 이하영은 외무대신 사이온지와의 면담에서 자신은 일본에 경부철도부설권을 신속히 허가해달라고 정부에 요청하는 바람에 일본인에게 농락당했다는 혐의를 받기도 하였다고 토로했다.[161] 그러나 그는 "일본[인]은 실로 왕비의 원수이므로 도저히 친교·상뢰相賴할 만한 자들이 아니다. 이에 반해 러시아는 세계 강국인데도 조선에 호의를 다하므로 이에 의지해서 조선의 독립을 유지하는 것이 득책이다"고 판단하였기 때문에 실제로 경부철도부설권의 일본 양여를 반대하는 입장을 취하고 있었다. 따라서 그가 부산 체류 중 이쥬인 영사에게, 경부철도부설권을 일본에게 양여하라는 자신의 의견이 받아들여지지 않을 가능성이 많아서 귀국을 요청한 것인데, 만약 그렇게 될 경우 공사직을 사임할 작정이라고 말한 것은 단순한 외교적 수사에 지나지 않았다.[162] 그렇지만 이 담화를 통해 그의 귀국이 경부철도부설권 문제와 관련되어 있음을 알 수 있다.

둘째, 일본의 민비살해사건 처리에 대한 일종의 항의 표시 혹은 양국 간의 갈등을 해소시킬 명분 쌓기라고 생각된다. 일본으로 소환된 민비살해범들은 1896년 1월 14일 제5사단 군법회의와 20일 히로시마지방재판

160 정재정, 《일제침략과 한국철도(1892~1945)》, 서울대학교출판부, 1999, 44~45쪽; 《東京朝日新聞》, 1896년 11월 25일자, 〈公使嚴談〉; 1896년 11월 28일자, 〈加藤代理公使の談判〉.
161 《東京日日新聞》, 1897년 1월 1일자, 〈朝鮮公使李夏榮氏を訪ふ〉.
162 《일관기록》 12, 300~301쪽, 기밀 제2호.

소의 예심을 거쳐 전원 석방되었다. 이 소식이 전해지자 2월 23일 고종은 살해사건의 재조사를 지시했고, 4월 18일 선고공판에서 기소자 10명 중 9명이 유종신身流終身·유형流刑·역형役刑 등에 처해졌다. 또한 법부협판 겸 고등재판소 판사 권재형도 〈개국오백사년팔월사변보고서開國五百四年八月事變報告書〉를 제출하기에 이르렀다.[163]

5월 27일 이완용은 이 보고서를 이하영에게 보내면서 즉시 일본 외무대신에게 전달하고, 살해범들을 법치로 다스리면 국내의 반일감정도 풀어지고 반일행위도 막을 수 있을 것이라는 입장을 표명하라는 훈령을 보냈다.[164] 이에 따라 이하영은 외무대신 오쿠마 시게노부大隈重信와 여러 차례 담판을 벌였으며, 귀국 직전인 11월 하순경에도 일본정부에서 살해범들을 엄중히 처벌하겠다는 답변을 해달라고 제의하였다. 그러나 오쿠마는 본건의 재심 요구가 국교상 바람직하지 않으므로 조선정부를 위해서도 받아들이지 않을 것이며, 앞으로 일본상민의 범죄를 엄정 징벌함으로써 양국의 화호和好를 도모하겠다고 답변했던 것이다.[165]

이로 인해 일본 신문에는 이하영이 분개한 나머지 귀국을 결심하고 다시는 일본에 오지 않을 것이라는 기사가 게재되었다. 이하영은 신문보도 내용을 부정하면서 오쿠마와는 담판을 벌인 것이 아니라 정부의 지시대로 개인적인 상담 차원에서 재심을 제의한 것이라는 입장을 밝혔

●

163 한철호, 앞의 책, 132~133쪽.
164 《주일안》 2, 훈령 제19호, 1896년 5월 27일.
165 《주일안》 3, 〈公使與外務大臣談草〉, 1896년 날짜 미상.

다. 또한 그는 처음부터 재심이 불가능할 것으로 알았기 때문에 일본정부의 방침을 그대로 보고했으며, 정부의 답전이 없었던 것은 이를 성사시키기보다 국민들의 반일행동을 무마시키려는 데 목적이 있었다고 해명하였다.[166] 따라서 이하영의 귀국조치는 일본정부에 대한 항의 표시 혹은 민비살해사건을 마무리하기 위한 일종의 명분찾기라고 판단된다.

셋째, 대러 교섭 실패 후 반러·친일 경향이 나타나면서 민영환 등에 의한 경질설 내지 소환설을 들 수 있다. 차관 도입과 재정·군사고문의 고빙을 요청하기 위해 러시아황제 대관식에 특파되었던 민영환이 당초 기대했던 차관을 얻어내지 못한 채 10월 21일 귀국하자 이완용 등 정동파 인사들은 미국인 고문들을 정부 내에 대거 기용해서 러시아의 전횡을 견제한다는 복안을 갖고, 안경수에게 이에 대한 일본 측의 주선을 의뢰함으로써 대일관계를 개선하려고 시도하였다.[167]

이러한 상황 속에서 망명자의 거동을 탐문하기 위해 일본을 방문했던 이명상李明翔이 귀국 후 이하영을 비난했기 때문에 그를 소환하자는 의견이 제기되었다는 풍문이 돌았다.[168] 또한 민영환도 일본의 감정을 해쳐서는 안 된다는 판단 아래 안경수에게 주일공사직을 맡아달라고 권고

---

166 《東京日日新聞》, 1897년 1월 1일자, 〈朝鮮公使李夏榮氏を訪ふ〉.

167 한철호, 앞의 책, 144~146쪽.

168 이명상은 8월경 의화군에게 귀국을 권고하고 망명자들의 거동을 살피기 위해 일본으로 건너간 것으로 알려졌다. 《東京朝日新聞》, 1896년 11월 27일자, 〈探偵報告〉; 8월 13일자, 〈日本渡航〉; 9월 10일자, 〈亡命者探偵費用〉; 9월 30일자, 〈二名の韓人〉; 10월 6일자, 〈義和君の擧動と韓人〉.

했다는 소문도 퍼졌다.[169] 이와 관련해서 전 경무관 박기종朴淇鍾이 민영환에게 일본과 관계를 소원히 하고 러시아와 결탁하는 것은 득책이 아니므로 대일관계를 개선하기 위해 주일공사를 교체해야 한다는 서신을 보냈다는 이쥬인 영사의 보고는 사실 여부를 떠나 시사해주는 바가 크다. 즉, 박기종은 이하영이 민비의 총애를 받아 출세하였으므로 대일감정도 좋지 않은 데다가 일본인의 불신을 받고 있기 때문에 조속히 그를 해직하고 문벌도 높고 공평한 인물을 임명해야 한다고 제안했다는 것이다. 심지어 그는 이에 대해 주의를 기울이겠다는 민영환의 답서를 받고 나서도 민영환과 종형제인 부산항감리 민영돈閔泳敦을 통해 사신私信을 민영환에게 보냈다고 한다. 이로 말미암아 이하영이 소환당했다는 풍문이 나돌기도 하였다.[170]

### 3) 특명전권대사 임명과 파견

이하영이 부산에서 인천으로 출발했던 1897년 1월 12일 일본임시대리공사 가토 마스오加藤增雄는 11일 일본 에이쇼 황태후英昭皇太后가 사망한 사실을 외부에 통보하였다.[171] 이에 1월 18일 고종은 일본 황태후를 추도하기 위해 각국 보복례報服禮에 의하여 19~27일간 궁중상을 시행한다고 공포하고, 주일공사관에도 이를 통보해주었다.[172] 이날 외부가 얼

●

169 《東京朝日新聞》, 1896년 12월 19일자, 〈駐日公使〉.
170 《일관기록》 12, 300~301쪽, 기밀 제2호.
171 《일안》 3, 526~527쪽, #4236.

마 전에 귀국한 주일공사가 곧 일본으로 돌아갈 것이니 그 경비를 조속히 마련해달라는 공문을 탁지부에 보낸 사실로 미루어 이하영을 일본 황태후의 장례식에 파견하기로 이미 내정하였음을 알 수 있다.[173] 따라서 1월 14일 이하영이 인천항에 도착했을 때 외부의 연락을 받은 후 상경하라고 지시했던 것도 그의 특사대사 내정을 미리 염두에 둔 조치와 무관하지 않으리라 여겨진다. 결국 1월 22일 이하영은 일본 황태후 장례식에 참석할 특명전권대사로 임명되었다.[174]

1월 23일 이하영은 참서관 김성원金聲遠·종자 최석준崔錫駿 등과 함께 서울을 떠나 제물포에 도착하였다. 그는 일본 화륜선 센다이마루仙台丸를 타고 나가사키에 도착한 후 다른 선박으로 바꿔탈 예정이었다. 그런데 센다이마루가 제때에 도착하지 않았기 때문에 1월 27일 이하영은 어용선 스미다가와마루隅田川丸를 타고 히로시마 우지나宇品항으로 출발했다. 이하영은 은제 조화를 조의품으로 헌상할 예정이었지만, 국내에서나 주일공사관에서 도저히 마련할 수 없었으므로 일본 외무성에 제조를 의뢰하였다.[175]

●

172 《외아문일기》, 240쪽, 1897년 1월 19일자.

173 《독립신문》에는 그의 내정설이 보도되었다. 《외아문일기》, 239쪽, 1897년 1월 18일자; 《일관기록》 12, 110쪽, 보고 제19호; 《독립신문》, 1897년 1월 19일자 외방통신.

174 이날 일본공사관 번역관 고쿠부 쇼타로國分象太郎는 발인날짜가 2월 상순으로 예정되었으므로 조선특파대사일행을 조속히 출발시켜달라는 공문을 외부에 보냈다. 또한 외부는 각府·部·廳에 이하영이 23일에 출발할 것이라는 문서를 발송하였다. 《고종실록》, 1897년 1월 18, 22일조; 《외아문일기》, 241~242쪽, 1897년 1월 22, 23일자; 《일안》 3, 529쪽, #4244; 《일관기록》 12, 366쪽, 조회 제3호.

이하영 일행은 시모노세키 모지門司항(1/29)·히로시마 우지나항(1/30)을 거쳐 1월 31일 기차로 고베에 도착하여 도쿄에서 출영한 공사관 서기생 이필영을 만났다. 이날 그를 영접하기 위해 교토에서 파견된 대상사사무관大喪使事務官 이노우에 가츠노스케井上勝之助도 도착하였다. 2월 1일 교토 시치죠七條역에 도착한 이하영은 지사 야마다山田의 환영을 받은 다음 가와라마치河原町 교토京都호텔로 들어갔다.[176] 그러나 각국 공사들이 아직 장례식장에 도착하지 않은데다가 일본 천황도 병환 중이어서 그는 고종의 친서를 전달하지 못하고 있었으며, 조선만이 대사를 파견했기 때문에 장례격식을 따로 논의하지 않으면 안 되었다. 따라서 그는 장례식 참석차 교토를 방문한 일본 내각의 대신들을 만나서 담화를 나눈 뒤, 2월 6일 비로소 친서를 봉정하였다.[177] 2월 7일 이하영은 오후 5시에서 11시 반까지 센뉴지泉通寺에서 거행된 장례식에 참석한 후 교토를 출발해서 2월 9일 도쿄에 도착함으로써 공식일정을 마무리지었다.[178]

한편 2월 23일 황태후 장례식에 참석해준 감사의 표시로 일본 천황은

●

175 《외아문일기》, 240쪽, 1897년 1월 20일자; 242쪽, 1월 23일자; 243쪽, 1월 27일자; 《독립신문》, 1897년 1월 26일자 잡보; 《일관기록》 12, 111~112쪽, 보고 제20호; 195쪽, 왕7, 8호, 래12호; 196쪽, 래14호, 왕9, 10, 11호; 197쪽, (15); 198쪽, (19).

176 《東京日日新聞》, 1897년 2월 4일자, 〈朝鮮國特派大使〉.

177 《외아문일기》, 247쪽, 1897년 2월 5, 6일자. 한편 그는 교토 체류 중 병으로 몸이 편치 않았다고 한다. 《독립신문》, 1897년 2월 16일자 외국통신.

178 이상의 일정에 관해서는 《주일안》 3, 날짜 미상, 영접관동승; 《대조선독립협회회보》 6, 13쪽, 외보; 《독립신문》, 1897년 1월 23일자 외국통신 등 참조.

고종에게 대훈위국화대수장大勳位菊花大綬章을, 이하영을 비롯한 한영원·김성원에게 훈장을 주었다. 이하영은 고종에게 봉정할 훈장을 우선 주한일본공사로 하여금 전달해줄지 여부와 귀국 날짜를 정해달라고 문의했지만, 외부로부터 잠시 귀국을 보류한 채 훈령을 기다리라는 답변을 들었다.[179] 그래서 참서관 김성원만 먼저 귀국하였다. 3월 말경 김성원은 고종을 알현한 자리에서 일본 천황의 칙어를 전달하면서 대우가 정중했다고 보고했는데, 이에 고종은 매우 만족스러워하였다고 한다.[180] 또한 고종에게 봉정될 훈장 역시 조선주재 일본공사를 통해 진헌하는 것으로 결정되었다.[181]

그러나 이하영의 귀국은 즉시 이뤄지지 않았다. 그 이유 가운데 하나는 정부의 재정 궁핍으로 그의 귀국비용을 제때에 확보할 수 없는 데 있었던 것으로 여겨진다.[182] 하지만 이하영이 주일공사가 아니라 일본 황태후 장례식 특명전권대사로서 파견된 만큼, 그의 귀국을 마냥 늦추기는 힘들었던 것으로 보인다. 결국 4월 15일경 그는 서기생 이필영과 함께 도쿄를 출발, 21일 고베에서 배를 타고 귀국길에 올랐다. 그는 도중에 풍랑을 만나 거문도에 잠시 체류하다가 26일 인천에 도착하였고, 27일 서

---

179 《독립신문》, 1897년 3월 1일자 잡보; 《외아문일기》, 253~255쪽, 1897년 2월 23, 24, 27일자.
180 《일관기록》 12, 126쪽, 보고 제24호, 1897년 3월 31일.
181 주한일본공사 가토는 4월 8일 조위친서에 대한 일본 천황의 답서를, 4월 22일 일본 천황의
   친서와 대훈위국화대수장을 각각 봉정하였다. 《외아문일기》, 273쪽, 1897년 3월 31일자;
   《일관기록》 12, 175쪽, 송 제22호; 《일안》 3, 555~556쪽, #4294, 4295; 557쪽, #4297,
   4298; 558~559쪽, #4303, 4304.
182 《외아문일기》, 260쪽, 1897년 3월 9일자; 271~272쪽, 3월 27일자.

울에 도착하자마자 고종에게 복명하기에 이르렀다.[183]

### 4) 재부임과 귀국 경위

이하영은 귀국 후 약 4개월 동안 서울에 머물렀다. 그동안 그가 어떻게 생활했는지는 잘 알려져 있지 않지만, 5월 23일 독립협회 위원으로 선출된 사실이 주목을 끈다. 독립협회는 고종의 환궁을 계기로 국가의 자주독립을 대내외에 표방하고, 국권의 상징으로서 국왕의 권위를 유지·보존하는 사업을 펼치고 있었다. 그 일환으로 5월 23일 독립관 개수공사가 완료되자 독립협회는 왕태자가 한글로 친필·하사한 '독립관' 현판식을 거행하였는데, 바로 그날 독립관에서 열린 회의에서 이하영은 군부협판 민영기閔泳綺·경무사 김재풍金在豊 등과 함께 위원으로 선출되던 것이다.[184] 당시 독립협회의 주도세력이 이하영과 긴밀한 유대관계를 맺고 있었던 이완용 등 정동파인사들이었던 만큼, 그도 독립협회에 참여하면서 정국의 추이를 탐색하거나 정계 복귀를 저울질하고 있었던 것으로 여겨진다.[185]

●

183 《외아문일기》, 278쪽, 1897년 4월 12일자; 281쪽, 4월 21일자; 282쪽, 4월 23일자; 284쪽, 4월 26, 27, 28일자; 《승정원일기》, 1897년 3월 26일조. 그의 도쿄 출발일은 분명치 않다. 그러나 4월 12일 전보로 15일에 출발할 예정이라고 외부에 알렸으며, 복명 시 도쿄를 출발한 지 10여 일 만에 인천항에 도착했다고 답한 사실로 미루어 4월 15일경으로 판단된다. 한편 국왕에게 복명할 때, 고종은 이하영에게 장례식 및 일본의 접대 상황, 그리고 일본주재 외국 전권공사의 숫자 등에 관해 물어보았다. 《승정원일기》, 1897년 3월 26일조.

184 《대조선독립협회회보》 13, 17쪽, 〈회사기〉; 신용하, 《독립협회연구》, 일조각, 1976, 92~93쪽; 한철호, 앞의 책, 236~237쪽.

한편 그의 부재 중 대리공사 한영원이 공관운영비가 부족해서 차용한 금액이 적지 않다고 호소하자 외부에서 이하영과 이필영의 귀국으로 경비가 줄어들었으므로 더욱 절약할 것을 요구하였다. 이로 미루어 볼 때, 정부가 재정 궁핍으로 그의 부임을 적극 서두르지 않았을 가능성도 배제할 수 없다.[186] 그런데 우연의 일치일지 모르지만, 주일공사관의 부채를 해결하기 위해 외부와 탁지부 간의 협의가 활발해지던 1897년 8월 중순경 이하영의 주일공사 부임이 다시 거론되기 시작하였다.[187]

8월 18일과 21일 거듭해서 외부는 탁지부에 주일공사관의 채무액을 갚지 못하면 공관의 사기와 정부의 '수모'를 감당하기 어려워지므로 이하영의 환임 시 비용을 지급해달라고 요청하였다.[188] 이어 8월 24일에도 외부는 이하영이 장차 부임할 예정이며, 그동안 결원이었던 서기생에 이원영李元榮을 충원해서 동행토록 하였으니 그들의 월급과 공관비용 등을 빨리 지급해달라고 탁지부에 독촉하였다.[189] 따라서 이하영의 재부임은 이미 8월 20일경을 전후해서 논의·결정되었고, 외부는 그의 부임을 독려하기 위한 사전 조치로써 주일공사관의 채무를 해결하려 했던 것으로 판단된다.

●

185 이에 관해서 그가 귀국한 후 사직할 결심을 굳혔다고 알려진 것으로 보도한 신문 기사는 시사해주는 바가 크다. 《東京朝日新聞》, 1897년 8월 25일자, 〈李夏榮氏〉.

186 《외아문일기》, 294쪽, 1897년 5월 17일자.

187 8월 15일경 그가 일본으로 출발할 예정이라고 알려졌다. 《東京朝日新聞》, 1897년 8월 25일자, 〈李夏榮氏〉.

188 《외아문일기》, 334쪽, 1897년 8월 18일자; 335쪽, 8월 21일자.

189 《외아문일기》, 337쪽, 1897년 8월 24일자.

이러한 절차를 거친 끝에 8월 28일 이하영은 일본으로 부임하기 위해 고종을 알현하였다. 이때 고종은 이하영에게 "특별히 소견"한다는 점을 강조하면서 "이웃 나라와 교섭할 때에는 반드시 신중히 생각하고 거행할 것"을 당부하였다.[190] 그 다음날인 8월 29일 이하영은 부인, 서기생 이원영, 그리고 전 궁내부 참리관 박용화朴鏞和와 함께 서울을 떠났다. 그 다음날 인천에서 히고마루를 타고 출발했던 그의 일행은 9월 6일 도쿄에 도착하였다.[191]

그렇다면 이하영이 4개월여 동안 서울에 머물다가 주일공사로 복귀하게 된 실질적인 배경은 무엇이었을까? 이에 대한 실마리는 국왕을 알현할 당시 고종이 특별 소견임을 내세워 이웃 나라와 교섭에 신중히 임하라고 당부했던 사실에서 찾을 수 있다. 이와 관련해서 8월 중순경 주일 러시아공사 로젠Roman R. Rosen이 일본에 도착한 후 러일협상에 관해서 양국 간에 담판을 벌이게 될 것으로 알려졌던 사실과[192] 이하영이 일본으로 출발한 지 3일 뒤인 9월 1일 신임 주한 러시아공사 슈뻬이에르Alexis de Speyer가 인천항에 도착했던 사실은 주목할 만하다.[193]

190 《승정원일기》, 1897년 8월 1일조.
191 일행 중 박용화는 참서관 한영원의 후임으로 내정되었으며, 고종이 그의 여비 등으로 내탕금 100원을 특별히 하사한 것으로 알려졌다. 실제로 그는 12월 1일 한영원의 후임으로 임명되었다. 《외아문일기》, 339쪽, 1897년 8월 28일자; 341쪽, 8월 30일자; 345쪽, 9월 6일 자; 《고종실록》, 1897년 12월 1일조; 《공사임면잡건》 1, 조회 제5호, 1897년 9월 7일; 《독립신문》, 1897년 9월 2일자 잡보; 《일관기록》 12, 144쪽, 보고 제31호; 153~154쪽, 보고 제33호; 158쪽, 보고 제34호; 255쪽, 왕114호.
192 《東京朝日新聞》, 1897년 8월 25일자, 〈李夏榮氏〉.

아관파천 후 한국에 대해 소극적인 자세를 취했던 러시아는 고종의 환궁을 계기로, 특히 이하영이 주일공사로 복귀하게 된 1897년 8월을 전후로 군사교관 및 재정고문의 추가 고빙 등 적극적인 대한정책을 펼치기 시작하였다. 이는 러시아의 동아시아정책이 만주집중책에서 이른바 만한병진책으로 전환한 데 기인한 것이며, 전임공사 베베르보다 '호전적'인 인물로 알려진 슈뻬이에르의 부임도 동일한 맥락에서 취해진 조치였던 것이다.[194] 따라서 정부는 러시아의 세력확대를 견제하기 위한 일환으로 일본과 긴밀한 관계를 도모해야 할 필요성을 절실히 느끼고 있었다. 이러한 국제정세의 변화 속에서 정부로서도 일본의 사정에 가장 밝고 경험이 풍부한 이하영을 급히 파견하지 않을 수 없었던 것으로 판단된다.

한편 국내에서 독립협회와 정부의 대립이 극한 상황으로 치닫고 있었던 1898년 11월 11일 이하영은 중추원부의장으로 임명되었고, 그의 후임으로 유기환이 발탁되었다.[195] 이어 그는 11월 22일 귀족원경에 임명되었다가 한달 뒤인 12월 23일 다시 중추원의장으로 발령받았다. 이처럼 귀국하기도 전에 중추원의장에 임명된 이하영은 12월 10일 일본 천황을 알현하고 귀국 준비를 서둘렀다.[196] 1899년 1월 4일 그는 부산항을

●

193 《외아문일기》, 342쪽, 1897년 9월 1일자.
194 이민원, 《명성황후시해와 아관파천》, 국학자료원, 2002, 194~222쪽.
195 유기환은 박정양대통령 추대설을 날조하는 데 가담하여 만민공동회의 지탄을 받자 이를 타개하기 위한 일시적 방편으로 군부대신서리를 사임하고 주일공사로 임명되었다고 전해진다. 11월 14일 이하영은 유기환의 주일공사 임명 사실을 외무대신 아오키에게 통보해주었다. 정교, 《대한계년사》 4, 61~62, 72쪽; 《공사임면잡건》 1, 제44호, 1898년 11월 14일.
196 《공사임면잡건》 1, 제46호, 1898년 11월 28일.

출발, 8일 인천항을 거쳐 9일 서울에 도착하자마자 고종에게 복명하였다.[197] 이 자리에서 고종은 일본 육·해군의 증강에 대하여 물었고, 이하영은 일본이 6개 사단을 증설해서 12개 사단을 만든 뒤 고마츠친왕小松親王·야마가타 아리토모 등 4명을 원수로 차출하였으며, 영국으로부터 야시마함八島艦·후지함富士艦 등 군함 2척을 1,200만 원에 사들여 규모 면에서 '동양 제1의 함대'를 갖추게 되었다고 답변하였다.[198] 이로써 그는 17개월간의 주일공사직을 마감하기에 이르렀다.


## 2 — 제2차 임면 배경 및 미부임(1899.5~7)

이하영이 귀국하기 앞서 주일공사에 임명된 유기환은 부임하지 않았기 때문에 참서관 박용화가 대리공사로 근무하고 있었다.[199] 따라서 3월 15일 내각 개편 당시 민영환과 이범진을 각각 미국과 러시아공사로 발령함과 동시에 김석규金錫圭를 주일공사로 새로 임명하였다.[200] 이러한 상황에서 1월 26일 이하영은 중추원의장에 대한 사직소를 올렸으나 받아

●

[197] 일본공사 가토는 이하영이 1월 7일 서울에 도착하였고 기록하였다. 《독립신문》, 1899년 1월 6, 10일자 잡보; 《일관기록》 13, 381쪽, 발 제5호.

[198] 《승정원일기》, 1899년 11월 28일조.

[199] 12월 8일 그는 임시대리공사로 임명되었다. 《공사임면잡건》 1, 제50호, 1898년 12월 8일.

[200] 김석규는 서광범의 손위 처남이었다. 그러나 그 역시 일본으로 부임하지 않은 채 3월 31일 궁내부특진관으로 임명되었다. 《고종실록》, 1899년 3월 15일조; 황현, 《역주 매천야록》 상, 527쪽; 《일관기록》 13, 388쪽, 발 제21호.

들여지지 않았다.[201] 2월 14일 비로소 그는 중추원으로 나아가 규정에 의거해서 부의장을 공천·투표로 선출하는 업무를 수행하였고, 그 결과 최다 득표자 홍종억洪鍾檍을 임명해달라는 공문을 참정 심상훈에게 보냈다.[202] 이후 그는 중추원에 거의 출근하지 않은 채 다시 사직소를 올렸고, 이로 말미암아 체임되었다는 추측이 나도는 가운데 결국 2월 20일 중추원의장직에서 물러났다.[203]

주일공사의 공석 상태가 지속되자 항간에서는 전 탁지부대신 조병호 趙秉鎬가 주일공사로 임명될 것이라든가 이하영이 조만간 일본으로 건너갈 것이라는 등 갖가지 풍설이 나돌았다.[204] 이러한 와중에서 4월 8일 그는 찬정으로 복귀하였고,[205] 4월 중순에는 [대한국내]철도용달회사 사장으로 취임하였다.[206] 이 회사는 3월경 관찰사를 지냈던 초대 사장 이병승李秉承 등이 철도부설공사에 필요한 각종 물품과 철도 인부를 조달할 목적으로 설립하였는데, 창설된 지 한 달 만에 이하영이 사장으로 선임되었던 것이다. 그 후 철도용달회사는 당시 경인철도 부설공사를 추진하고 있던 경인철도합자회사와 계약을 맺는 등 활발하게 활동을 벌

●

201 《승정원일기》, 1898년 12월 15일조; 《독립신문》, 1899년 1월 27일자 관보.
202 《독립신문》, 1899년 2월 15일자 잡보; 21일자 관보.
203 《독립신문》, 1899년 2월 22일자 잡보.
204 《독립신문》, 1899년 3월 9, 31일자 잡보.
205 내각 개편에 대해 일본공사관은 전 내각과 마찬가지로 양국 교제상 사정이 좋은 편이라고 평하였다. 《고종실록》, 1899년 4월 8일조; 《일관기록》 13, 252쪽, 기밀 제24호.
206 《독립신문》, 1899년 4월 18일자 관보.

여나갔다. 그러나 6월 초순 이 회사는 영업체제를 확충·정비하기 위해 사장을 이하영에서 궁내부대신 이재순李載純으로 교체하였다.[207]

이하영은 철도용달회사 사장으로 재직 중이던 5월 9일 다시 주일공사로 임명되었지만,[208] 주일공사직에 매우 회의를 품고 있었기 때문에 병을 이유로 사직소를 올린 채 서울에 머물고 있었다.[209] 즉, 그는 6월 초 신임 주한공사 하야시 곤스케林權助와 만난 자리에서 자신이 주일공사 재직 시 곤궁에 처한 사람들의 부당한 금전 요구 청탁을 거절했더니 망명자와 내통했다고 본국에 무고하는 바람에 적지 않은 의심을 받은 적이 있다고 토로하면서 부임할 의사가 없는 것처럼 밝혔던 것이다.[210] 이러한 사실로 미루어 독립협회 해산 후 자신과 친밀했던 정동파인사들의 영향력이 상실되는 상황 속에서, 이하영은 쓸데없는 무고에 휩싸일 가능성을 사전에 차단할 의도로 주일공사로 부임하지 않으려 했던 것이라고 추측할 수 있다.

아울러 이하영의 후임자로 인천항감리 하상기河相驥가 거론된다는 소문이 나돌았다. 하상기는 일찍이 일본정부와 망명자의 관계를 탐정하기 위해 일본에 파견된 적이 있었으며, 그 후 인천항 교제관 근무 당시 폭탄투척사건에 관련된 고영근高永根과 망명자들이 인천을 통과하지 못하

---

207 정재정, 앞의 책, 178~184쪽.
208 《고종실록》, 1899년 5월 9일조; 《일안》 4, 312쪽, #5121; 316쪽, #5128; 《일관기록》 13, 396쪽, 발 제43호; 《일관기록》 14, 61쪽, 조회 제41호; 148쪽, 제44호.
209 《승정원일기》, 1899년 4월 9일조; 《독립신문》, 1899년 5월 22일자 관보.
210 《일관기록》 13, 322~323쪽, 기밀 제69호.

도록 조처한 공로로 감리로 임명되었다고 알려졌다. 이 풍문에 접한 주한 일본공사관 측은 그의 비중이 낮다고 여겨서 고쿠부 쇼타로國分象太郎 통역관으로 하여금 외부 관계자에게 경력 혹은 지위상 중임重任에 걸맞은 자를 주일공사로 선택해달라고 요청하였다. 이로 인해 이하영이 다시 주일공사로 임명될 것이라는 소문도 돌았지만,[211] 7월 25일 주일공사에서 찬정으로 재임명되었다.[212]

한편 7월 중순 독일이 경원철도부설권을 획득하려고 시도하자, 8월 1일 아오키 슈조 외무대신은 하야시에게 수단과 방법을 가리지 말고 이를 저지시키라고 지시하였다.[213] 이에 하야시는 고종을 알현한 자리에서 경원·경의철도를 저당잡혀 영·미 등으로부터 자금을 차입하려는 움직임에 제동을 걸었다. 고종은 이들 철도부설권을 외국에 양여 또는 저당잡을 의사가 전혀 없으며, 이하영으로 하여금 철도부설방법을 강구토록 했으므로 그 용건이 정리되는 대로 그를 주일공사로 파견할 생각이라고 답변하였다고 한다.[214] 이로 말미암아 10월 초순경 정부가 이하영의 주일공사 파견을 고려 중이라는 추측도 나돌았지만 실제로는 이뤄지지 않았다.[215]

그 후 11월 5일 이하영은 찬정직을 사직하는 상소를 올렸으며,[216] 주일

211 《일관기록》 13, 322~323쪽, 기밀 제69호.
212 《관보》, 1899년 7월 27, 28일자.
213 《일관기록》 13, 371쪽, 기밀 제46호.
214 《일관기록》 13, 329쪽, 기밀 제76호.
215 《일관기록》 14, 98쪽, 전보47.

공사 재직 시 체불되었던 봉급 700여 원을 받아 자신의 귀국비와 학비 등을 지불한 나머지 96여 원을 탁지부로 환입하기도 하였다.[217] 또한 한청통상조약 체결(9.11) 후 이하영과 조병직 중의 한 사람을 주청공사로 파견한다거나 혹은 조신희趙臣熙·민영익·한규설 중에서 천거한다는 소문도 있었다.[218]

## 3 — 제3차 임면 배경 및 귀국 경위(1900.4~1900.8)

이하영은 주일공사로 임명되었으나 부임하지 않은 채 사직한 지 약 9개월만인 1900년 4월 22일 또다시 주일공사로 발령을 받았다. 그 다음날 이하영은 사직소를 올렸지만 역시 받아들여지지 않았다.[219] 이하영은 서기관 이원영과 함께 오와리마루尾張丸를 타고 인천을 출발하여 4월 29일 시모노세키를 거쳐 5월 2일 도쿄에 도착, 공사 업무를 보기 시작하였다.[220] 그의 주일공사 임명 이유는 명목상 "교섭통상사의交涉通商事宜를 판리케 하고 겸하여 일본 황태자 혼례에 하사賀使로 참예參詣"케 하는

●

216 《승정원일기》, 1899년 10월 3일조.
217 《독립신문》, 1899년 11월 10일자 잡보.
218 《독립신문》, 1899년 11월 27일자 잡보.
219 《승정원일기》, 1900년 3월 24일자.
220 외부는 4월 22일자로 주일공사관에 이하영 등이 '登船'했다는 전보를 보냈지만, 이 날짜는 상황에 맞지 않는다. 高麗大 亞細亞問題硏究所 編, 《交涉局日記》 1, 高麗大 亞細亞問題硏究所, 1974, 175쪽, 1900년 4월 22일자;《東京日日新聞》, 1900년 5월 1일자, 〈韓國大使李夏榮氏〉 및 〈韓國の特派大使〉; 5월 3일자, 〈李夏榮氏一行の着京〉.

데 있었다.[221] 일본 황태자의 혼례식은 5월 10일로 예정되었는데, 대리공사 유찬도 공사 겸 하사를 조속히 파견해달라고 요청하였다.[222]

그러나 그 실질적인 이유는 당시 양국 간의 최대 현안인 안경수사건의 처리에 있었던 것으로 판단된다. 고종폐위사건(1898.10)으로 일본에 망명했던 안경수는 만약 자수·귀국하면 고문 없이 국법에 따라 공정한 재판을 받을 것이라는 양국의 막후 교섭으로 1900년 2월 7일 귀국하였다. 그런데 5월 초 아관파천 직후 일본으로 망명했던 권형진의 귀국을 계기로 정부의 태도가 급변했고, 결국 5월 28일 그들은 '모반대역謀反大逆'으로 교수형을 당하고 말았다.[223]

하야시 공사는 이 사건으로 일본의 위신이 추락되어 향후 대한정책을 추진하는 데 지장을 초래할지도 모른다고 염려하여, 안경수 등에게 고문을 가했다는 점 등을 내세워 강경하게 항의하였다.[224] 이로 말미암아 양국의 관계는 경색되었지만, 양국 모두 원치 않은 일이었기 때문에 점차 타협의 분위기가 조성되기 시작하였다. 그 결과 6월 14일경 아오키 외무대신은 이하영을 만난 자리에서 안경수사건으로 야기된 양국의 갈등이 충분히 해결된 것으로 여겨진다고 밝힘으로써 표면상 일단락되기에 이르렀다.[225]

●

221 《일안》 4, 633~634쪽, #5633~5635.

222 《교섭국일기》, 175쪽, 1900년 4월 22일자; 183쪽, 1900년 5월 10일자.

223 최준, 〈을미망명자의 나환문제─한일양국간의 외교분쟁─〉, 《백산학보》 8, 1970, 511~519쪽; 송경원, 〈한말 안경수의 정치활동과 대외인식〉, 《한국사상사학》 8, 1997, 257~258쪽 참조.

224 《일안》 4, 679~682쪽, #5725~5729; 682~683쪽, #5730~5733; 《일관기록》 13, 472쪽, 왕 106.

하지만 안경수사건을 계기로 정부는 고종의 황위를 위협하는 존재로 여겨졌던 이준용과 유길준 등 망명자들을 소환하려고 시도했기 때문에 양국 간의 긴장은 지속되고 있었다. 안경수에 대한 심문과정에서 이준용 등이 함께 모의에 가담했다는 사실이 밝혀졌으므로 이준용의 학자금 지급을 중단하고 일본정부에 조회해서 그들을 즉각 체포·소환하라는 지시가 이하영에게 전달되었던 것이다.[226] 그러나 일본정부는 정치상 혹은 그 이외의 범죄라도 양국 간에는 범죄인인도조약이 없다는 이유로 이를 거절하였다.[227]

이처럼 이준용과 망명자들의 소환 시도가 무위로 돌아가자 7월 5일 정부는 이하영에게 귀국하라는 지시를 내렸다.[228] 이로 말미암아 이하영이 누군가로부터 모함을 받아 고종의 신임을 잃어버렸기 때문에 임지에서 직무를 수행하기 곤란하게 되자 속히 귀국시켜 달라고 요청하였고, 이를 고종이 수용한 것이라는 관측이 나돌았다. 즉, 이하영이 첫째 안경수사건에 관해 일본정부가 주한일본공사는 알현할 필요가 없다는 의사를 분명하게 밝혔다고 정부에 허위 보고를 했으며, 둘째 국서봉정 시 일본 천황에게 친히 알현·봉정할 수가 없어서 궁내관리를 거쳐 올렸고, 셋

●

225 서울대학교 인문대학 독일학연구소 옮김, 《한국근대사에 대한 자료—오스트리아·헝가리 제국 외교 보고서(1885~1913)—》, 신원문화사, 1992, 430쪽.

226 현광호, 〈대한제국기 망명자문제의 정치·외교적 성격〉, 《사학연구》 57·58합집, 1999, 1049~1050쪽.

227 《주일공관래거안》 6, 보고 제9호, 1900년 6월 27일; 《일관기록》 14, 423~424쪽, 기밀송 제33호; 《황성신문》, 1900년 7월 9일자 잡보.

228 《교섭국일기》, 212쪽, 1900년 7월 5일자.

째 그의 가문이 비천하기 때문에 경모를 받고 신용이 없으며, 넷째 이준용 귀국에 관한 교섭에 실패했다는 등의 모함을 당해서 그를 불신하게 된 고종이 소환시켰다는 것이다.[229]

이에 대해 주한공사 하야시는 국서봉정에 관한 건과 가문 비천 운운 등은 사실로 인정하기 어렵지만, 안경수사건 및 이준용 귀국건으로 인해 이하영이 무고를 당한 것은 확실하다고 파악하면서 오히려 동정을 표시하였다. 두 사건은 한국정부가 무리한 훈령을 내려 억지로 수행토록 했기 때문에 빚어진 결과인데, 오히려 그 책임을 이하영에게 돌려 귀국시킨 조치는 매우 가혹하다는 것이다.[230] 이러한 하야시의 견해는 이하영의 처지를 두둔하기보다는 한국정부의 조치가 부당하다는 점을 부각시킴으로써 일본정부의 태도를 정당화하는 데 역점을 둔 것으로 판단된다.

아울러 이하영이 정부에 이준용 등의 소환 조치를 취하지 말라고 극력 만류했음에도 불구하고, 고종의 명령에 따라 그들의 인도를 요구하는 문서를 전달하지 않을 수 없었기 때문에 매우 불쾌한 나머지 자신의 해임을 요청했다는 관측도 제기되었다.[231] 이러한 견해의 진위 여부는 차치하더라도, 이준용과 망명자의 송환문제는 이하영의 귀국·사임에 결정적인 요인으로 작용했던 것은 분명하다.

한편 귀국 명령을 받은 이하영은 공관 업무를 마무리짓고 7월 23일 도쿄

●

229 《일관기록》 15, 276쪽, 전보143; 《일관기록》 14, 360~361쪽, 기밀 제64호; 372~373 쪽, 기밀 제80호.
230 《일관기록》 14, 360~361쪽, 기밀 제64호.
231 《한국근대사에 대한 자료》, 433쪽.

를 출발, 8월 3일 인천항에 도착하자마자 상경해서 고종을 알현하였다.[232] 이 자리에서 그는 일본의 정황을 상세히 보고했는데, 특히 현상황은 대규모 병력을 가진 일본이 기회를 틈타 한국 방면으로 군대를 움직이려고 하는 이른바 위기일발의 순간이라고 비분강개하면서 눈물까지 흘린 것으로 전해졌다. 고종은 이를 듣고서 당시 일본의 동향에 관해 불안감을 품은 채 반신반의했으나 때마침 일본이 한국에 출병할 것 같다는 주일대리공사 박용화의 보고를 받고, 가장 신용이 두터운 인물을 일본에 파견해서 그 실제를 목격하고 적확한 상황을 파악하기로 결심하였다고 한다. 그 결과 고집이 완강하여 자신을 굽히지 않을 뿐 아니라 문벌이 높아야 된다는 점을 고려해서 조병식趙秉式을 파견하기로 결정했다는 것이다.[233]

이러한 예견이 사실에 부합되는지 여부는 알 수 없지만, 실제로 8월 7일 이하영은 주일공사직에서 물러나게 되고 그 후임으로 탁지부대신 조병식이 임명되었다. 그러나 조병식은 신병을 이유로 여러 차례 주일공사직에 대한 사직소를 올렸기 때문에 그의 부임은 늦춰지고 있었다. 따라서 8월 16일에 이르러서야 비로소 박제순은 하야시에게 이하영을 해임하는 대신 조병식을 보임했다고 공식 통보하기에 이르렀다.[234]

●

232 《황성신문》에서는 이하영이 7월 9일경 도쿄를 출발했다거나 7월 31일 인천항에 도착했다는 기사를 게재했지만, 곧 정확한 일정을 보도하였다. 《교섭국일기》, 212쪽, 1900년 7월 6일자; 219쪽, 7월 23일자; 223쪽, 1900년 8월 3일자; 《황성신문》, 1900년 7월 7, 10, 26, 31일, 8월 4일자 잡보.

233 《일관기록》 14, 372~373쪽, 기밀 제80호.

234 《고종실록》, 1900년 8월 7, 13일조; 《일성록》·《승정원일기》, 1900년 7월 13일조; 《일안》 5, 34쪽, #5858.

07
—
# 조병식의 임면과정

—  .

—

1900년 8월 7일 이하영의 후임으로 임명된 조병식이 68세의 고령인데다가 탁지부대신 이외에 의정부의정서리·의정부찬정·경부대신임시서리를 겸임하고 있었던 점을 고려하면, 그의 발탁은 매우 파격적인 조치였다. 이에 관해 하야시 공사는 "당국 원로 중에 완고하고 성질이 강퍅하다고 소문난 조병식씨는 요즈음 폐하께 매우 신임을 받아 주요 관직, 즉 탁지대신·의정서리·경부대신·양지아문 총재 등의 요직을 겸직한 한 가지만 보아도 그 세력이 얼마나 강대한지를 알기 어렵지 않다"고 평가하면서 그 원인들 가운데 가장 신뢰할 만한 것에 대해 다음과 같이 보고하였다.

지난번 한국으로 돌아온 이하영은 서울에 도착한 당일 밤 폐하를 알현하여 복명하면서 일본의 정황을 상세히 아뢰었고, 또 일본은 대병大兵을 거느리고 기회를 틈타서 한국 방면에 군대를 움직이려는 경향이 있어 소위 위기일발의 사이에 있다고 하며 한바탕 강개담慷慨談을 하고 드디어는 눈물을 흘리기에 이르렀다. 폐하는 이것을 듣고 "그렇지 않아도 요사이 일본의 동정에 관하여 불안한 생각을 품고 반신반의하던 중이다(대리공사 박용화는 궁중에 전보하여 일본이 한국에 출병하려는 기미가 있다고 보고했다고 한다). 누군가 신용이 두터운 인물을 일본에 파견하여 그 실제를 목격하여 정확한 보도를 얻기를 바란다"고 하시며, 완강하고 고집이 세며 쉽게 자신을 굽히지 않는 조병식이야말로 이 임무를 맡으면 반드시 그 목적을 달성할 것이고, 또 그에게 이 임무를 맡기는 것은 폐하께서 몸소 실제를 목격하시는 것과 동일하다는 생각에서 나왔다고 한다. 그리고 신임이 두터운 일본공사 후보자라고 부추기며 운동한 패거리 중에 민영환이 열심이었던 것은 조병식씨에게 귀착된 것을 보아서도 알 수 있다. 종래의 일본주재 공사 중에 김가진·고영희를 비롯하여 이하영과 같은 사람은 모두 문벌 지위가 낮았기 때문에 참담한 후회를 초래했다고 폐하는 깊이 믿고 계시므로 이번에는 문벌도 있는 사람으로, 정부 대신 중 상당한 인물을 선발해서 오로지 일본과의 교제에 무게를 둔다는 것을 드러내려고 한 것이 아마도 조씨를 임명한 한 원인인 것 같다. 이 때문인지 조씨는 부임 후 알현 시기에 대해 깊이 생각하여, 제발 도착한 지 2, 3일 내에 알현할 수 있도록 본관이 알선해 주기를 희망하고 있다. 이는 당국 사람들은 알현 시기를 가지고 대우 여하를 추측하는 경향이 있기 때문이라고 여겨진다.[235]

요컨대, 안경수·권형진 처형사건에 이어 일본에 망명 중인 이준용 등의 소환문제로 한일관계가 악화되고 있던 상황 아래 귀국했던 이하영에 이어 대리공사 박용화가 잇달아 의화단사건으로 대규모 병력을 중국에 파견한 일본이 기회를 틈타 한국 방면으로 군대를 움직이려는 '위기일발

---

[235] 《일관기록》 14, 372~373쪽, 기밀 제80호.

의 순간'이라고 보고하였고, 고종이 일본의 정황을 정확하게 파악하기 위한 적임자로서 "완강하고 고집이 세며 쉽게 자신을 굽히지 않는 조병식"을 발탁했다. 거기에는 김가진·고영희·이하영 등 전임 주일공사들의 문벌과 지위가 낮은 탓에 원활하게 임무를 수행하지 못했다는 판단 아래 문벌도 높고 정부 대신 중 비중 있는 인물인 조병식을 선발해서 대일관계에 역점을 두려는 의도를 드러냈다는 것이다. 한마디로, 의화단사건의 확산에 편승해서 열강이 한국에 출병할지 모른다는 보고에 충격을 받은 고종이 대일관계를 강화하기 위해 문벌 높고 완고한 성격의 조병식을 발탁한 셈이 된다.

하야시는 조병식의 파견 목적에 대해서도 표면상 한일관계를 중시한다는 뜻을 표한 것이지만, 실질상 일본의 정황을 시찰하고, 나아가 풍문으로 나돌고 있는 이준용·의화군 등 망명자들의 고종 폐위 음모 여부를 철저하게 탐지하라는 '내명內命'을 받은 것 같다고 파악하였다.[236] 실제로 고종은 조병식에게 한국의 중립화에 대한 국제적 협정을 일본정부 및 주일외교사절들에 제의하며, 일본정부와 망명자 인도협정을 전제로 한일동맹을 교섭하라는 임무를 부여하였다.[237]

아마도 고종은 조병식의 보고를 토대로 두 가지 가운데 하나를 결

---

236 《일관기록》 14, 373쪽, 기밀 제80호.

237 Scott S. Burnett ed. *Korean-American Relations*: *Documents Pertaining to the Far Eastern Diplomacy of the United States Volumel Ⅲ*: *The Period of Diminishing Influence*, *1896~1905*, Berkeley and Los Angeles: University of California Press, 1989, pp.62~63, No.272, 1900년 8월 23일; pp.81~83, No.275, 1900년 8월 31일; 《일관기록》 14, 378~380쪽, 기밀 제87호.

정·추진하려고 했던 것으로 여겨지는데,[238] 좀더 역점을 둔 것은 전자였다. 이는 조병식이 일본 도쿄에 도착한 뒤인 8월 29일 고노에 아츠마로近衛篤麿와 가진 회견에서 "중립의 일을 유일의 문제로 명받았다"라고 하면서 한일 간의 국방동맹은 무의미하다고까지 말한 데에서도 잘 나타난다.[239]

후자는 의화단사건으로 급변하는 동북아 정세를 파악하기 위해 극비리에 일본으로 파견되었던 궁내부시종 현영운玄暎運이 8월 17일 귀국하자마자 곧바로 고종을 알현하는 자리에서, 한국의 안전을 도모하려면 일본과 동맹 혹은 제휴를 맺을 필요가 있다고 건의한 것이 직접적인 계기가 되었다.[240] 당시 한국정계 내에서도 청일전쟁 당시처럼 일본에 체류 중인 망명자들이 일본군과 함께 귀국하는 것을 경계하면서[241] 망명자 처리를 전제로 한일동맹을 제기하는 분위기가 형성되고 있었다. 따라서 고종은 미국에 의존해서 중립화가 여의치 않을 경우 차선책으로써 망명자 처분을 전제로 한일동맹을 검토했던 것으로 여겨진다.

이처럼 고종이 한일동맹을 검토한 데에는 하야시가 한국의 군대증설을 위해 천만 원의 차관을 제공하겠다고 제안한 것이 영향을 주었다고

---

238 《일관기록》 15, 296쪽, (162); 298쪽, (167).

239 河村一夫, 〈靑木外相の韓國に關連する對露强硬政策の發展と日英同盟の成立との關係〉 上, 《朝鮮學報》 54, 1970, 21~35쪽.

240 《일관기록》 14, 350~351쪽, 기밀 제49호; 374쪽, 기밀 제81호.

241 고종은 이 시기에 망명자들이 일본군과 함께 귀국한다는 풍설이 유포되자 이를 일본공사에게 확인하였다. 《일외서》 33, 393쪽, 北淸事變 別冊, 1900년 7월 25일. 이 시기 망명자문제에 대해서는 현광호, 앞의 논문 참조.

판단된다. 일본정부는 한일동맹을 유도하기 위해 주한일본공사를 통해 고종에게 도쿄에서 외교사절들이 극동문제를 협의할 예정인데, 일본과 영국이 한국의 독립과 중립을 보장하는 국제적 약속을 후원할 것이라고 언급하면서 고급관료를 파견해달라고 요청하였다.[242] 이러한 제안은 한국의 중립화와 군사력 증강책을 추진하려는 고종의 의도와도 부합하는 측면이 있었다. 즉 고종은 군사력 증강에 필요한 재원 마련에 부담을 안고 있던 차에 일본이 차관 제공을 제의하자 이를 긍정적으로 검토한 것으로 보인다. 따라서 고종이 한일동맹을 고려한 것은 군비 증강에 소요되는 자금을 조달하고, 망명자문제를 종결지어 체제불안 요인을 일거에 해결하기 위한 것으로 볼 수 있다.[243]

마지막으로 하야시는 조병식이 비록 함경도 방곡령사건에서 알 수 있듯이 "완강하고 자기 신념을 관철하는 데 주저하지 않"지만 "그 성정이 반드시 세간에 알려진 바와 같이 무법 일변도의 인물은 아닌 것 같다"고 파악한 뒤 그에 대한 일본정부의 대응방안을 다음과 같이 제안하였다.

만약 [조병식을] 적절히 조정하기만 한다면 그렇게까지 부리기 어려운 인물이라고 생각되지는 않는다. 특히 동씨同氏의 장점은 일단 자기가 믿는 바는

---

242 *Korean-American Relations* Ⅲ, pp.82~83, No.275. 1900년 8월 31일; p.69, No. 284. 1900년 10월 2일; p.73, No.292. 1900년 10월 29일.

243 중립화와 한일동맹에 관해서는 모리야마 시게노리, 김세민 옮김, 《근대한일관계사연구》, 현음사, 1994, 164~173쪽; 현광호, 《대한제국의 대외정책》, 신서원, 2002, 83, 152~157쪽; 《대한제국과 러시아 그리고 일본》, 선인, 2007, 152~156쪽; 서영희, 《대한제국 정치사 연구》, 서울대학교출판부, 2003, 156~158쪽 등 참조.

다른 사람의 비난이나 공격을 겁내지 않고 어디까지나 단행하여 굽히지 않는다는 것이다. 이 점은 확실히 당국 사람 중에서 필적할 사람이 없을 정도이다. 만약 교묘히 이를 조종하여 우리 편으로 삼는다면 우리에게 유리하겠지만, 이와 반대의 지위에 둔다면 매우 강적이 될 것이라고 본다. 동씨는 현재 연령이 고희古稀에 달하여 앞날이 길지 않을 것이므로 무슨 일이든 국가를 위하여 한 가지 공을 세우려는 야심이 만만치 않다. 때문에 이번 일본행이 동씨에게는 영욕의 분기점이 될 것이다. 동씨는 사절로 육로를 통해 중국을 왕복했던 외에는 아직 해외의 땅을 밟은 일이 없다. 그러므로 일본에 도항하여 그가 목격하는 문명한 사물은 실로 난생 처음 보는 관찰일 것이기 때문에 혹 자신의 완미함을 각성하여 실제로 우리와 친밀하려는 생각을 일으키기에 이를지도 알 수 없다. 만약 과연 동씨가 일단 우리 일본을 잘 이해하고 일·한 제휴의 필요를 깨닫게 된다면 우리 정략상 도움이 되는 바가 적지 않을 것이다. 따라서 일본정부에서도 특히 동씨에 대하여 가급적인 편의를 주어 애써 조씨로 하여금 일본을 신뢰하는 마음을 일으키게 하기를 희망하여 마지않는다.[244]

하야시는 이러한 조병식의 완고한 성격을 오히려 장점으로 보고 교묘하게 조정·회유하면 일본 측에 유리하게 활용할 수 있다고 판단하였다. 조병식이 처음으로 일본을 방문하는 만큼 부임 중 근대적 문물과 제도를 시찰토록 하여 일본을 잘 이해·신뢰하고 한일제휴의 필요성을 깨닫게 만들자는 대응책이었다. 즉 "완고하고 무식할망정 정직"한 그를 "적절히 가르치고 조언만 잘 한다면 우리에게는 쓸모 있을 것"이므로 "반드시 그

244 《일관기록》 14, 373쪽, 기밀 제80호.

에게 친절해야 하며 그를 교육하는 일에 많은 수고를 들여야" 한다는 것이다.[245] 이러한 대응방안에는 한국의 중립화 시도를 좌절시키고 한일 제휴, 즉 군사동맹의 형식을 통해 한국을 보호국으로 편입시키려는 정략이 깔려 있었다.[246]

또한 하야시와 마찬가지로 한일군사동맹안을 지지했던 동아동문회東 亞同文會의 회원들도 조병식을 주일공사로 임명하도록 은밀하게 활동하였다. 《한성신보漢城新報》 주필 기쿠치 겐죠菊池謙讓는 별입시 구완희 具完喜를 통해 고종으로 하여금 조병식에게 일본에 도착하거든 만사를 동아동문회의 회장 고노에에게 지도를 받아 처리하라고 명령하게끔 조치했던 것이다.[247] 그리고 당시 동아동문회원으로 고노에의 한국을 방문하였던 오우치 쵸조大內暢三도 조병식의 "세력이 현재 상하를 압도하는 점"을 고려하여 그를 주일공사로 임명하도록 공작하였다. 심지어 그들은 조병식이 일본에 부임할 때 동행하여 자신들의 한일군사동맹안을 성취하는 데 진력하였다.[248]

한편 조병식은 8월 15일 하야시 공사를 방문하여 8월 18일 서울을 출발할 것이라고 알려 주었다.[249] 이어 그는 8월 17일 고종을 사폐한 다

●

245 《일관기록》 15, 292쪽, 전보 149.
246 현광호, 앞의 책(2007), 135~136쪽.
247 《일관기록》 14, 374쪽, 기밀 제80호.
248 《일관기록》 14, 378~379쪽, 기밀 제87호. 이에 대해서는 모리야마 시게노리, 앞의 책, 169~170쪽 참조.
249 《일관기록》 15, 292쪽, 전보 #149. 한국정부는 하야시 공사에게 조병식이 8월 18일 서울을 출발할 것이라고 공식적으로 통보해주었다. 《일관기록》 15, 292쪽, 전보 196.

음,[250] 18일 인천항에서 한국국기를 높이 내걸은 오사카 상선회사 소속 기소가와마루를 타고 일본으로 떠나 21일 시모노세키에 잠시 정박하였고,[251] 22일 고베에 도착해서 미리 와 있던 대리공사 박용화의 영접을 받았다. 조병식 일행은 그 다음날 기차로 출발해서 나고야名古屋를 거쳐 8월 26일 오후 8시경 도쿄 신바시역에 도착하였다. 9월 5일 그는 일본천황에게 알현하였다.[252]

조병식이 도쿄에 도착한 뒤, 그를 조정·회유해서 일본 측에 호감을 갖도록 하라는 하야시의 제안에 대해 일본정부가 어떠한 조치를 취했는가는 잘 알려져 있지 않다. 다만 9월 21일 조병식이 박용화를 대동하고 포병공창을 방문해서 대포·소총뿐 아니라 도검刀劍의 제조까지 상세하게 시찰했던 점으로 미루어, 일본 측이 자국의 막강한 군사력을 비롯한

●

250 고종은 이 자리에서 조병식에게 "세상에 변란이 있는 이때에 지위와 명망이 모두 높은 사람이라야 하기 때문에 할 수 없이 보내는 것"이라면서 "혹시 청국문제와 관계되는 것이 제기되면 잘 처리하여 기어이 일을 완전히 끝내도록 하라. 경의 이번 길이 비록 주차공사이지만 1품이란 높은 지위로서 실제로는 大使이니 참으로 임무가 크고 책임이 막중하다"고 말하였다. 《고종실록》, 1900년 8월 17일조.

251 국사편찬위원회 편, 《要視察韓國人擧動》 2, 국사편찬위원회, 2001, 255~256쪽, 秘 제 654호.

252 조병식 일행은 22일 오후 2시 고베에 도착하였고, 23일 12시 5분 기차로 고베를 출발하여 24일 오후 2시 58분 나고야에 도착해서 슈만로秋琴樓에서 하루를 묵었으며, 25일 12시 35분 도쿄로 출발하였다. 《황성신문》, 1900년 8월 28일, 9월 14일자 잡보;《大阪每日新聞》, 1900년 8월 23일자, 〈趙韓國公使〉 및 〈韓國公使趙秉式氏〉; 24일자, 〈韓國公使趙秉式氏〉 및 〈新任韓國公使〉; 25일자, 〈趙公使の上京〉; 26일자, 〈韓公使通過〉;《大阪朝日新聞》, 1900년 8월 23일, 〈趙秉式氏の赴任〉; 25일자, 〈新公使趙秉式氏〉;《東京日日新聞》, 1900년 8월 19자, 〈駐日公使の出發〉; 26일자, 〈韓國公使の着任〉; 9월 6일자, 〈韓國公使の謁見〉.

발전상을 그에게 주지시키려고 애썼던 것을 알 수 있다. 그의 시찰은 당시 병기개량 등 군사력 증가의 필요성을 절감하고 있던 한국정부의 지시에 따른 것이었지만, 한일군사동맹을 맺으려는 일본 측의 의도와도 부합되었기 때문이다.[253]

또한 하야시가 망명자 처분문제를 활용해서 '한일밀약—군사동맹—'을 맺는 좋은 기회로 삼으라고 재차 건의한 사실이 눈에 띈다. 활빈당活貧黨을 이용하여 한국을 소란에 빠트리려고 했던 박영효 일파의 행동을 빌미로 망명자를 처분할 호기회가 될 수 있다는 것이다. 또한 조병식의 부임이 주한 러시아공사의 의구심을 자아냈다는 사실에 유의하면서 그는 조병식에 뒤이어 곧바로 일본으로 건너갔던 기쿠치에게 도착 즉시 기밀을 보전할 수 있는 쪽에 속뜻을 밝히는 것 외에 결코 민간 정치가 등에게 경솔하게 사실을 말하지 말도록 지침을 내렸다. 이와 동시에 그는 기쿠치에게 망명자 처분의 제의는 공식적으로 할 수 있는 성질의 것도 일본정부가 받을 수 있는 제의도 아니므로 처분을 필요로 하면 망명자를 외국으로 떠나게 하든가 다른 방법을 취하되, 어느 것이든 간에 내부적인 처분이 되어야 한다는 점을 조병식에게 주지시키라고 지시하기도 하였다.[254]

주목할 만한 사실은 하야시의 제안에 부응하듯이 일본 언론이 조병식의 부임에 대해 매우 호의적·긍정적인 평가를 내리고 있다는 점이다. 예컨대, 《오사카마이니치신문大阪每日新聞》은 전임 공사들이 그다지

253 《東京日日新聞》, 1900년 9월 22일자, 〈韓國公使の砲兵工廠參觀〉.
254 《일관기록》 14, 378~380쪽, 기밀 제87호.

문벌이 높지 않아 그들의 의견이 한국정부에 잘 반영되지 않은 경향이 있었지만, 조병식은 문벌과 지위가 높으므로 양국의 관계에 공동이익이 있을 것이며 앞으로 양국의 오해를 해소할 것이라고 전망하였다. 아울러 그를 러시아당의 한 사람으로 여겨 일본에 와서도 뭔가 의미있는 일을 할 것처럼 말하는 것은 오해라고 일축하면서 적어도 그가 일본에 동정을 표하는 인물이 될 것이라고 기대하였다.[255]

심지어 《도쿄니치니치신문東京日日新聞》의 기자는 직접 조병식을 방문하여 담화를 나눈 뒤, 지위가 높은 그는 명목상 특명전권공사이지만 고종의 대우는 전권대사의 자격으로서 전임 공사들에 비하면 실로 엄청난 차이가 있다고 보도하였다. 또한 부임 이래 그는 일본 천황의 우대에 상당히 감격하는 등 일본 상하의 환대에 매우 만족했으며, 그 결과 확실히 사고에 일대변화를 초래했다고 파악하였다. 따라서 그를 러시아당이라고 부르는 것은 혹독하며, 완고하다고 평하는 것은 무리라고 보았다. 나아가 기자는 조병식이 일본의 풍경을 즐거워하고 일본요리의 가미佳味를 칭찬했으며, 현재 매일 일본요리를 먹으며 그 맛의 담아淡雅함을 즐거워하는 탓에 본국에 있을 때보다 오히려 건강해졌다면서 그가 사정이 허락하는 한 일본공사로 오랫동안 체재하고 싶어 할 것이라고 전망하였다.[256] 비록 이 기사는 과장된 측면도 없지 않지만, 조병식의 호감을 사려는 일본 조야의 노력과 그 기대치를 간접적으로 엿볼 수 있다.

●

255 《大阪每日新聞》, 1900년 8월 23일자, 〈韓國公使趙秉式氏〉.
256 《東京日日新聞》, 1900년 9월 9일자, 〈朝鮮公使を訪ふ〉.

그러나 조병식이 추진하려 했던 중립화안은 미국 측의 소극적인 태도와 러·일 양국의 반대로 실현되지 못했으며, 그의 부임을 계기로 일본 측이 시도했던 한일군사동맹안의 체결도 성공을 거두지 못하였다. 그 이유는 한국 측이 적극성을 띠지 않고 러시아의 견제도 심했지만, 일본 정부 내에서도 이토 히로부미伊藤博文 등이 강력하게 반대하는 입장을 취했기 때문이다. 러시아와의 대립을 염려했던 이토는 당시 추진되고 있던 대한차관공여 계획에 반대했을 뿐 아니라 이들 계획의 중지를 차기 내각인수의 조건으로 내걸었다. 그 결과 1900년 10월 19일에 성립된 제4차 이토내각의 신임 외무대신 가토 다카아키加藤高明는 일본정부가 한국의 현상유지를 소망하므로 적극적인 행동을 취할 의사가 없다는 입장을 표명하였다.[257]

이러한 상황 속에서 자신의 임무를 더 이상 수행하기가 곤란해졌다고 판단한 조병식은 휴가를 핑계로 귀국을 서둘렀다. 10월 11일 그는 일본 천황을 알현하고, 그 다음날 일본의 대신들 및 각국 공사들을 제국호텔로 초대해서 작별 연회를 베풀었다. 이어 10월 14일 참서관 이정래李鼎來·서기생 박경진朴璟進·유학생 박정선朴正銑 등을 대동하고 도쿄를 출발한 그는 15일 고베에서 시나노가와마루信濃川丸를 타고 시모노세키를 거쳐 24일 고종에게 복명하기에 이르렀다.[258] 이 자리에서 그는 일

257 모리야마, 앞의 책, 170~172쪽.

258 《東京日日新聞》, 1900년 10월 12자, 〈兩公使の謁見〉; 13일자, 〈韓國公使の宴會〉; 16일 자, 〈朝鮮公使の歸國〉; 19일자, 〈韓國公使趙秉式〉; 《주일공관래거안》 6, 훈령 제28호, 1900년 12월 1일; 《주일공관래거안》 6, 보고 제24호, 1900년 11월 13일. 박정선은 도쿄공

본의 군병軍兵과 물화物貨가 매우 번화하되 청국에 비해 견고하지 않지만 더 사치스럽고 화려하며, 육군의 기예는 잘 훈련이 되어 막힘이 없었고, 온 나라가 날마다 부지런히 지폐를 만들어 이익을 취하고 있다고 보고하였다.[259] 이런 점으로 미루어 조병식은 중립화안을 실현하지 못했지만 일본의 실정을 파악하면서 종래와는 달리 어느 정도 호의적인 인식을 갖게 되었다고 평가할 수 있다. 복명 후인 10월 27일 조병식은 자신의 임무를 마쳤다면서 신병을 조리한다는 이유로 주일공사 사직소를 올렸고, 고종도 이를 받아들였다.[260]

---

●

업학교 졸업 후 직물공장 실지견습을 마치고 귀국하였다.

[259] 《고종실록》, 1900년 10월 24일조; 《승정원일기》, 1900년 9월 2일조.
[260] 《고종실록》, 1900년 10월 27일조.

# 08

## 성기운의 임면과정

1900년 11월 13일 조병식의 후임으로 주일공사에 법규교정소 의정관 議定官(의정부 참찬) 겸 철도원 감독 성기운이 임명되었다. 11월 17일 그 역시 일본이 매우 긴밀한 관계를 지닌 국가여서 융통성 있게 사무를 처리해야 하는데 자신은 적임자가 아니라는 이유로 사직소를 올렸지만 받아들여지지 않았다.[261] 이날 외부대신 박제순은 그의 주일공사 임명을 주한일본공사 하야시에게 문서로 조회했지만,[262] 사전에 이 사실을 알고 있던 하야시는 그가 부임할지 여부는 확실치 않다고 전망하였다. 아마도 바로 직전에 성기운이 독일 등 유럽3국주재 공사로 임명되었으나 부임하지 않아서 면직되었을 뿐 아니라 이른바 청국통으로 알려져 있었기

---

[261] 《승정원일기》, 1900년 9월 22, 26일조. 11월 16일 외부는 성기운의 공사 임명 사실을 주일공사관에 타전했으며, 20일에 외부대신 공문으로 재차 통보해주었다. 《주일공사관일기》 4, 1900년 11월 16, 20일자.

[262] 《일관기록》 15, 106~107쪽, 조회 제90호; 《일관기록》 14, 449~450쪽, 發 제77호.

때문이라고 여겨진다.[263]

성기운이 주일공사로 발탁된 직접적인 이유는 확실하게 알려져 있지 않다. 다만 그가 문벌가이자 '청국통'으로서 고종의 신임이 두터우며, 주일공사로서는 관록이 부족하지만 친밀한 관계를 맺고 있던 오미와 쵸베에大三輪長兵衛의 알선으로 발탁되었다는 《오사카아사히신문大阪朝日新聞》의 기사는 시사해주는 바가 크다.[264] 우선, 12월 2일 그가 고종에게 사폐하는 자리에서 고종이 일본과 "교섭에 관한 일이 근래 유독 많다"고 언급한 점으로 미루어[265] 망명자 처리를 비롯해 한국중립화안 혹은 한일군사동맹 등 중요한 당면 현안을 해결해야 할 상황에서 외교협상 능력을 갖춘 그를 적임자로 판단했을 가능성이 높다.

또한 그는 청국통이었지만 민병석閔丙奭 등과 함께 궁중 내에서 세력을 확장하고 있던 강석호姜錫鎬 등 '미국파'를 배척하기 위해 전략상 당시 정계 내에서 거론되고 있던 한일제휴론에 동조했던 사실이 주목된다. 고종이 미국파의 종용으로 만일의 사태에 대비해서 미국공사관으로 파천할 계획을 세우고 거의 100만 원에 달하는 내탕금을 미국인에게 위탁한 사실을 탐지하여 오미와에게 흘림으로써 좌절시켰다는 것이다.[266]

●

263 《일관기록》 14, 449쪽, 發 제76호. 성기운에 관해서는 한철호, 앞의 논문(1996, 2007) 참조.

264 《大阪朝日新聞》, 1900년 11월 19자, 〈新韓國公使成岐運氏〉; 23일자, 〈駐日韓公使〉.

265 《고종실록》, 1900년 12월 2일조; 《승정원일기》, 1900년 10월 11일조.

266 《일관기록》 14, 379쪽, 기밀 제87호. 그는 주일공사 재직 중에도 오미와와 접촉하면서 일본과 친밀함을 유지해야 할 필요성을 고종에게 보고하기도 하였다. 《일관기록》 16, 295쪽, 기밀 제9호.

주일공사 발탁 전 철도원 감독이었던 성기운과 당시 철도 감독으로 위촉받아 근무하고 있던 오미와는 철도부설건으로 접촉할 수 있는 기회가 많았던 만큼 두 사람은 친밀한 관계를 맺고 있었다. 따라서 이 사건의 사실 여부는 확인할 수 없지만, 성기운이 나름대로 한일제휴의 필요성을 인식하고 일본 측 인사들과 관계를 구축하고 있었던 점은 그가 주일공사로 발탁되는 데 영향을 끼쳤을 것으로 추측할 수 있다.

12월 2일 성기운은 고종에게 사폐한 뒤 5일 인천항에서 참서관 유찬, 서기생 정해용 외 수원 3명, 그리고 오미와와 함께 스마마루須磨丸 편으로 고베를 향해 출발하였다. 8일 밤 고베에 도착한 성기운은 감기에 걸려 잠시 쉰 다음 12일 그곳을 떠나 13일 도쿄에 당도했으며, 24일 일본 천황을 알현하였다.[267] 그 사이 12월 17일 성기운은 박용화를 대동하고 외무대신 가토를 방문하였다. 이 자리에서 가토가 주일공사는 이곳에 주차한 지 오래되었지만 불과 수개월만 주재하니 무슨 일을 알 수 있겠느냐면서 얼마나 오래 주재할 것인가를 묻자 그는 오래건 잠시건 그 여부는 오직 정부의 명령에 있을 뿐이라고 대답하였다고 한다.[268] 이렇듯 일본정부는 주일공사의 잦은 교체에 간접적으로 불만을 드러냈는데, 그러한 상황을 알고 있던 성기운도 난처했지만 달리 뾰족한 답변을 내놓을

---

[267] 《大阪朝日新聞》, 1900년 12월 4일자, 〈成岐運氏〉; 7일자, 〈駐日公使出發其他〉; 10일자, 〈韓國新公使(着神)〉; 12일자, 〈本邦駐朝鮮公使〉; 14일자, 〈成公使着京〉; 23일자, 〈韓國公使〉; 《東京日日新聞》, 1900년 12월 14일자, 〈新任朝鮮公使〉; 《주일공사관일기》, 1900년 12월 13, 24일자; 《황성신문》, 1901년 1월 7일자 잡보.

[268] 《주일공사관일기》, 1900년 12월 17일자.

수 있는 처지는 아니었던 것이다.

실제로 일본정부가 염려한 대로 1901년 3월 19일 성기운은 귀국 인사 차 일본 천황을 알현한 다음, 24일 도쿄를 떠나 귀국길에 올랐다.[269] 부임한 지 겨우 3개월여 동안 도쿄에 머물렀을 뿐이다. 4월 3일 성기운은 복명하는 자리에서 일본의 포대砲臺제도에 대한 고종의 물음에 포대가 모두 정교하고 견고했으며, 일본 진흥의 관건이 법률과 장정에 달려 있었다고 답변하였다. 세밀한 것까지 다 확정하여 통일적으로 준수하였기 때문에 나라가 안정될 수 있었다는 것이다.[270]

아울러 그는 은밀히 고종에게 망명자문제에 대한 가토의 의견을 전달하였다. 가토는 망명자가 실로 일본의 골칫거리라면서 만일 한국정부가 대사면을 행하거나 궐석재판에 붙여 무죄를 선고하면 그 즉시 일본 쪽에서 그들의 식비 지급을 정지하고, 그 경우 망명자들은 호구에 지장이 있어 자연히 귀국할 것이라는 방안을 제시하였던 것이다. 고종은 하야시를 접견한 자리에서 이 사실을 알려주면서 성기운의 귀국은 표면상 휴가지만 실은 오로지 이런 상담을 마무리하기 위한 것이었다고 실토하였다고 한다.[271] 이에 의하면, 성기운은 망명자 처리에 대한 일본정부의

●

269 3월 26일 성기운은 자신의 동생 成周福, 元景春·스야마陶山武二郎 등 수행원, 참서관 유찬과 함께 고베에서 에치고마루越後丸에 탑승하여 28일 시모노세키를 경유하였다. 《大阪朝日新聞》, 1901년 3월 25일자, 〈韓國公使〉; 28일자, 〈韓國公使等〉; 29일자, 〈成公使〉; 《東京日日新聞》, 1901년 3월 20일자, 〈朝鮮公使の謁見〉; 《주일공사관일기》, 1900년 12월 13, 24일자; 《황성신문》, 1901년 1월 7일자.

270 《승정원일기》, 1901년 3월 16일조; 《고종실록》, 1901년 5월 4일조.

271 《일관기록》 14, 297쪽, (41). 하야시가 가토에게 보낸 이 문서는 1월 4일자로 되어 있지만,

방안을 보고하기 위해 귀국을 서두른 셈이 된다.

뿐만 아니라 의화단사건이 진압된 후 러시아가 청국과 단독협정을 추진함에 따라 이를 우려한 고종이 일본에 접근하는 태도를 취하면서 일본 정부의 동향을 파악할 의도로 성기운을 귀국시켰던 것으로 판단된다. 고종은 주한 임시대리공사 야마자 엔지로山座圓次郎에게 일본 등 열강이 러시아의 한국진출을 저지해주기를 요청한다는 뜻을 전달하였던 것이다. 또한 성기운이 귀국하기 직전 일본은 러청밀약에 대해 러시아에 공공연하게 항의하는 안과 한국을 보호국으로 삼으려는 안을 내놓고 있었다.[272] 이처럼 급변하는 상황 속에서 고종은 일본의 정세를 정확히 파악하기 위해 성기운을 귀국시켰던 것이다.

성기운은 재차 부임하지 않은 채 5월 4일 일본이 우리나라의 이웃에 있는 동맹국이자 교제에 중요한 나라라는 입장을 밝히면서 자신은 적임자도 아니고 늙고 신병이 있으므로 주일공사를 바꿔달라는 사직소를 올렸다. 고종은 이 상소를 받아들이면서 그를 궁내부협판에 임명하였다.[273]

"그저께 17일 오후 4시에 알현을 분부하신다는 통첩을 받고 이날 고쿠부 서기관을 대동하고 참내하였다"는 점과 그가 4월 3일 복명했던 점 등으로 미루어 4월 19일로 비정할 수 있다.

272 모리야마, 앞의 책, 178~179쪽; 현광호, 앞의 책(2007), 156~157쪽.

273 《승정원일기》, 1901년 2월 15일조; 《고종실록》, 1901년 4월 3일조.

09
—

# 고영희의 임면과정

—

—

## 1 — 이용태·김승규의 미부임 경위와 일본 측의 항의

성기운이 주일공사직을 사직한 뒤 5월 30일 그 후임으로 이용태李容
泰가 임명되었다. 이에 대해 하야시는 이용태가 앞서 경무관에 서임되
자 미국 주재를 명령받았지만 일부러 이를 사퇴하고 그 후 전권공사인
채로 내각 서기관장이 된 자라고 평하면서 그가 곧 부임할 것이라고 본
국정부에 보고하였다.[274] 그러나 예상과 달리 이용태는 주일공사로 부임
을 미루었기 때문에 권재형·심상훈 등으로 교체될 것이라든지 대리공
사 박용화를 유임하기로 결정되었다는 소문도 나돌았다.[275] 결국 10월
26일 참서관 유찬이 임시대리공사로서 파견되었다.[276]

●

274 《일관기록》 16, 433쪽, 發 제55호.
275 《東京日日新聞》, 1901년 7월 26일자, 〈駐日公使遞任の說〉 및 〈駐日公使の留任〉; 8월 2일
　　자, 〈韓國の駐外公使〉.
276 《일관기록》 16, 480쪽, (17).

이러한 상황 아래 1901년 8월 말 정계에 만한교환설滿韓交換說이 유포
되자 고종은 하야시에게 그 사실 여부를 문의함과 동시에 주러한국공사
이범진으로 하여금 진상을 파악하라고 지시하였다. 이어 1901년 10월
30일 고종은 외부대신 박제순을 의정부찬정에 임명한 다음 11월 7일
특명전권공사·육군참장을 겸임케 하여 일본육군대연습을 참관한다는
명목으로 일본에 파견하도록 하였다. 이처럼 외교의 수장인 외부대신직
을 사임시키면서까지 박제순을 신속하게 일본에 파견한 것은 매우 이례
적인 조치였기 때문에 국내외에 커다란 파장과 추측을 불러일으켰다.
특히 주한 러시아·프랑스공사는 이를 반러·친일정책의 일환으로 파악
하면서 모든 수단을 동원해 그의 파일을 방해하는 공작을 펼쳤다.[277] 실
제로 그의 파견 목적은 당시 유포되고 있었던 만한교환설에 대한 일본정
부의 의향을 탐지하고, 한일동맹·망명자문제·재정원조 등을 타진하는
것이었다.[278]

반면 10월 25일 박제순으로부터 고종의 명을 받들어 조만간 본인이
직접 일본을 방문할 것이라고 통보받은 하야시 공사와 일본정부는 그의
방일이 한일동맹을 체결할 좋은 기회라고 여겨 무척 고무되었다. 하야
시는 박제순의 파견 조치가 그를 배척하는 운동에서 비롯된 것이 아니라
고 파악하면서 그가 자신에게 직접 일본 체재 중 외부대신이 아니라 내

277 《한국근대사에 대한 자료》, 457~459쪽, No. 77, 1901년 11월 5일; 463~464쪽, No. 87,
 1901년 12월 3일.
278 《일관기록》16, 356쪽, 기밀 제115호; 73~74쪽, 기밀 제119호; 503~504쪽, (2) No. 154.

각대신을 뜻하는 찬정과 소장少將에 해당하는 참장의 지위로 행동하는 것은 이해관계가 있는 권력층들의 시기심을 피하기 위한 방편이라고 알려주었다고 보고하였다.[279] 하지만 고무라 쥬타로 외무대신은 박제순이 외부대신을 사임하고 전권공사에 임명된 것은 어떠한 의미가 있을 것으로 생각되며, 외부대신직의 소유 여부는 교섭하는 데에도 큰 관계가 있으니 신속히 그 주변 사정을 조사해달라고 회답하였다.[280] 이에 하야시는 박제순이 귀국 즉시 외부대신에 복직할 것이라면서 전권공사를 겸임시킨 것은 외교관의 자격을 갖게 하려는 데 불과하므로 교섭상 아무런 지장이 없으니 개의치 말라는 답변을 보냈다.[281]

이처럼 주일공사가 부재한 가운데 전권공사로 파견되었던 박제순은 일본의 정세를 파악하는 데 그쳤고, 한일동맹 등 양국의 현안문제에 관해서는 별다른 성과를 거두지 못하였다. 러시아가 한국과 일본 간의 밀착 움직임에 강력하게 반발했을 뿐 아니라 이를 의식한 일본정부 내에서 러일협상노선과 영일동맹노선이 대립하였기 때문이었다.[282] 하지만 그 이유 가운데 하나는 전권공사 박제순이 협약을 체결할 권한이 없었던 데에도 있었다.[283] 주일공사가 부재한 상태에서 한국정부는 양국 간의 현안문제가 발생했을 때, 이를 해결하기 위해 별도로 외교사절을 파견하는 편법

279 《일관기록》 16, 480쪽, 電 제34호; 503~504쪽, (2) No. 154.
280 《일관기록》 16, 486쪽, 전 제50호.
281 《일관기록》 16, 481쪽, 전 제35호.
282 모리야마, 앞의 책, 182~185쪽.
283 《일관기록》 16, 487쪽, 전 제52호.

을 단행했지만 제대로 성과를 거두지 못했던 것이다.

이용태는 10월 20일 전후 부임한다고 알려졌으나 궁중의 사정상 일본으로 가기가 매우 곤란해져서 교체된다는 풍문도 나돌았다.[284] 결국 그가 계속 부임하지 않은 상황에서 1902년 7월 24일 대리공사 유찬이 귀국하자, 정부는 일단 서기생 정해용에게 대리업무를 맡긴 다음 10월 24일 그를 참서관으로 승진시켜 임시대리공사로 임명하였다.[285] 그러자 고무라 외무대신은 불만을 노골적으로 표시하면서 하야시 공사에게 다음과 같이 정식 주일공사를 한국정부에 요청하라는 지시를 내렸다.

한국정부는 지금부터 3년 전 우리나라 주차공사로 조병식[성기운]을 잠시 주재하게 한 이래 한번도 정식 공사를 두지 않고 항상 서기관으로 하여금 사무를 대리시켰는데, 심할 때는 현재처럼 겨우 서기생 한 명으로 하여금 관무官務를 처리하게 하고 있다. 이에 반해 미국·러시아 두 나라에는 항상 정식 공사를 두어 일찍이 공석이 된 일이 없을 뿐만 아니라, 작년 이래 더욱 더 다른 구주국가들에 공사를 파견하고 있다. 가까이는 전 외부대신 박제순을 청국주차공사로 파견한 것 같이 그곳 조정의 일처리는 한·일 양국 간의 특수한 관계에 비추어 볼 때 자못 이상한 양상을 띠고 있다. 하긴 우리나라와는 거리도 가깝고 교섭은 대체로 서울에서 처리되고 있으므로 실제로는 그다지 차이가 없는 것으로도 보이지만, 우리와 한국의 관계는 다른 구미국가들과 동일시되어서는 안 되는 데도 불구하고, 한국이 수교하는 데 이상과

---

284 《東京日日新聞》, 1902년 11월 1일자, 〈駐日公使の出發に就て〉.

285 《주일공사관일기》, 1902년 7월 18, 26일자; 《승정원일기》, 1902년 9월 23일조; 《일관기록》 18, 250쪽, 래전 제62호.

같이 앞뒤가 안 맞는 조치를 취하는 것은 우리나라를 경시하는 것으로 오래 도록 불문에 붙일 수 없음은 물론이다. 또한 우리 외교의 이익에서 고려해 보면, 무릇 외국주재 사신의 전보 한 통이 때로 한국 황제에게 이상한 효력 을 발휘하는 것을 왕왕 본 것이 사실이다. 그럼에도 지금과 같이 우리나라 에 상주하는 공사가 없어서 이 때문에 혹은 외교상 조종할 수 있는 좋은 기회를 놓치는 일도 있을 것이며, 이것저것 대단히 형편이 좋지 못할 사항 도 있을 것이므로 차제에 조속히 상당한 인물을 선정하여 정식의 공사로서 우리나라에 상주시킴으로써 현재의 문제점을 보완해야 하는 뜻을 엄중히 한국정부에 교섭하시기 바란다.

하긴 종래 우리나라 주차 한국 공사의 지위는 외교상의 일처리 외에 유학생 의 관리 등 몹시 귀찮은 사항도 있어 이로 인해 자진해서 그 임무를 맡으려 고 하는 자가 적다. 공사 자리가 오래도록 비게 된 것도 필경 이런 이유에 기인하는 점도 있다고 생각된다. 여기에 덧붙여 일찍이 말씀드린 유학생 처분의 사항도 아울러 아무쪼록 결정을 보고자 한다. 실은 그 후 한국 공사 관에서 또다시 다이이치은행第一銀行으로부터 3,000원을 빌려 겨우 일시 적인 위기를 벗어날 수 있었는데 이같은 것은 임시변통의 수단에 불과하며 그 일에 대해 조속히 단호한 처분을 결정해야 한다는 뜻을 아울러 제의하시 기 바라며 이를 말씀드린다.[286]

요컨대, 미국·러시아에는 항상 정식공사를 주재시키고 유럽주재공 사를 파견하며 청국에도 비중 있는 인물을 파견한 데 비해 주일공사는 2~3년 전 조병식과 성기운이 잠시 주차한 이래 오랫동안 공석인 데다가

286 《일관기록》 18, 98~99쪽, 기밀송 제67호.

서기생 혼자 근무하고 있다는 것, 이러한 상황은 비록 양국의 교섭이 서울에서 이뤄지고 있지만 양국의 특수관계를 고려하면 매우 이상한 사태로서 일본을 경시하는 조치라는 것, 상주공사의 부재로 말미암아 외교상 조종할 수 있는 기회를 놓쳐버릴 염려가 있다는 것, 주일공사는 외교 외의 문제로 기피대상이 되었지만 유학생문제 등 현안을 처리하기 위해 조속히 상당한 인물을 주일공사로 파견해달라고 요청하라는 것 등이다.

10월 16일 하야시 공사는 즉각 한국정부에 위 훈령의 취지를 담아 일본 천황의 천장절 행사에 정식공사를 파견하여 양국의 우의를 돈독하게 해달라고 강력하게 요구하였다.[287] 하야시는 주일공사직은 유학생 뒤처리 뿐 아니라 망명자와의 구설수 혹은 연루설에 휘말리는 경우가 적지 않아서 고종의 신임을 받고 있는 자는 임명을 받아도 부임하기를 꺼려하지만, 그렇다고 신임을 받지 못하는 자를 임명하기도 힘들다고 판단하고 있었다.[288] 따라서 그는 현재 서기생이 공사관의 업무를 처리하는 상황에서는 작년처럼 천장절 의식에 참석하지 못할 것이므로 그러한 일이 되풀이 되지 않도록 하기 위해서라도 주일공사를 파견해달라고 요청했던 것이다. 이에 주일공사 파견의 필요성을 느끼고 있던 고종도 이용태를 불

---

287 《일관기록》 14, 282쪽, (21); 《일관기록》 18, 268~269쪽, 제161호; 165~166쪽, 왕전 제145호.
288 고무라·하야시뿐만 아니라 주한일본공사관의 하기와라 역시 망명자 및 유학생 처리문제로 말미암아 주일공사로 부임하기를 꺼려한다고 파악하였다. 《일관기록》 20, 226~227쪽, 기밀 제4호. 또한 현광호, 앞의 책(2007), 177쪽 참조.

러 속히 부임하라고 명했지만, 그는 부친의 와병 등 가족문제로 천장절 전에 부임하기 어렵다는 사정을 아뢰었기 때문에 서기생 정해용을 참서 관으로 등용해서 임시대리공사에 취임하도록 조치했다고 한다.[289]

또한 이용태는 하야시를 직접 방문해서 러시아 사신 베베르의 도착을 계기로 친러파들이 뭔가를 도모하는 듯하기 때문에 그 실체가 밝혀질 때까지 출발하기가 어렵다면서 아마 11월 초순에는 부임하게 될 것이라 고 말하였다. 이어 그는 측근을 하야시에게 보내 지난번에 말한 것은 모두 표면상의 이유이고 실질상으로 부임과 동시에 자신의 현직인 평리 원재판장平理院裁判長직을 내놓게 될 경우, 그 자리가 이용익李容翊에 게 돌아갈 것을 염려한 정부와 궁중의 관리들이 자신의 출발을 만류하면 서 고종 측근에게 주선한 탓에 부임이 연기된 것이라고 해명하였다. 그 러나 하야시는 이용태의 주장이 거짓이며, 주일공사로 부임할 경우 세 력을 잃게 될까 염려해서 백방으로 구실을 만들어 회피하려는 것이라고 단정하였다. 이용태의 부임은 전혀 실현 가능성이 없다는 것이다.

따라서 하야시는 이용태에게 대리공사의 임명은 여러 나라가 취하고 있는 관례에 어긋나 일본정부에 불쾌감을 주었을 것이라는 뜻을 비쳐두 었다. 아울러 그는 이러한 조치를 방치할 경우 한국정부는 대리공사의 임명을 구실삼아 "그들이 가장 잘하는 지연작전"으로 나오리라고 예상되 므로 일본정부가 고종에게 다른 인물을 파견하라고 독촉할 것, 대리공사 의 취임을 임시로 편의를 보아주었다고 알릴 것, 적절한 기한 안에 반드

---

[289] 《일관기록》 18, 57~59쪽, 기밀 제128호.

시 정식 공사의 취임을 바라고 있다는 요망사항을 대리공사에게 직접 성명해줄 것 등 압박방안을 내놓았다.[290]

실제로 향후 일본 측의 대응은 하야시의 방안대로 진행되었다. 11월 4일 외부대신 조병식은 이용태의 미부임으로 양국의 교제와 상무商務에 지장이 있었다고 인정하면서 일본에 "오랫동안 주재하여 민첩하게 일을 처리"한 정해용을 임시대리공사로 임명한 것에 대해 양해를 구하였다.[291] 이에 하야시는 국제적인 일반의 예규에 비추어 매우 유감스럽다면서 부득이한 조처라 인정하고 더 이상 거론하지 않겠지만, 이러한 상태가 지속되지 않도록 빨리 정임正任공사를 파견해달라고 답변했던 것이다.[292] 아울러 그는 고무라에게 주일공사의 조속한 파견을 정해용에게 요청해달라는 공문을 보냈다.[293] 그리고 12월 27일 주한대리공사 하기와라 슈이치萩原守一도 주일공사를 파견할 기미가 보이지 않는 것은 한국 정부가 양국의 우의를 경시하는 것이라고 간주하면서, 일본정부가 신년 축하 폐견에 자신의 진궁헌축進宮獻祝을 정지시킬지도 모른다고 압박의 강도를 높여나갔다.[294] 결국 이에 굴복해서 12월 29일 정부는 김승규金昇圭를 궁내부특진관에 임명하였다가 곧 신임 주일공사로 발탁하였다.[295]

●

290 《일관기록》 18, 57~59쪽, 기밀 제128호.
291 《일관기록》 18, 261쪽, 조복 제125호.
292 《일관기록》 18, 271쪽, 공문 제171호.
293 《일관기록》 18, 60쪽, 기밀 제131호.
294 《일관기록》 18, 273~274쪽, (14).
295 《일관기록》 18, 276~277쪽, 공문 제206호; 《고종실록》, 1902년 12월 29일조. 조병식이

하기와라는 김승규에 대해 "문지門地가 높고 양반이지만 종래 그다지 눈에 띌 만한 관직에 나아간 적이 없다. 하지만 끊임없이 궁중에서 상당한 관직을 가졌으며, 특히 부령연대장副領聯隊長으로서 거의 3년간이나 봉직하고 있어서 한국 황제의 신용이 각별함은 물론 제2, 3류의 인물임을 면한 자"라고 평가하였다. 아울러 하기와라는 김승규의 지위 및 경력이 주일공사로서는 부족하다는 의견도 일부 있는데다가 아직 직책을 수락하지 않았기 때문에 부임 여부가 확실치 않다고 우려를 표명하면서 그의 거부에 관계없이 가능한 한 파견토록 하는 데 전력을 기울였다.[296]

일본의 여론도 주한일본공사의 적극적인 요구가 받아들여져 김승규가 새로 주일공사에 임명되었다고 환영하면서 "전 좌의정 김병학金炳學의 아들로서 한국의 문지일 뿐 아니라 종래 붕당에 참여한 적이 없어 매우 온화한 인물이다"라고 평하였다. 아울러 그가 처음에는 부임하기를 주저했지만 1월 30일 서울을 출발할 것이라고 덧붙였다.[297] 그러나 하기와라가 염려한 바대로 김승규는 세 차례에 걸친 고종의 독촉에도

---

●

김승규의 주일공사 임명을 통보하면서 "1월 1일 궁궐에 나아가 축하하는 것은 으레 각국 사신이면 일정하게 행하는 예의입니다. 어찌 한두 가지 미결된 일로 갑자기 정지할 것을 의논할 수 있겠습니까?"라고 덧붙인 점, 또 하기와라에게 "각국 사신이 (신년하례의) 알현을 하지 않는 일이 생기게 되면 자신은 폐하로부터 重譴責을 받을 것이므로 그러한 일이 없기를 희망한다"고 말했던 점 등으로 미루어, 하기와라의 강경책이 일단 주효했던 것으로 여겨진다. 《일관기록》 18, 263쪽, (25); 191~192쪽, 왕전 제207호.

296 《일관기록》 20, 226~227쪽, 기밀 제4호.

297 《東京日日新聞》, 1903년 1월 21일자, 〈本邦公使の要求容れらる〉; 24일자, 〈韓國公使の來任期〉; 27일자. 〈不法徵稅問題の落着と駐日公使の赴任〉

불구하고 개인사정을 내세워 부임하지 않았기 때문에 1903년 2월 9일 면직되었다. 하지만 두 달여 뒤인 3월 19일 고종은 그에 대한 징계를 특별히 사면하면서 궁내부특진관으로 발탁한 데 이어 그 다음날 일본 제5차 박람회 관람위원장으로 임용하였다.[298] 이로써 미뤄볼 때, 그의 주일공사 임명은 하기와라의 신년하례식 불참 압박을 일시적으로 모면 하고 일본 측의 불만을 누그러뜨리려는 방편—'지연작전'—에 지나지 않았던 것으로 보인다.


## 2 — 고영희의 임면 배경 및 경위

김승규가 면직된 지 하루 뒤인 1903년 2월 10일 학부협판 고영희가 주일공사로 임명되었다. 주일공사로 임명되었던 이용태·김승규가 부임하지 않아 일본의 강력한 항의가 거듭되었던 상황을 의식한 탓인지 2월 12일 외부대신 이하영은 일본공사관 측에 고영희가 머지않아 일본 으로 출발할 것이라고 통보해주었다.[299] 실제로 2월 16일 고영희는 고종을 사폐하고 인천으로 가서 그 다음날 다테가미마루立神丸 편으로 부임 길에 올랐다.[300] 그의 임명에서 파견까지 불과 일주일밖에 걸리지 않았

---

[298] 그는 3월 28일 오사카박람회에 참가하기 위해 치쿠고가와마루로 인천을 떠났다. 《고종실록》, 1903년 2월 9일, 3월 19, 20일조; 《東京日日新聞》, 1903년 4월 9일자 〈雜組〉.

[299] 《일관기록》 21, 259쪽, 왕전 제51호; 《일관기록》 20, 377~378쪽, 발 제21호.

[300] 《일관기록》 21, 263쪽, 왕전 제61호.

을 정도로 매우 신속하게 진행되었던 것이다.

고종은 고영희를 알현하는 자리에서 공사 파견이 오히려 늦은 감이 있다면서 일본에 주재했던 경험이 있어 사무에 익숙하니 유학생 송환 등을 일본과 잘 교섭하도록 하라고 당부하였다.[301] 이처럼 그는 수신사 김기수·조사시찰단 홍영식·보빙대사 의화군의 수원으로 일본을 방문했을 뿐 아니라 1895년 주일공사직을 역임했던 '일본통'이었기 때문에 발탁되었던 것이다. 따라서 양국관계가 원활치 못한 상황에서 일본의 정세를 정확하게 파악하고 능동적으로 대처할 능력을 지녔던 그가 서둘러 급파되었다고 여겨진다.

고영희의 파일에 대해 일본 측도 긍정적인 반응을 나타냈다. 하야시 공사는 고영희가 "성실한 인물이므로 가능한 한 편의를 제공해주기를 희망"한다면서 유학생에 관한 다이이치은행의 상환대금은 원리 모두 브라운J. McLeavy Brown이 반환하기로 결정하였으니 그의 임무인 유학생 송환에 적극 협조해달라고 보고하였다.[302] 또한 일본 언론도 그는 지난번 주일공사로서 재임 중 평판이 좋고 매우 공정한 사람이며, 주일공사는 늘 망명자와 연루 혐의를 받기 때문에 주저하는 자가 많지만 그는 그 임무를 맡기에 적당한 인물이므로 한·일 양국을 위해 더욱 돈후敦厚를 증가시킬 것이라는 기사를 게재하였다.[303]

●

---

301 《승정원일기》, 1903년 1월 19일; 《고종실록》 1903년 2월 16일조.

302 《일관기록》 21, 263쪽, 왕전 제61호. 第一銀行 서울출장소는 고영희의 여비 및 경비로 3만 원, 일본유학생 비용으로 27,924원을 받았다고 전해진다. 《東京日日新聞》, 1903년 2월 18일자, 〈駐日公使の出發〉.

고영희는 수원 고희성高義誠·박기준朴基駿·서기생 조성흡趙性翕·인동식印東植 등과 함께 인천을 떠나 2월 22일 정오 고베에 도착해서 니시무라여관에 묵으면서 휴식을 취한 뒤 오후 6시 24분 산노미야三宮역에서 기차로 출발하여 그 다음날 도쿄에 도착하였다.[304] 그보다 앞서 서울을 출발했던 참서관 유찬 역시 2월 18일에 공사관에 부임함으로써[305] 모처럼 만에 주일공사관다운 면모를 갖추게 되었다. 이어 3월 9일 고영희는 유찬 등을 대동하고 일본 천황에게 국서를 봉정하였다.[306]

그러나 일본 측이 고영희의 부임에 걸었던 기대와는 달리 그 역시 일본에 오래 머물지 않았다. 그의 일본행을 전후해서 러시아가 만주와 한국에서 우위를 확보할 목적으로 '전진정책'을 펼치면서 한국의 주변정세가 급변해갔기 때문이다. 급기야 러시아의 용암포 조차 요구로 러일 양국 간의 갈등과 대립이 고조되는 상황에서 1903년 6월 러시아 육군대신 쿠로파트킨Aleksei Nikolaevich Kuropatkin의 방일을 계기로 만환교환설 혹은 한국분할설 등 한국을 둘러싼 러일협상설이 국내외에 파다하게 퍼졌다. 고종으로부터 그 진상을 신속하게 보고하라는 지시를 받은 고영희는 일본이 대러 개전을 결정했다고 보고했다.[307] 이에 놀란 고종은 8월

●

303 《東京日日新聞》, 1903년 2월 20일자, 〈駐日公使の選任〉.

304 《주일공사관일기》, 1903년 2월 23일자; 《東京日日新聞》, 1903년 2월 24일자, 〈新任駐日韓國公使の着神〉.

305 《주일공사관일기》, 1903년 2월 17, 18일자; 《東京日日新聞》, 1903년 2월 18일자, 〈韓國代理公使の來着〉.

306 《주일공사관일기》, 1903년 3월 9일자; 《東京日日新聞》, 1903년 3월 10일자, 〈國書奉呈〉; 《황성신문》, 1903년 3월 14일자 잡보.

현영운과 현상건을 특사로 일본과 유럽에 파견해서 한국의 중립화 가능성을 타진함과 동시에 주일·주러공사에게 양국 정부로부터 한국의 중립에 대해 보장을 받아내라는 훈령을 보냈다.[308]

하야시 공사는 도쿄에 정임 한국공사가 주재하고 서울에 자신이 있는데도 현영운을 특사로 파견한 조치는 긴급상황 시 고종이 취해온 '관용정략'이라고 부정적·비판적인 반응을 보였다.[309] 또한 9월 3일 고영희로부터 한국의 중립보장을 요구하는 공문을 받은 고무라 외무대신 역시 이처럼 중대한 문제를 단순히 항간의 풍설에 근거해서 결정할 수 없다고 일축한 다음, 개인의 자격을 전제로 중립국이 되려면 먼저 황실평안·재정쇄신·병제개혁 등을 실시해서 국력의 충실·국가의 부강을 도모해야 된다고 충고하였다. 이어 그는 일본은 원래부터 한국 황실의 영구존속을 옹호할 각오가 되어 있으며, 재정·병제를 원조할 용의가 있다고 한일동맹의 가능성을 은근히 내비추면서 망명자문제를 들춰냈다.[310]

이러한 상황 아래 10월 22일 고영희는 고무라 외무대신을 방문했는데, 아마도 자신의 귀국을 통보했던 것 같다.[311] 10월 26일 고무라가 하야시에게 고영희가 긴급하게 귀국하게 된 이유를 보고하라는 전보를 황급히

●

307 《일관기록》 21, 309~310쪽, 왕전 제177호.
308 현광호, 앞의 책(2002), 68~69, 117~118쪽; 앞의 책(2007), 261~262쪽; 서영희, 앞의 책, 159~160쪽.
309 《일관기록》 21, 329쪽, 왕전 제229호.
310 《일관기록》 20, 336~338쪽, 기밀송 제77호; 모리야마, 앞의 책, 192쪽.
311 《東京日日新聞》, 1903년 10월 23일자, 〈韓國公使の訪問〉.

보냈기 때문이다.[312] 하야시는 고영희가 병 때문에 귀국을 요청해서 허락을 받았고 귀국 후 탁지부협판에 임명될 것이라고 답변하였다. 아울러 그는 현재 상중에 있는 이지용李址鎔을 출사시키려는 책략으로 주일 공사로 임명하려고 한다면서 그 경우 이지용은 부임하지 않고 다시 후임 공사를 임명하게 될 것이라고 보고하였다.[313]

하야시의 보고 내용대로 고영희는 10월 27일 도쿄를 출발하여 귀국길에 올라 고베·나가사키를 거쳐 11월 3일 인천에 도착했고, 그 다음날 서울로 들어왔다.[314] 또한 10월 28일 고영희는 탁지부협판에, 이지용은 기복起復을 명받아 주일공사에 각각 임명되었다. 이처럼 고영희가 도쿄를 떠난 다음날 탁지부협판에 임명된 사실로 미루어 정부는 그에게 명목상 휴가를 허락했지만 실질상 재부임시키지 않을 것을 전제로 귀국하라고 조치했음을 알 수 있다. 따라서 그가 인천에 도착했던 11월 3일 비록 외부의 전보 훈령으로 휴가를 허락했더라도 곧바로 귀국한 것은 경솔했다는 이유로 주일공사직을 면직시킨 조치는 일본 측의 불만을 무마시키려는 제스처였다고 여겨진다.[315] 곧이어 11월 20일 고영희에 대한 징계

●

312 《일관기록》 20, 456쪽, 래전 제177호.
313 《일관기록》 21, 390쪽, 왕전 제383호.
314 그는 수원 박기준과 서기생 인동식을 대동하고 10월 27일 오후 6시 기차를 타서 28일 정오 고베에 도착한 뒤 다이렌마루大連丸에 탑승해서 10월 31일 나가사키를 거쳐 귀국하였다. 《주일래거안》 9, 보고 제25호, 1903년 10월 27일; 《東京日日新聞》, 1903년 10월 30일자, 〈朝鮮公使の歸國〉; 11월 1일자, 〈韓國公使の長岐出發〉; 17일자, 〈駐日公使の選任〉; 《일관기록》 21, 53쪽, 래전 제131호.
315 《고종실록》, 1903년 10월 28일, 11월 3일조; 《일관기록》 21, 393쪽, 왕전 제393호.

처벌을 해제시킨 뒤 12월 5일 탁지부협판에 임명한 것이나, 12월 8일 고영희가 외부의 훈령이 내려와 휴가를 받아 빨리 귀국하는 바람에 공사 직무를 제대로 수행하지 못했으므로 처벌해달라는 상소를 올렸던 것도 일종의 요식행위에 지나지 않았다.[316] 그의 실질적인 귀국 목적은 러·일 간의 긴장 고조에 대한 일본정부의 동향을 정확히 보고하는 데 있었기 때문 이다.

---

[316] 《고종실록》, 1903년 11월 20일, 12월 5일조; 《승정원일기》, 1903년 10월 20일조.

# 10

—

## 조민희의 임면과정

—

—

　고영희의 후임으로 임명된 이지용은 일본 측의 예견대로 여러 차례 사
직소를 올렸으나 받아들여지지 않았고, 1903년 12월 23일 오히려 외부
대신 임시서리를 겸임하게 되었다.[317] 더 이상 이지용의 부임이 어려워지
자 12월 31일에 정부는 주미공사 조민희趙民熙를 주일공사로 임명한 뒤
현지에서 즉시 일본으로 부임하라는 지시를 내렸다.[318] 이에 1904년 2월
15일 조민희는 주미서기생 홍종무洪鍾懋, 주미 전 참서관 이승구李升九,
전 서기생 한치유韓致愈 등을 대동하고 워싱턴을 출발해서 3월 9일 주일
공사관에 도착하였다. 이보다 앞선 3월 1일 참서관 한기준韓基準은 조민
희에게 전달할 국서 등 신임공사에게 필요한 관련문서를 갖고 공사관에

●

[317] 《東京日日新聞》, 1903년 11월 12일자, 〈駐日公使の辭表〉; 17일자, 〈駐日公使の選任〉;
　　《고종실록》, 1903년 12월 23일조.
[318] 《고종실록》, 1903년 12월 31일조; 《일관기록》 24, 64쪽, 조회 제6호; 《일관기록》 22,
　　296쪽, 발 제8호, 1904년 1월 12일.

와 있었다.[319] 조민희는 3월 18일 참서관 현보운玄普運·한기준, 그리고 반일정책을 추진하다가 한일의정서 강제 조인 후 납치된 육군참장 이용익 등과 함께 일본 천황에게 국서를 봉정했으며, 이후 귀족원 중의원 개회식에 참석하고 일본 외무성으로부터 전달받은 러일교섭 왕복안을 발송하는 등 공사로서 활동을 개시하였다.[320]

그 사이 한일관계에는 엄청난 변화가 일어나고 있었다. 러·일 양국의 교섭이 결렬되고 개전 가능성이 고조되자 이에 대비해서 1904년 1월 21일 정부는 대내외에 중립을 선언하였다. 그럼에도 일본은 이를 무시한 채 2월 8일 인천항에서 러시아함대를 격침시킨 다음 서울을 불법 점령했으며, 23일 시정개선을 명목으로 일본군의 한국주둔권을 확보한 한일의정서를 강제로 맺어버렸다. 이로써 미루어 볼 때, 고종은 2년 여간 주미공사로 근무해서 외교 경험이 풍부하고 문벌도 높았던 조민희를 주일공사로 발탁함으로써 대일협상력을 강화하려 했던 것으로 추측된다.

그러나 예상외로 빨리 일본의 군사적 침략이 자행되자 3월 31일 고종은 조민희를 해임하는 대신 현영운을 군부협판에 긴급 임명한 다음 주일공사로 임명하였다.[321] 3월 18일 한일의정서 체결 후 대한정책의 방향을 수립하기 위해 방한한 이토가 시정개혁을 권고하고 돌아간 뒤, 3월 31일 고종은 일본의 상황을 탐색하고 그 대응책을 강구하기 위해 이토 등 일본

---

319 《주일공관일기》, 1904년 3월 9일자; 《주일래거안》 10, 보고 제5호, 1904년 3월 10일.
320 《주일공관일기》, 1904년 3월 18, 20, 23, 24일자; 《東京日日新聞》, 1904년 3월 16자, 〈國書奉呈式〉; 19일자, 〈國書奉呈式〉.
321 《승정원일기》, 1904년 2월 15일조; 《고종실록》, 1904년 3월 31일조.

측 인사들과 우호적인 관계를 맺고 있던 현영운으로 하여금 보빙대사 이지용의 1등 수행원으로 내보내려다가 여의치 않자 그를 전격적으로 주일 공사로 발탁했다는 것이다. 하지만 그의 중인신분을 빌미로 이지용을 비롯한 대신들이 크게 반발하는 바람에 그의 부임은 좌절되고 말았다.[322]

뿐만 아니라 현영운의 주일공사 임명이 취소된 데에는 하야시 공사의 반대공작도 영향을 끼쳤다. 그는 한국의 예전 상황에 비추어 현영운의 자격에 굳이 시비를 걸 바는 아니지만, 그의 인격과 일반의 호오好惡 느낌에서 이러한 조치가 좋을 리가 없으므로 일본정부가 이를 받아들여야 할지, 혹 그렇지 않을 경우 모양 좋게 그로 하여금 사직하도록 계획을 짜야할 것이라면서 고무라 외무대신의 의견을 구하였다.[323] 이에 고무라는 현영운이 주일공사로서 '불충분'하니 하야시의 의견에 찬동하며, 이용익의 공사 취임에 대해서는 이의가 없지만, 이처럼 빈번하게 공사를 경질하는 것은 국제 예의를 중시하지 않는 것이므로 향후 고종의 신용이 두텁고 가능한 한 오랫동안 주재할 수 있는 인물을 임명하도록 청원하라는 답변을 내놓았다.[324] 4월 3일 하야시는 현영운을 "불시에 격외지승차格外之陞差로 주일공사를 시키시는 것이 남의 지목도 되고 또한 시기도 있어" 장래 그에게 이로울 것이 없으니 속히 상소·사퇴하는 것이 마땅하다는 등 고무라의 지시 내용을 담은 상주문을 고종에게 올렸다.[325]

322 서영희, 앞의 책, 90, 275~278쪽.
323 《일관기록》 23, 223~224쪽, 왕전 제338호.
324 《일관기록》 23, 49쪽, 래전 제155호.

이처럼 현영운의 주일공사 발탁에 대한 대내외의 반대여론에 부딪히자 고종은 4월 3일로 예정된 그의 출발을 보류하였고,[326] 4월 4일 조민희에게 유임 명령을 전보로 통보해준 데 이어[327] 4월 7일 공식적으로 조민희를 재차 주일공사로 임명하지 않을 수 없었다. 4월 2일 귀국을 준비하던 조민희는 6일에 유임 통보를 받고 7일 이 사실을 외무성에 알려주었다.[328] 결국 조민희가 일본에 부임한 지 한 달도 되지 않아 현영운으로 교체하려던 고종의 조치는 그 의도를 차치하더라도 대내외에 자신의 권위를 실추시켰을 뿐 아니라 당시 가장 중시해야 할 대일외교에 혼선과 차질을 초래한 셈이다.

이후 고종은 긴박하게 돌아가는 일본의 동향을 파악하고 한국 내정에 깊숙이 간섭하고 있는 하야시 공사의 견제 혹은 소환책을 모색하기 위해 보빙대사 이지용과 시찰단장 민병석 등을 잇달아 일본에 파견하였다. 그러나 일본은 이에 아랑곳하지 않은 채 러일전쟁의 전황이 자국에게 유리하게 돌아가자 한국의 보호국화를 본격적으로 진행시켜 나갔다. 이를 위해 일본은 한국주재 외교사절을 철수시키고 외국주재 한국공사관을 폐쇄함으로써 한국의 대외통로를 차단시키는 데 심혈을 기울였다. 아울러 8월 22일에는 제1차 한일협약을 강제로 체결함으로써 한국의

---

325 《일관기록》 24, 194쪽, (22) 상주문.

326 《東京日日新聞》, 1904년 4월 4일자, 〈駐日公使赴任の見合〉; 5일자, 〈駐日公使赴任せず〉.

327 《일관기록》 23, 226쪽, 왕전 제350호.

328 《주일공관일기》, 1904년 4월 2, 7일자; 《일관기록》 23, 49쪽, 래전 제155호.

재정·외교권 장악에 박차를 가하였다. 바로 그 직전인 8월 18일 조민희가 귀국했던 것도 이러한 상황 변화와 무관하지 않았을 것이다.[329]

실제로 조민희는 국내 체재 중 반일 외교를 펼쳤다. 그는 귀국 후 고종에게 자신이 주미공사 퇴임 직전 국무장관 헤이John Hay가 러·일 간의 불화로 한국이 곤경에 처할 경우 지원해주겠다는 의사를 표시한 적이 있다고 말하였다. 이에 고무된 고종은 현실적으로 신임 주미공사를 파견할 수 없다고 판단하자, 컬럼비아 대학 총장이자 주미 한국공사관의 고문인 니담Charles W. Needham을 통해 헤이 국무장관에게 밀서를 전달하려는 전략을 채택하고 조민희로 하여금 밀서를 작성하라는 훈령을 내렸다.[330] 9월 30일자로 조민희는 니담 앞으로 헤이의 언급을 상기시킨 다음 일본의 한국의 내정과 외교 장악으로 상실될지도 모를 한국의 독립과 황실의 보전을 유지할 수 있도록 미국 대통령과 국무장관에게 부탁해 달라는 내용의 밀서를 작성하였다. 아울러 그는 주한 미국공사 알렌을 찾아가 밀서를 작성한 배경을 설명하고 밀서의 번역을 의뢰하였다. 알렌은 즉시 밀서를 동봉해서 한국정부의 시도를 헤이에게 보고하였다.[331]

이 밀서가 언제 어떠한 경로를 통해 니담에게 전달되었는지는 알 수

---

[329] 그는 8월 4일 외무대신을 방문한 데 이어 8일 오이소大磯로 이토를 방문했고, 16일 참서관 현보운을 임시대리공사로 임명한다고 외무성에 통보했으며, 총리대신 등에게 고별인사를 한 뒤 8월 18일 참서관 한치유를 대동하고 도쿄를 출발하였다. 《주일공관일기》, 1904년 8월 4, 5, 16, 18일자; 《東京日日新聞》, 1904년 8월 19일자, 〈駐日韓國公使歸國〉.

[330] *Korean-American Relations* Ⅲ, p.189, No.799. 1904년 9월 30일.

[331] *Korean-American Relations* Ⅲ, pp.189~190, No.799. 1904년 8월 30일.

없다. 다만 주한공사 하야시의 해외주재 한국공사관 폐쇄 조치를 거부한 채 조민희가 일본으로 부임하기 위해 서울을 출발했던 10월 25일 이전에 밀서를 발송했을 가능성이 크다고 추측된다.[332] 조민희의 의뢰를 받은 니담은 12월 21일 헤이를 방문하여 미국정부가 현존하는 조약과 저촉되지 않는 범위 내에서 영향력을 행사해달라는 고종의 희망사항을 구두로 전달하였다. 이때 헤이는 니담의 전언을 매우 정중하게 받아들이면서 한국에 깊은 관심을 표명하였다. 그 다음날인 12월 22일 니담은 헤이에게 동정적인 반응을 얻었다는 사실을 서면으로 작성해서 주미 한국공사관을 통해 주일공사 조민희에게 보냈다.[333] 그러나 니담의 보고 내용과는 달리 미국정부는 한국의 독립을 위해 진력하겠다는 의사를 전혀 갖고 있지 않았기 때문에 조민희를 통한 밀서 외교는 실패로 돌아갈 수밖에 없었다.[334]

한편 우연의 일치인지 모르지만 조민희의 귀국 직후인 9월부터 하야시 공사는 해외공관의 철수를 본격적으로 추진하기 시작하였다.[335] 그는

●

332 서영희와 강성은은 12월 21일 니담이 헤이 국무장관을 만났던 사실을 근거로 1904년 말에 고종이 조민희에게 훈령을 내렸다고 파악했지만, 이는 9월 30일자 조민희의 서한을 알지 못한 탓에 비롯된 오류이다. 이 밀서건에 관해서는 나가타長田가 가장 상세하고도 정확하게 서술하고 있는데, 그 역시 조민희가 서한을 발송한 시점에 대해 언급하지 않았다. 長田彰文, 《セオドア・ルズベルトと韓國─韓國保護國化と米國─》, 未來社, 1992, 146~148쪽; 서영희, 앞의 책, 229~230쪽; 강성은 지음, 한철호 옮김, 《1905년 한국보호조약과 식민지 지배책임》, 선인, 2008, 79~80쪽.

333 《일외서》 38:1, 655~656쪽, #460 부속서; 《일관기록》 25, 406쪽, 기밀 제97호 별지.

334 長田彰文, 앞의 책, 147~148쪽; 《일외서》 38:1, 654쪽, #458; 655쪽, #459; 656쪽, #461.

335 일본의 해외 한국공사관 폐쇄에 대한 대략적인 과정은 서영희, 앞의 책, 200~207쪽 참조.

해외주재 공사관원들이 고종의 '허영虛榮' 정책에 근거해 파견되었으나 무용지물에 불과하다고 폄하하면서, '재정정리의 제1보'로써 점차 소환할 계획을 세우고 총세무사이자 재정고문인 영국인 브라운에게 상의하였다. 브라운은 현재 귀국휴가를 요청한 외교관들에게 여비 등을 지급해서 관원 한 명만을 남기고 연말까지 귀국토록 한 다음 재파견 및 후임자 임명을 중지하고, 잔류 관원 역시 내년에 주재국의 일본대표자에게 업무를 맡긴 뒤 철수시키자는 방안을 내놓았다. 하야시는 이에 대체로 동의하면서도 해외공관의 경비 송금 시기를 고려해서 조속히 시행하자는 브라운의 의견에 대해서는 일본정부의 입장을 난처하게 만들 여지가 있으므로 재정고문의 부임 후에 처리한다는 방안을 갖고 있었다.

또한 하야시는 현재 주러공사는 면직되었고 주일·영·미 3국 공사는 귀국했으므로 주불·독·청 3국 공사만 주재하고 있을 뿐인데, 앞으로 주일공사의 후임이 특별히 필요하지 않는 한 재파견을 요구하지 않으려고 작정하였다. 아울러 그는 이러한 자신의 계획을 주한 영·미국공사에게 알려주면서 은근히 동조를 이끌어냈으며, 고무라 외무대신에게도 조민희의 후임파견건을 한국정부에게 가능한 한 요구하지 않음으로써 타국 주재한국공사의 결원에 선례를 남기고 싶다는 의견을 피력하였다.[336]

실제로 하야시는 조민희를 파견하지 말라고 한국정부에 권유했지만, 고종은 조민희에게 천장절 전에 귀임하라는 칙명을 내리고 여비도 지급했으며, 10월 24일 이를 하야시에게 통보해주었다. 그 다음날인 10월

---

[336] 《일관기록》 22, 419~420쪽, 기밀 제83호.

25일 조민희는 참서관 한치유, 수원 이용문李容汶과 함께 서울을 출발하여 30일 도쿄에 도착하였다.[337] 이처럼 고종이 천장절 참석을 빌미로 조민희를 급파한 것은 하야시 공사 등 일본정부의 해외 한국공사관 폐쇄 시도에 불의의 일격을 가한 상징적 조치였다고 할 수 있다.

그러나 하야시의 반격도 만만치 않았다. 12월 8일 그는 고종을 알현한 자리에서 시정개선의 일환으로 해외주재 한국공사는 실제 필요가 없다는 뜻을 강력하게 주장하였다. 종래의 경험에 따르면 한국의 외교는 오로지 서울에서 항상 취급해왔고, 앞으로는 양국의 협약에 기초해서 일본정부도 그 상담에 응하게 되었으니 외국과의 외교사항은 서울 혹은 도쿄에서 교섭·해결하려고 하며, 따라서 엄청난 국비를 들여 외국에 외교관을 파견해둘 필요가 없다는 것이다. 아울러 그는 종래 한국공사들은 경비 부족으로 늘 곤란을 호소하고, 심지어는 부채를 끌어다 쓸 재원도 잃어버린 사태에 비추어 볼 때 오히려 이를 철퇴시키는 게 좋다면서 그렇게 할 경우 세비 약 50만 원을 삭감할 수 있다는 논리를 펼쳤다.[338] 이러한 그의 논조는 한국의 외교권을 박탈하려는 의도에서 나온 것이지만, 한국외교 혹은 해외공관의 실상을 나름대로 정확히 파악·지적한 측면도 있다는 점에서 시사해주는 바가 적지 않다.

더욱이 12월 27일 친일적 미국인 외교고문 스티븐스Durham. W. Stevens

---

337 《東京日日新聞》, 1904년 10월 27일자, 〈趙公使の歸任〉; 29일자, 〈謁見〉 및 〈趙公使の來着〉; 30일자, 〈趙公使の東上〉; 31일자, 〈韓國公使の着任〉; 《주일공사관일기》, 1904년 10월 30일자.
338 《일관기록》 22, 436~437쪽, 기밀 제122호.

가 부임한 것을 계기로 일본은 해외공관 폐쇄를 본격적으로 추진해나갔다. 1905년 1월 26일 고무라 외무대신은 청국주재 공사관원의 철수 조치를 시의 적절했다고 평가함과 동시에 다른 공관들의 철폐를 결행할 호기회로 삼으라는 지시를 내렸다.[339] 이에 따라 2월 26일 하야시 공사는 고종에게 한국공사의 소환을 재차 강요했고, 고종은 한일관계상 주일공사만은 그대로 주재시키고 싶다는 희망을 내비쳤다. 그러나 하야시는 단호하게 그럴 필요가 없다고 답하였다. 도쿄에는 공사 소환 후 적당한 시기에 고종의 대리자격을 지닌 사절을 임시 또는 영구히 파견하려는 계획을 갖고 있었기 때문이다.[340] 이에 대해 고무라는 고종이 주일공사의 주재를 강력하게 희망하므로 당분간 현 상태로 유지해도 괜찮다는 의견을 내놓았다.[341] 이는 고종에 대한 유화책의 일환이기도 하지만, 주일공사는 일본정부라는 독안에 든 쥐와 마찬가지로 언제든지 원하는 시기에 귀국시킬 수 있다는 자신감에서 비롯된 것으로 추측된다.

　주영 대리공사 이한응李漢應의 자살 등 외교관들의 저항과 반발에도 불구하고, 일본의 해외주재 한국공사관의 폐쇄는 착착 진행되었다. 특히 러일전쟁에서 승리가 예상되는 가운데 5월 28일 일본은 각의에서 한국보호국화를 추진하기로 결정하였고, 태프트-가츠라밀약·영일동맹·포츠머스강화회의 등을 통해 열강으로부터 한국지배권을 인정받은 뒤

---

339 《일외서》 38:1, 593쪽, #355.
340 《일관기록》 24, 318쪽 및 《일외서》 38:1, 594쪽, #357.
341 《일외서》 38:1, 594쪽, #358.

마침내 11월 17일 을사늑약을 강제로 체결함으로써 한국의 외교권을 완전히 박탈하였다.

이어 11월 22일 통감부 및 이사청 설치에 관한 칙령이 각의에서 결정되자 그 다음날 가츠라 다로桂太郎 임시외무대신은 하야시 공사에게 가능한 한 빨리 한국정부로 하여금 외부와 해외공관 폐지에 관한 칙령 발포를 촉구하라는 지시를 내렸다.[342] 이에 대해 오히려 하야시는 현재 한국의 상황에 비춰볼 때 법률·칙령을 발포하더라도 실제로 실행되지 않고 효력도 없으므로 이를 잠시 지연하는 것이 좋겠다는 의견을 피력하였다. 해외공관의 철폐에 관해서는 정부 내의 동요가 진정되면 되도록 빨리 폐쇄 칙령을 발포토록 함과 동시에 각국 주재 일본공사에게 훈령을 내려 주재국 정부와 협의한 뒤 철퇴시기를 정하고 공사 및 관원에게는 그 시기까지 급여와 귀국여비를 지불하며, 그 후에도 여전히 주재할 때에는 모든 비용은 자기의 책임으로 귀결된다는 뜻을 전해주고, 이렇게 귀국하더라도 한국정부에서 징벌조치를 취하지 않겠다고 일본공사가 보증하는 등의 절차를 밟는 방안을 제시했던 것이다.[343]

이러한 방침에 따라 12월 11일 일본정부는 을사늑약에 따른 당연한 결과로 해외주재 한국공사관을 철폐한다는 내용을 주재국 및 그곳의 한국공사에게 통고하라는 훈령을 발함과 동시에 고종으로 하여금 동일한 내용의 칙령을 각국에 알려주도록 조치를 취하라는 지시를 내렸다.[344]

●

[342] 《일관기록》 24, 392쪽, 내전 제289호; 393쪽, 來電歐無號.
[343] 《일관기록》 24, 398쪽, 왕전 제471호; 《일외서》 38:1, 610~611쪽, #390.

또한 12월 13일 가츠라 외무대신은 주일공사 조민희를 직접 관저로 불러 앞으로 한국의 외교관계 및 사무를 일본 외무성에서 감독·지휘하므로 주일한국공사관도 철퇴한다고 통고하였다.[345] 그 다음날 외부대신대리 이완용도 일본을 비롯해 독·프·미·청국주재 공사에게 철수하되, 그 기록 및 관유재산을 주재국의 일본공사—주일공사는 외무성—에게 넘기고 봉급 및 여비 등은 일본공사를 경유해서 신청하라는 뜻을 담은 훈령을 보냈다.[346] 그 결과 이토가 통감부 초대 통감으로 임명되었던 12월 21일, 주일공사 조민희가 도쿄를 출발하여 귀국길에 오름으로써 1887년부터 18년간 운영되어 왔던 주일공사관은 막을 내리고 말았다.

[344] 《일외서》 38:1, 613~615쪽, #397~400.

[345] 《일관기록》 24, 457쪽, 래전 제286호.

[346] 《일관기록》 24, 457~458쪽, 왕전 제514호.

고종이 민영준을 주일공사로 임명할 때 내린 훈유를 요약하면, 주일공사의 임무는 조·일 양국 간의 현안을 원
결·처리하여 친선관계를 유지할 것, 일본의 조선 정책과 동향에 관한 정보를 수집·파악할 것, 일본뿐 아니라
정세를 탐문하여 보고할 것 등이었다. 이는 외교관이 수행해야 할 일반적인 임무를 명시한 것이며, 그 후 파
주일공사에게도 거의 비슷한 지시가 내려졌다. 따라서 여기에서는 주일공사가 고종의 훈유를 바탕으로 어떤
활동을 벌였는가를 살펴보고자 한다.*

---

\* 주일공사는 중대사안에 대해서는 정부와 암호로 된 전문을 주고받았는데, 그 내용을 확인하지 못하였다.
　《駐日公使館日記》(규장각 15724), 1893년 7월 9~13일 참조.

제 2 부

# 주일공사의
# 활동

# 01

---

## 공사관 개설 초기(1887~1894)

---

---

### 1 — 조·일 양국 간의 현안 처리

#### 1) 치외법권조항 개정 교섭

조일수호조규 이래 조선이 외국과 체결한 조약들은 예외 없이 불평등 조약이었고, 그 대표적인 조항 가운데 하나가 바로 치외법권을 허용한 것이었다. 권재형은 만국공법에 비춰볼 때 외국관원에게 치외법권을 양여하는 것이 국권을 크게 손상시킨다고 깨닫게 되었다. 특히 그는 조선이 구미 국가들과 맺었던 조약에는 장래에 조선의 법률이 정돈되면 조선에서 외국인을 심판할 권리를 갖는다는 조항이 들어 있는 반면, 조일수호조규에는 이러한 치외법권 수회收回에 대한 명시가 없는 점에 불만을 품고 있었다. 그러던 중 1892년 10월 조선의 국권과 관련된 일본 농무성의 훈령을 접한 그는 일본 외무대신 무츠 무네미츠 등과 담판하여 이에 대한 개정을 촉구하였다. 이에 무츠는 후에 조선의 율례律例가 정돈되면 일본영사는 조선에서 일본국 인민을 심판할 권리를 거두어들일 것이라고 회답하였다. 그리하여 1893년 4월 23일 그는 이 사항을 외아문에 통보하고 조약의 미비점을 보완할 것을 건의하였다.[1] 그러나 곧이어 벌어진 청일전쟁과 일본군의 경복궁 점령으로 말미암아 치외법권을 개정하기 위한 논의는 더 이상 전개되지 않았다.

한편 치외법권조항의 개정과는 직접 관계가 없지만, 1894년 2월 22일 일본에서 이일직·권동수 등이 박영효를 암살하려다 실패한 사건은 일본 내 우리나라의 치외법권 행사를 둘러싸고 조·일 양국 간의 외교문제로 비화되었다는 점에서 주목할 만하다. 박영효 암살미수사건 직후 이일직은 일본 경시청에 체포되고 권동수 등은 주일 조선공사관으로 피신하였다. 이일직의 행낭 속에서 고종의 어보御寶가 찍힌 신임장이 들어 있었기 때문에 일본 경시청은 서리공사 유기환에게 권동수 등의 인도를 요청하였다. 이에 대해 유기환은 국제관례와 치외법권조항을 예로 들어 일본의 요청을 거절하였다. 그러자 외무대신 무츠는 조선주재 특명전권공사 오토리 게이스케를 시켜 신임장의 진위 여부를 질의케 하고 권동수 등의 인도를 요청하는 외교 절차를 밟았다. 그러나 조선정부로부터 정식 회답이 오기 전인 2월 28일 경시청의 경관들은 공사관에 들어와서 권동수 등을 강제로 끌고 가버렸다. 이러한 행위에 대해 당일 유기환은 "공사관을 예대禮待하는 상법에 어긋나고, 평화로운 교제의 도를 상실한 것"이니 앞으로 양국교섭사무를 논의할 수 없기 때문에 즉시 귀국할 것이라는 내용의 항의 서신을 무츠에게 보낸 뒤 2월 30일 귀국길에 올랐다.[2]

[1] 《통서일기》 3, 106쪽, 1893년 4월 23일자.

유기환과 함께 귀국했던 통역관 김낙준은 3월 2일(4/7) 오사카에서 《도쿄니치니치신문》과 가진 기자 회견에서, 유기환은 도쿄 출발 전 조선정부에 전보를 보내 귀국 허가를 받으려 했으나 배편 사정으로 귀국길에 올랐다고 밝혔다. 또 권동수 등을 인도해달라는 일본 외무대신의 조회가 있었지만, 그들을 공관 밖으로 추방할 경우 일본이 제멋대로 체포할 것이므로 유기환이 이를 거절했다고 설명해주었다. 그러나 일본 언론은 일본정부와 마찬가지로 유기환이 권동수 등을 은닉해주었을 뿐 아니라 그들의 체포에 항의해서 본국정부의 명령을 기다리지 않은 채 귀국한 행위를 비난·부각하는 데 역점을 두었다.[3]

일본정부는 유기환이 자신의 후임을 임명하지 않은 채 귀국한 사실을 꼬투리 삼아 조선공사관을 폐관하는 조치로 간주하고 다시는 공사관과 관계를 갖지 않겠다고 항의하면서 조속한 시일 내에 김사철이나 다른 인물을 일본으로 파견해서 유기환의 행동을 공식적으로 시정해달라고 강력히 요구하였다. 이에 3월 4일 외아문독판 조병직은 유기환이 정부의 명령을 받기 전에 대리공사를 임명하지 않은 채 귀국하였다고 변명하면서 서기관 김사순으로 하여금 공사관사무를 대리케 하였다고 알려주었다.[4] 결국 이 사건은 더 이상 외교적 갈등이 확대되기를 꺼려한 조·

2 《일외서》 27:1, 533~534쪽, #344; 《東京日日新聞》, 1894년 4월 7일자, 〈朝鮮公使の進退〉; 4월 10일자, 〈俞公使の書翰〉.

3 《東京日日新聞》, 1894년 4월 10일자, 〈俞箕煥氏の退去に就て〉. 또한 《大阪朝日新聞》, 1894년 4월 10일자, 〈朝鮮公使の歸國に就き〉 및 〈神戶に於ける俞公使〉 참조.

4 《일외서》 27:1, 538쪽, #349; 541쪽, #351; 543쪽, #352; 《일관기록》 4, 150쪽, (13); 《일

일 양국 측의 묵인으로 무마되었고, 4월 15일 권동수·권재수의 추방조치로 일단락 지어졌다.[5]

귀국 후 유기환은 민영준과 면담하는 자리에서, "조·일 양국의 정세는 병립할 수가 없다. 우리나라는 이미 내외의 권리를 잃고 일본에게 능모凌侮를 받았다. 화약和約 이래 태서 각국은 그렇지 않는데 오로지 일본만은 우리를 능멸하는 일이 매우 심하다"고 울분을 토로하였다. 일본 측이 공사관에 있는 권동수 등을 거리낌없이 체포한 것은 무례한 행위이며, 이처럼 공사로서 조정을 욕보이게 한 일을 당하고서는 잠시도 머무를 수 없었다는 것이다. 아울러 그는 우리도 하루빨리 치외법권을 가진 후 영사를 파견하여 우리나라 사람들을 재판토록 해야 한다고 주장하였다.[6]

## 2) 일본인의 울릉도 삼림채벌 징벌 요구

1887년 12월 울릉도 금벌감관禁伐監官 배계주裵季周는 나가사키 거주 일본인 스즈키鈴木가 문목紋木과 물푸레나무 71그루를 불법으로 벌목하였다고 외아문에 보고하였다. 이에 1888년 1월 외아문독판 조병식은 일본대리공사 곤도에게 그 사실을 통보·항의함과 동시에 주일 서리공사 김가진에게 일본 외무성과 나가사키재판소에 조회하여 범인의 징벌

---

관기록》 2, 154쪽, (8).

[5] 《일외서》 27:1, 538쪽, #349; 550쪽, #357; 552쪽, #359; 553쪽, #362.

[6] 《일외서》 27:1, 546~547쪽, #355.

과 목재의 환구를 요구하도록 지시하였다. 즉, 일본인의 울릉도 목재도벌은 조선의 '불통상구안不通常口岸'에서 벌목 및 밀매행위를 금지한 조일통상장정 제33관을 위반한 행위이므로 목재를 반환하고 해당 선장에게 50만 문文의 벌금을 물리도록 조처한 것이었다.[7]

이외에도 주일공사는 경원전선京元電線 파손 시 조속한 수선을 요청한 외무성의 문서를 전달해주었으며,[8] 방곡령 손해배상 담판 시 일본 외무성과 왕래한 문건을 정리하여 발송하거나 일본에서 직접 협상을 벌이자는 조선정부의 뜻을 외무성에 전달하는 등[9] 조·일 양국 간의 현안을 처리하였다.

### 3) 일본군의 파병 중지 교섭

1894년 초 동학농민전쟁의 발발을 빌미로 청·일 양국은 대규모의 군대를 조선에 파견하였다. 이에 당황한 외아문독판 조병직은 일본임시대리공사 스기무라 후카시에게 동학군이 패전하고 서울이 평온해졌으므로 파병 방침을 철회해달라고 요구함과 아울러 주일공사 김사철에게 일본외무대신에게 파병의 중지를 거듭 요청하는 전령을 보냈다.[10] 또한

7 《일안》 1, 500~502쪽, #1091.

8 《駐日來案》(규장각 18060) 및 《주일공사관일기》, 1893년 7월 5일자.

9 《통서일기》 3, 107쪽, 1893년 4월 23일자; 林明德, 《袁世凱與朝鮮》, 中央硏究院 近代史硏究所, 1972, 315쪽.

10 《일안》 2, 632~633쪽, #2834, #2835; 《통서일기》 3, 321쪽, 1894년 5월 5일자; 323쪽, 5월 7일자.

조병직은 동학군이 이미 무장해제하고 귀가하여 전라도가 안정을 되찾았다는 순변사 이원회의 보고에 근거해서 즉각 일본정부와 상의하여 조선주재 일본공사에게 호위병을 철거하라는 전칙을 보내라고 주일공사에게 전보하였다.[11] 이에 의거해서 5월 11일(6/14) 김사철은 외무성에 가서 30여분간 무츠 외무대신과 면담하였다.[12]

당시 일본은 동학농민군을 진압한다는 명분 아래 이미 대본영을 설치한 다음 5,000명이 넘는 일본군을 파견하여 서울 근처에 진지를 구축하면서 청국과의 일전만을 손꼽아 기다렸다. 따라서 농민군과 전주화약을 맺은 조선정부가 청·일 양국군의 철수를 강력히 요청했음에도, 조선을 침략하기 위해 청국과의 개전 명분을 찾는 데 광분하고 있었던 일본이 조선정부의 요구를 받아들일 리 만무하였다.

이러한 상황에서 급거 귀국한 김사철은 1894년 6월 3일 복명하는 자리에서 "일본군은 틀림없이 우리나라를 집어삼킬 수 없으며, 오직 불화의 씨를 만듦으로써 허세를 부리며 위협할 뿐입니다. 우리가 리理로써 견지하며 내정에 간섭하는 것을 허락하지 않는다면 그들 또한 어찌할 수 없을 것입니다"라고 보고하였다.[13] 이처럼 국가의 안위가 극도로 위

---

11 《통서일기》 3, 329쪽, 1894년 5월 15일자. 동학농민군이 전주를 점령했을 무렵 주일공사 김사철은 본국 정부로부터 아무런 연락을 받지 못했기 때문에 당시 정황을 제대로 파악할 수 없었다. 따라서 5월 2일(6/5) 그는 조선으로 급거 귀임하는 오토리 공사를 신바시 정류장에 전송하러 나가 그의 귀임 이유를 물어보고 조선 도착 후 상황을 알려달라고 부탁했다고 한다. 《讀賣新聞》, 1894년 6월 9일자, 〈大鳥公使と金公使との問答〉; 6월 16일자, 〈朝鮮政府と朝鮮公使館〉.

12 《讀賣新聞》, 1894년 6월 15일자, 〈朝鮮公使金思轍氏〉.

태로운 상황에서 대일 외교의 책임자로서 일본의 정세를 가장 정확하게 파악하고 있어야 할 김사철의 정세판단은 그야말로 판단착오가 아닐 수 없었다.[14] 그 후 18일 만에 그의 판단과는 정반대로 일본군은 무력으로 경복궁을 점령한 데 이어 청일전쟁을 일으켰으며, 조선을 보호국으로 만들려는 정책을 본격적으로 펼쳤다.


## 2 ─ 근대적 제도와 문물 수용

### 1) 교환국·전환국 관련 업무

주전 남발로 말미암은 통화문란과 물가등귀 등의 폐단을 시정하기 위해 조선정부는 전환국으로 하여금 은·동화폐를 주조케 함과 동시에 교환국을 설치하여 엽전·당오전 등과 구애 없이 통용하려는 정책을 입안하였다. 전환국은 신식화폐를 주조하고, 교환국은 구식화폐와 신식화폐를 교환하는 업무를 각각 담당케 함으로써 화폐제도를 개혁하고자 한 것이다. 이러한 계획을 추진하기 위해 일본에 파견된 안경수는 일본 제58은행장이자 오사카부회의장大阪府會議長 오미와 쵸베에를 교환국의

---

13 吳汝綸 編, 《李文忠公(鴻章)全書: 電稿》 16, 文海出版社(影印), 1965, 3932쪽.

14 그는 일본이 서양의 법을 수용하여 제도를 개편한 것에 대해 다소 부정적인 인식을 갖고 있었는데, 이러한 태도로 말미암아 일본의 실상을 제대로 파악하지 못했던 것이다. 《일성록》, 1893년 9월 16일조.

실질적인 책임자로 정부에 추천하였다.[15]

김가진의 부임 직후 오미와에 대한 고빙 교섭은 주일공사가 맡았다. 1891년 8월 초 김가진은 안경수와 만나 주전문제를 협의한 뒤,[16] 8월 4일부로 에노모토 다케아키榎本武揚 외무대신 앞으로 그에 대한 정식 초빙장을 보내 전달해줄 것을 요청했으며, 직접 오사카로 가서 그를 방문하고 초빙의 수락을 종용하였다. 이에 오미와는 김가진에게 신·구화폐의 교환뿐 아니라 신식화폐의 주조 및 신식화폐제도의 개정을 포함한 전환국과 교환국의 전권을 위임해달라는 조건을 제시하였고, 8월 20일 김가진은 이를 받아들였다. 그리하여 11월 16일 오미와는 정식으로 교환국 회판에 임명되기에 이르렀다. 취임 직후 그는 신식화폐의 주조 방법 및 기계 구입, 그리고 교환국 설치에 필요한 자금 조달 등을 일본정부 및 민간에 요청하기 위해 일본으로 건너갔다.[17] 이에 주일공사는 그의 업무에 관련된 사항을 힘써 도와주었지만 별다른 성과를 거두지 못하였다.[18]

한편 전환국은 신식화폐를 주조하기 위해 일본의 오사카제동회사製銅會社로부터 원료를 수입하였다. 그런데 1892년 10월 1일 제동회사가 전환국으로부터 주문받은 백은지금白銀地金 대·소형과 백동 및 동 등을 수송하는 과정에서 오사카세관과 면세 여부를 둘러싸고 마찰이 빚어졌

15 《일성록》, 1892년 11월 2일조.

16 《東京日日新聞》, 1891년 8월 13일자, 〈朝鮮國典圜局次長渡來の用向〉; 《讀賣新聞》, 1891년 9월 4일자, 〈朝鮮官吏女駉壽氏〉.

17 安田吉實, 〈李朝貨幣 《交換局》と大三輪文書について〉, 《朝鮮學報》 72, 1974, 54~60쪽.

18 《통서일기》 2, 536~537쪽, 1891년 11월 23일자; 《주일래안》, 1892년 4월 3일.

다. 일본조폐국에서 주조한 은지금은 면세를 받은 반면 동판은 제동회사에서 가공을 거쳤음에도 불구하고 전례가 없다는 이유로 관세를 가납하는 사건이 벌어졌던 것이다. 제동회사의 지배인 에자와 쇼타로江澤正太郞는 이러한 사실을 서리공사 권재형에게 알리면서 면세 여부를 대장성에 문의해달라고 요청하였다.

그리하여 10월 6일 권재형은 외무대신 무츠에게 동판이 가공물이므로 당연히 면세되어야 하며, 전환국으로부터 촉탁 구매를 받은 지금은 일반 상품과 차이가 있을 뿐 아니라 동·백동의 구별 없이 모두 은지금의 예로써 수출할 때 특별면세를 허가받았던 전례를 내세워 대장대신에게 협의한 후 오사카세관에게 훈령을 내려달라고 요구하였다.[19] 이에 무츠의 의뢰를 받은 대장대신 와타나베 구니타케渡邊國武는 해당 지금이 약간 가공한 것임에는 틀림없지만 그 형체를 알 수 없어 무관세 여부를 판정하기 어렵다고 전제한 다음, 만약 일정한 원형으로 주조되었으면 화폐의 형체를 갖춘 것이므로 면세해주라고 세관에 통보하였다. 이러한 조치는 무츠를 거쳐 권재형에게 전달되었다.[20]

또한 주일공사는 전환국방판 안경수가 오사카·도쿄 등지에서 주폐공장鑄幣工匠의 모집, 극인기기極印機器와 지금 구매 등의 목적으로 파견되었을 때에도 원활하게 업무를 수행할 수 있도록 편의를 봐주었다.[21]

19 《일외서》 25, 412~413쪽, #182.
20 《일외서》 25, 414쪽, #184, #185.
21 《통서일기》 3, 61쪽, 1893년 2월 12일자; 105쪽, 4월 20일자; 144쪽, 6월 29일자.

예컨대, 외무성에 공문을 보내 오사카조폐국에서 조폐에 필요한 물품구입을 특별히 허가해달라고 요청하여 승낙을 받아냈으며,[22] 4종의 극인기기를 주문한 뒤 구입이 늦어지자 오사카의 마스다 노부유키增田信之에게 전보로 독촉하여 신속하게 처리하였고,[23] 그리고 번역관 김낙준을 오사카에 파견하여 적·백·황동의 원형 지금을 인천으로 수송하도록 협상하는 데 지원을 아끼지 않았던 것이다.[24]

## 2) 근대식 기계 및 서적 구입

주일공사는 앞서 언급한 전환국의 극인기기 이외에도 정부의 개화자강정책 추진과정에서 필요한 근대식 기계 및 서적을 구입하였다. 우선 주일공사 파견 이전인 1884년에 계약을 맺어 일부를 수입하였으나 갑신정변으로 말미암아 나머지 부분에 대한 인도가 미루어지고 있었던 제지製紙기기를 도입하였다. 당시 기계공급자인 하야시 도쿠자에몬林德左衛門의 요청을 받은 조선주재 일본대리공사 곤도가 정부에 계약이행을 재촉하자 민영준의 파견 시 이 문제를 다시 제기했는데, 그의 조기 귀국으로 말미암아 제대로 협상이 이뤄지지 않았다. 따라서 이 사건의 재조사를 의뢰 받은 김가진은 제지기기를 구입하지 못한 사정을 자세히 조사·보고하였다.[25]

●

22 《주일공사관일기》, 1893년 6월 14, 19, 27일자.
23 《駐日日記》(규장각 23131), 1893년 8월 18, 22일자.
24 《주일공사관일기》, 1893년 11월 22, 26, 27일자.

김가진의 보고에 근거하여 주일서기관을 역임했던 전환국위원 전양묵은 1888년 11월 22일(12/24) 하야시 도쿠자에몬의 대리인 하야시 기이치로林麒一郎·도코이이 슈지琴井周司 등과 재협상을 벌여 전환국의 제지기계 구매계약을 맺고, 제1관에 의거해서 대금 3만 원(잡비포함) 중 1만 원을 다이이치은행第一銀行 경성출장소 어음으로 지불하였다. 이 계약서에 의하면, 전양묵은 1889년 6월 30일에 직접 일본 도쿄로 가서 잔액을 지불하고 기계 일체를 인수하기로 되어 있었다.[26]

또한 1893년 4월 장위영은 제약학도 김유식金有植을 도쿄에 파견하여 제약기계를 구매하기로 결정하였고, 외아문은 서리공사 권재형에게 이 업무가 원활하게 이뤄질 수 있도록 일본 포병공창과 협상하라는 지시를,[27] 7월에는 김유식과 포병공창에 제약기계의 가격을 문의하여 보고하라는 지시를 각각 내렸다.[28] 아울러 주일공사는 포병공창에서 구입한 기병도騎兵刀의 운반 업무를 처리하였다.[29]

한편 주일공사는 근대적 제도에 관련된 각종 서적을 구입·발송하였다. 주일공사관 설치 직후인 1887년 9월 14일에 주일공사는 《경찰규칙警察法規》·《경찰요람警察要覽》·《고등경찰론高等警察論》·《파정국경

●

25 《일안》 1, 552쪽, #1200; 607~608쪽, #1324.
26 《통서일기》 2, 25~26쪽, 1888년 11월 22일자; 26~27쪽, 11월 23일자; 《일안》 1, 607~608쪽, #1324; 〈典圜局의 製紙器械購買契約〉(규장각 23065); 〈朝鮮政府에서 購入하는 製紙器械代金中 1萬圓의 領受證〉(규장각 23130).
27 《통서일기》 3, 105~106쪽, 1893년 4월 21일자.
28 《통서일기》 3, 158쪽, 1893년 7월 19일자; 《주일공사관일기》, 1893년 7월 19일자.
29 《주일공사관일기》, 1893년 9월 4, 5일자.

찰형법척식巴丁國警察刑法尺式》·《지방경찰요서地方警察要書》·《사법
경찰요서司法警察要書》·《수진경찰전서袖珍警察全書》 등을 구입하였다.[30]
이처럼 경찰 관련서적을 집중적으로 구입한 것은 민영준이 한성 및 지방
에 경찰제도를 도입하고 순사를 배치하려는 계획과 밀접한 연관이 있는
것으로 추측된다. 그는 짧은 체류기간 동안 일본의 순사 배치·의복·근
무 등을 열심히 조사·고찰하여 이를 귀국 후 국왕에게 상주할 예정이었
다고 한다.[31] 그리고 주일공사 김가진은 정부의 지시에 의해 '포도책砲圖
册'을 구입하여 선편으로 급송하기도 하였다.[32]

### 3) 한강 부교 설치방식 자문

정부는 한강 양안에 부교浮橋를 설치함으로써 주즙舟楫의 번거로움을
대신하려고 계획하였다. 그러나 이러한 공사를 벌인 경험이 없었기 때
문에 그 방법과 시기를 먼저 강구하지 않을 수 없었다. 따라서 1893년
10월 8일 정부는 서리공사 유기환에게 일본 외무성 취조국장 하라 다카
시原敬 및 내무성 토목국장 후루이치 고이古市公威 등과 한강의 부교 설
치방식을 조속히 상의하라는 지시를 내렸다.[33] 이에 유기환은 그들에게
서 부교는 지형의 형편에 따라 설치하는 것인데, 한강 양안의 고조 및

---

30 《欽差駐箚日本公使館八·九兩朔經用成册》(규장각 21794), 1887년 9월 14일.
31 《時事新報》, 1887년 9월 20일자, 〈朝鮮國巡査〉; 《동경시사신문초》, 8월 4일.
32 朴定陽 著, 韓國學文獻研究所 編, 1984 《朴定陽全集》 3, 亞細亞文化社, 6쪽, 1889년 1월 13일.
33 《통서일기》 3, 202쪽, 1893년 10월 8일자.

수류水流의 영축盈縮, 넓고 쑥 나온 사장沙場의 원근 등을 우선 상세히 살핀 후에야 비로소 어떤 모양의 다리를 놓을 수 있는가를 정할 수 있다는 답변을 듣고 이를 위해 기술자의 파견을 요청할지 여부를 결정해달라고 보고하였다.[34]

1894년 2월 이 보고를 받은 외아문은 조선주재 일본공사 오토리를 통해 일본정부에게 한강 일대의 지면 상태를 알려줌과 동시에 정확히 측량하기 위해 기사 및 기수 각각 1명과 조수 2명을 파견해줄 것을 요청하였으며, 그들의 여비 및 임금 1,288원 96전을 송금하기에 이르렀다.[35] 이에 따라 3월 7일(4/12) 일본정부는 이를 내무성 토목국에 인선을 의뢰해서 토목감독서 기사 오카노부岡信胤와 기수 아키야마秋山榮松 및 조수 야마타山田喜助·이노코猪子[股]五郎吉 등 4명을 파견하였다. 3월 23일부터 그들은 용산에 출장소를 설치하고 한강 측량에 나섰다. 그 결과 최초의 계획인 주교舟橋를 가설하는 대신에 철교 혹은 목교木橋를 놓기로 결정하였다고 전해진다.[36]

### 4) 재일유학생 관리

조사시찰단의 수원으로 파견된 유길준·윤치호尹致昊 등이 유학생으

---

34 《주일래안》, 1893년 11월 4일; 《통서일기》 3, 230쪽, 1893년 11월 26일자.
35 《일안》 2, 591~592쪽, #2719~2723; 《東京日日新聞》, 1894년 5월 16일자, 〈鐵橋架設の計劃〉.
36 이 공사의 감독은 전환국방판 안경수였다. 《讀賣新聞》, 1894년 4월 8일자, 〈朝鮮に鐵橋の架設を爲さんとそ〉; 4월 17일자, 〈朝鮮羚漢江駕轎工事と猪股五郎吉〉; 《東京日日新聞》, 1894년 5월 16일자, 〈漢江架橋の設計〉.

로 계속 남았던 것을 계기로 정부는 일본의 근대적 문물과 제도를 습득하기 위해 많은 유학생을 일본에 파견하였다. 따라서 주일공사관 개설 이후 주일공사는 유학생들을 체계적으로 관리·지원하는 임무를 맡게 되었다. 먼저 주일공사는 공사관 개설 전에 이미 유학하고 있었던 학도 박유굉朴裕宏에게 행군책行軍冊의 구입 비용뿐 아니라 월급을 지급하였다.[37] 박유굉은 1882년 수신사 박영효와 동행하여 게이오의숙에 입학하였고, 그 뒤 일본육군사관학교에 들어갔으며, 갑신정변으로 유학생을 소환하였을 때 유일하게 특별 허락을 받아 일본에 체류하고 있던 인물이었다.[38]

또한 1889년 1월 외아문독판 조병직은 김가진에게 기기국 제약학생 김유식·안대형安大亨·하정룡河正龍·김치관金致寬 등 4명을 도쿄 육군제약소로 파견하여 제약방법을 학습케 할 것이므로 이에 필요한 식비·학자금 및 월급을 지급하여 학업에 전념할 수 있도록 편의를 봐주라고 통보하였다.[39] 그들은 주일공사관에 머물면서[40] 도쿄포병공창제조소에서 1년여 동안 화공술을 배운 후 1890년 12월에 졸업하게 되었다. 당시 대리공사 이학규는 그들에게 여비를 주어 귀국토록 조치하였고,[41] 1891년

<hr />

[37] 《흠차주차일본공사관팔·구양삭경용성책》, 1887년 8월 16일, 9월 28일.
[38] 그는 22세 때인 1888년 5월 갑자기 자살하였다. 이광린, 앞의 논문, 52, 57, 60쪽.
[39] 《일안》 1, 623쪽, #1351; 《통서일기》 2, 67쪽, 1889년 2월 26일자.
[40] 그들 중 김유식은 1889년 2월 29일 초대 주미 전권공사 박정양이 요코하마를 떠날 때 김가진·홍우관 등과 함께 배웅하기도 하였다. 《박정양전집》 3, 9쪽, 1889년 1월 30일; 15쪽, 1889년 2월 29일.
[41] 《일안》 2, 180쪽, #1839; 《주일래안》, 1890년 12월 20일.

1월 그들은 일본에서 구입한 화약 2상자를 갖고 인천항에 도착하였다.[42] 아울러 이학규는 그들의 귀국을 일본 육군성에 통보하였으며, 그들의 졸업장을 외아문에 보내주었다.[43] 이어 1891년 12월 전환국에서 선발한 유봉렬劉鳳烈·조한훈趙漢勳·이호성李鎬成·한욱韓旭 등 '총준연소聰俊年少'자 10명이 도쿄에서 조폐사무를 학습하기 위해 유학왔을 때에도 서리공사 권재형은 그들이 조속히 학업을 마치고 졸업할 수 있도록 보호·원조하는 역할을 맡기도 하였다.[44]

### 3 ─ 조오조약의 체결

조선은 조미조약 이래 영국·독일·프랑스·러시아 등과 조약을 체결했지만, 그 과정에서 청국의 직·간접적인 간여와 강요로 조선이 청국의 속방임을 명시한 이른바 속방조회屬邦照會를 제출하지 않을 수 없었다. 이러한 상황에서 조선정부는 독립국으로서 자주외교를 추구하기 위한 일환으로 오스트리아와 조약 체결을 추진하였다. 조오조약 체결의 실무를 주일공사에게 담당케 한 이유도 청국의 간섭을 완전히 배제하려는 의도에서 나온 것이었다.

1890년부터 대리공사 권재형은 도쿄에서 주일 오스트리아공사 비겔

---

42 《통서일기》 2, 394쪽, 1891년 1월 11일자.
43 《통서일기》 2, 426쪽, 1891년 3월 10일자; 428쪽, 3월 14일자.
44 《일안》 2, 265쪽, #2018.

레벤과 접촉하여 비밀리에 양국 간 조약을 체결하기 위해 협상을 벌였다. 1891년 7월 22일 주일공사 김가진은 귀국한 지 1년 8개월 만에 도쿄에 재부임하였는데, 그 목적 중의 하나는 오스트리아와 조약 체결을 협상하는 것이었다. 하지만 그가 도쿄에 도착하기 전에 비겔레벤이 청국의 천주교 탄압에 열강과 공동으로 대처하기 위해 톈진으로 떠나는 바람에 잠시 기차 안에서 마주쳤을 뿐 협상을 벌이지 못하였다. 비겔레벤은 미리 공사관에 조약 초고와 함께 자신이 두서너 달 동안 청국으로 출장하게 되었으므로 조약 초고를 조선정부에 보내 그 가부를 정하고, 자신이 임소로 돌아왔을 때 만나서 결정하자는 서신을 보냈다.

자신이 오는 것을 알면서도 톈진으로 떠난 비겔레벤의 행동에 분개한 김가진은 비겔레벤의 제안을 받아들여 나중에 조약을 의논한 다음 귀국할 경우 "국권의 사체에 손상과 해로움이 있을" 것이란 판단 아래 미리 그 사유를 정부에 보고하였다. 귀국 후 그는 고종에게 조약 초고를 검토하여 체결 여부를 결정한 뒤 오스트리아공사로 하여금 한성으로 와서 조약을 체결하도록 하되, 만약 오스트리아공사가 한성에 올 수 없다면 주일 대리공사 권재형에게 권한을 위임하여 오스트리아공사와 협의·체약토록 하자는 의견을 내놓았다.[45]

그 후 오스트리아정부가 비겔레벤을 전권대신으로 발령함에 따라 1891년 11월 25일 정부도 권재형을 전권공사로 임명함으로써 조오조약에 대한 논의가 본격적으로 이뤄졌다. 양자 간의 논의는 비겔레벤이 제

[45] 《승정원일기》, 1891년 9월 21일조; 伊藤博文 編, 앞의 책, 下, 16쪽.

시한 초안을 기초로 순조롭게 진행되었다. 외아문도 권재형이 보낸 조약 초안을 살펴보고 제1관 2조, 제4관 6조에 문구를 추가하고, 제11관 1조를 삭제하며, 관세문제 역시 오스트리아의 안에 따라 프랑스와의 예를 따르라고 지시하였을 뿐 별다른 이의를 제기하지 않았다.[46]

그러나 조약 협상이 막바지에 이르렀을 무렵인 1892년 2월 권재형이 고종 명의로 오스트리아 황제 앞으로 보내는 이른바 속방조회를 비겔레벤에게 제출한 사건이 일어났다. 권재형이 독일·프랑스 등과도 조약을 체결할 때 속방조회를 보냈던 관례가 있었다고 주장했음에도 불구하고, 비겔레벤은 이 조회 서신을 오스트리아 황제에게 보내는 것이 군주들의 교류예절에 어긋나므로 오스트리아 대표로서 서신 전달을 위임받을 수 없다고 강력하게 거절하였던 것이다. 아울러 비겔레벤은 조회 서신을 조선 군주가 오스트리아 군주에게 보내는 것으로 작성하지 말고 조선정부가 정부에게 보내는 형식을 취해달라고 요청하였다.[47]

이처럼 조약 체결이 난관에 봉착하게 되자 정부는 조오조약 체결 후 가해질지도 모를 청국의 질책을 두려워한 나머지 3월 11일 권재형으로 하여금 주일 청국공사 리징팡에게 조약 협상의 진행과정을 통보하고 그 대책을 의논하도록 조치한 데 이어 고종도 속방조회에 대한 자문을 의뢰하기에 이르렀다. 그 결과 비밀리에 추진되어왔던 조오조약 협상은 공개되고 말았다. 이 소식에 접한 리훙장은 조오조약이 체결되기를 바랐

●

46 《통서일기》 2, 553쪽, 1892년 1월 12일자.
47 《한국근대사에 관한 자료》, 110~112쪽.

기 때문에 속방조회의 생략을 묵인해주려 하였다. 그러나 당시 톈진에 머물고 있었던 위안스카이가 조·청 종속관계의 명확한 증거인 속방조회를 파괴하는 나쁜 선례를 남길 수 없으며, 또한 이 조약의 성패는 별로 중요하지 않으므로 조약 체결이 무산되더라도 대세에는 큰 장애가 되지 않는다는 이유를 내세워 강력하게 이의를 제기함에 따라 리훙장도 처음의 생각을 바꾸게 되었다. 더욱이 리징팡 역시 "오늘날 각국이 조선이 중국의 속방이 아니라고 강하게 말하지 못하는 것은 이 국왕의 조회 때문"임을 강조하면서 위안스카이의 입장을 두둔하는 입장을 밝혔다.[48]

이와 같이 속방조회에 대한 청국의 태도가 강경하였기 때문에 조선정부는 청국의 간섭 없이 독자적으로 조오조약을 체결함으로써 독립국의 위상을 되찾으려 했던 본래의 의도와는 정반대로 비겔레벤에게 재차 속방조회를 제출하지 않을 수 없었다. 베겔레겐 역시 명분 대신 실리를 추구하는 입장에서 속방조회를 받아들임으로써 결국 1892년 5월 29일 권재형과 비겔레벤은 조오수호통상조약·부속통상장정 및 세칙장정을 조인하기에 이르렀다. 그 후 6월 16일 일본에 파견되었던 김하영金夏英은 조오조약문 초안을 가지고 귀국하여 이를 외아문에 제출하였고,[49] 조선정부는 전례에 따라 속방의 의무를 잊지 않고 조오조약의 체결을 청국 예부에 통보해주었다.

---

[48] 《청계중일한관계사료》 5, 2962~2966쪽, #1661, 1662. 조오조약에 관해서는 林明德, 앞의 책, 305~306쪽 참조.
[49] 《통서일기》 2, 624쪽, 1892년 6월 16일자; 628쪽, 6월 23일자.

조오조약은 조선이 청국의 간섭을 받지 않고 독자적으로 체결하려고 시도한 최초의 근대적 조약이라는 점에서 그 역사적 의의가 크다고 평가할 수 있다. 위안스카이를 비롯한 청국의 관료들이 조오조약의 협상과정을 전혀 눈치 채지 못하고 있었기 때문에 이를 통해 자주독립국임을 대내외에 천명하려 했던 시도는 성공을 거둘 수도 있었을 것이다. 그러나 청국의 압력을 두려워한 고종과 정부가 속방조회문제를 청국에게 자문함으로써 모처럼 만에 독립국의 위상을 되찾으려 했던 시도를 스스로 무산시키고 말았다.

한편 권재형은 1891년 11월 조오조약 협상 시 주일 스페인 및 네덜란드공사를 방문하여 조약 체결에 관해 협의하였는데, 양국 공사 역시 조선과의 조약 체결을 원하여 그 상황을 각각 본국정부에 조회한 적이 있었다. 그 결과 1893년 4월 10일 스페인 공사가 본국정부로부터 조선과 조약을 체결하고 싶다는 회답을 보내오기도 하였다.[50]

## 4 — 외교사절단의 접대 및 업무 지원

주일공사 파견의 주요목적 중의 하나가 주미공사관을 설치하기 위한 '선파후자'의 선례를 남기는 데 있었던 만큼 주일공사는 주미공사가 일본을 경유할 때 각별하게 접대하였을 뿐 아니라 그 업무를 지원하는 역

---

50 《통서일기》 3, 106~107쪽, 1893년 4월 23일자; 251쪽, 1894년 1월 8일자.

할을 수행하였다.

　초대 주미전권공사 박정양이 나가사키를 거쳐 홍콩에 들렀다가 1887년 10월 24일 요코하마에 도착하였을 때, 대리공사 김가진과 서기관 안길수는 1박 2일간 박정양일행을 접대하고 함께 유람하였다.[51] 또한 박정양이 파미의 전제조건이었던 '영약삼단'을 어기고 자주외교를 수행하여 청국에 의해 반강제적으로 소환당해 귀국할 때에도 주일공사는 접대를 소홀히 하지 않았다. 그가 이상재李商在 등과 함께 귀국 도중 1888년 11월 17일 요코하마에 도착하자 서기관 홍우관洪禹觀과 일어에 능통한 수원 김준영金準榮이 맞이하였고, 그 다음날에는 주일공사 김가진도 내방하였다. 이날 박정양은 김준영 등과 함께 도쿄의 조선공사관으로 가서 여장을 풀었다.[52] 그는 이때부터 귀국길에 올랐던 1889년 2월 28일까지 3개월 여 동안 주일공사관에 머물면서 일본정부의 관리 및 주일 외교관들과 교류함과 동시에 국내 사정을 파악하였다. 또한 주일공사는 주미 서리공사 이채연李采淵의 귀국 시에도 요코하마로 마중을 나가고, 외무성에 그의 호조를 발급해달라고 요청하였다.[53]

　주일공사는 주미공사에게 필라델피아 영사 데이비스Robert H. Davis와

51 《박정양전집》 2, 629~630쪽, 1887년 10월 24, 25일; 《時事新報》, 1887년 12월 10일자, 〈東京駐在朝鮮代理公使〉.
52 11월 17일 주미 대리공사 이완용과 서기관 이채연이 미국으로 출발하였을 때에도 김가진은 탑승선까지 전송하였다고 한다. 《박정양전집》 2, 717~718쪽, 1888년 11월 17, 18일; 《讀賣新聞》, 1888년 12월 20일자, 〈朝鮮國公使〉.
53 《주일공사관일기》, 1893년 6월 8, 10일자.

뉴욕 영사 프레이자Everett Frazar의 주인鑄印・문빙文憑을 비롯하여[54] 주미공관의 경비와 활동자금을 전달하는 업무도 맡았다. 예컨대, 주일공사 김가진이 주미공사 박정양에게 송금해준 3만 원 중 일부는 참찬관 알렌Horace N. Allen과 서기관 이하영 등의 월급이었고, 대부분은 광산기계를 구입하거나 광산기사를 초빙하는 데 필요한 비용이었다.[55] 이 자금으로 알렌 등은 뉴욕의 광산기사 피어스Aillerd I. Pierce와 1년간 광무국의 광산감독으로 계약을 맺었고,[56] 석영구기石英臼機(Stamp Mill) 10대와 기타 광무기기 등을 구입했던 것이다.[57]

다음으로 주일공사는 조일통상장정 및 어채장정을 개정하기 위해 일본에 파견된 판무사辦務使 르장드르Charles W. LeGendre의 업무를 보조하였다.[58] 1892년 제주도 통어특권을 지닌 일본 어민들의 횡포로 양국 어민 간의 분쟁이 격화되자 정부는 이 특권을 부여했던 조일통상장정을 개정하기 위해 르장드르를 판무사, 이현상李鉉相을 보좌관으로 각각 임명하여 일본에 파견한 다음 주일공사에게 르장드르와 잘 타협・상의하

---

54 《박정양전집》 2, 685쪽, 1888년 6월 3일; 692쪽, 7월 23일.

55 《박정양전집》 2, 690쪽, 1888년 7월 15,·16일; 695쪽, 8월 12, 15, 17일; 696쪽, 8월 19일; 698쪽, 8월 26일. 박정양은 자금을 받을 때마다 김가진에게 전보로 수령 사실을 통보하였다. 《박정양전집》 2, 695쪽, 1888년 8월 15일; 700~701쪽, 9월 7일.

56 《박정양전집》 2, 704쪽, 1888년 9월 26, 29일.

57 이배용, 《한국근대 광업침탈사연구》, 일조각, 1989, 60쪽.

58 르장드르는 1890년 반청적 입장을 견지하고 있었던 외부 고문 데니의 임기가 만료되었을 때, 주일공사 김가진에게 조선부국책을 제시한 것을 계기로 그의 추천에 의해 내무부의 협판직에 전격적으로 임명되었다. 김현숙, 〈한말 고문관 러젠드르(李善得)에 대한 연구〉, 《한국근현대사연구》 8, 1998, 40~43쪽.

라고 지시하였다.[59] 이에 르장드르가 일본정부와 협상을 벌이는 동안 주일공사는 관세 조정, 일본어선의 제주도 내양內洋 접근 금지 및 연안 지역의 쇄어曬魚행위 불허 등 외아문의 지시사항을 르장드르에게 전달하고, 르장드르가 시급히 요청한 경비 800원과 이현상의 경비 80원을 전달해주는 등 양자 간의 중개 역할을 담당하였던 것이다.[60]

이외에도 주일공사는 미국만국박람회 출품대원 정경원鄭敬源의 일정을 통보받고 그를 접대하였으며,[61] 조선주재 미국공사 딘스모어Hugh A. Dinsmore가 휴가차 귀국할 때 전송하거나[62] 전임공사 허어드Augustine Heard 부부를 송별하였고,[63] 오스트리아의 함장·공사·서기관을 접대하는 등[64] 일본을 거쳐 조선에 입출국하는 외국의 외교관들을 접대하는 임무도 수행하였다. 또한 주일공사는 귀국길에 조선을 통과할 예정인 블라디보스토크주재 일본 육군중위 오기노荻野末吉의 보호를 요청하였으며,[65] 주일 오스트리아서기관 및 육군소위 등이 일본인 2명을 대동하고 함경도를 유렵遊獵한 뒤 서울로 들어가기를 요청하자 호조를 발급해주고 함경도관찰사에게 그들을 우대하라는 공문을 발송하였다.[66] 이러

---

59 《통서일기》 2, 525쪽, 1891년 10월 21일자.

60 《통서일기》 2, 542쪽, 1891년 12월 8일자; 546쪽, 12월 18일자; 550쪽, 1892년 1월 4일자; 3, 12쪽, 11월 6일자.

61 《통서일기》 3, 55쪽, 1893년 2월 4일자; 58쪽, 2월 7일자.

62 《흠차주차일본공사관팔·구양삭경용성책》, 1887년 9월 1일.

63 《주일공사관일기》, 1893년 5월 9일자.

64 《주일일기》, 1893년 8월 11일자.

65 《일안》 1, 577쪽, #1250.

한 접대는 주일공사의 기본적이고도 통상적인 업무였던 것이다.


### 5 — 조선 관련 정보 수집

주일공사는 일본 정부관리 및 주일 외교사절단들과 교유하면서 친목을 도모하고 일본을 비롯한 국제정세를 탐문함과 동시에[67] 일본에서 발행되는 신문들을 통해 조선에 관련된 정보를 수집·보고하였다. 주일공사관에서 구독한 신문은 《관보官報》를 비롯하여 《도쿄니치니치신문》·《도쿄아사히신문》·《유빈호치신문郵便報知新聞》·《지지신보時事新報》·《마이니치신문每日新聞》·《상하이신문上海新聞》 등이었다.[68] 주일공사는 부임 직후 《지지신보》 등에 게재된 조선 관련 기사들을 초록하였는데,[69] 아마도 이 작업은 주재 기간 내내 지속되었을 것으로 추측된다.

주일공사는 신문 기사 중 오보가 있으면 즉각 개정을 요청하였다. 예컨대, 1893년 6월 8일자 일본 신문에 조선에서 관직을 매매하는데 어떤 관직은 수만 냥씩 정가가 매겨져 있다는 기사가 실리자, 주일공사는 이를

---

66 《주일일기》, 1893년 8월 28일자.

67 일본 정부관리와 주일 외교사절 등과의 교류는 통상적으로 이뤄졌던 것인 만큼 구체적으로 서술하지 않겠다. 이 점에 관해서는 《주일공사관일기》 참조.

68 《흠차주차일본공사관팔·구양삭경용성책》, 1887년 8월 16일, 27일, 9월 10일, 14일, 15일, 24일, 29일; 《欽差駐箚日本公使館經用成冊》(규장각 20916).

69 《동경시사신문초》 참조.

사실무근이라고 해당 신문사에 엄중하게 질책하면서 취소 내지 정정을 요구하였던 것이다.[70]

또한 1890년 2월 10일(4/17)과 29일(4/18)자 《요코하마영자신보橫濱英字新報》에 세관이 조선인 시체 2구의 밀반입을 적발하였다는 기사가 보도되었을 때, 주일공사는 이 사건의 진상 규명을 요청하였다. 이 기사에 의하면, 1890년 양력 2월 인천으로 떠날 때, 도쿄의 한 의사가 조선인 골의 구매를 부탁하였으므로 인천항에 도착하여 친구 모씨에게 의뢰하였는데, 귀국할 때 조선 빈민에게 인골을 확보했다는 연락을 받고 이를 구입하였다는 것이다. 이 사건에 대해 5월 10일 서리공사 유기환은 외무성에 진상 조사를 요청하였다. 6월 7일 외무성은 외무대신이 가나가와神奈川현 지사에게 사실 여부를 조사케 한즉, 도쿄 거주 무라카미村上가 인천거주 일본인에게 시체 2구를 구입하였다는 연락을 받고 의학 연구용으로 샀기 때문에 위법이 아니라고 주장하였지만, 지사는 규칙에 따라 징벌할 것이라는 답변을 보내왔다.

이학규는 이 일은 인명에 관계되는 중대한 일로써 인천거주 일본인의 성명과 행적이 모호하다고 판단한 다음 6월 12일 재차 외무성에 인천거주 일본인의 성명을 신속하게 조사해달라고 요청하였다. 이에 6월 28일 외무성은 의사 무라카미를 조사하여 그 일본인이 상인 다메우溜卯라는 자백을 받았다고 통보하였다. 따라서 이학규는 이러한 사건은 단지 외국인 혼자 도모한 것이 아니라 반드시 본국인의 거간이 관련되어 있을

---

[70] 《주일공사관일기》, 1893년 6월 10일자.

것이라는 판단 아래 관련 자료를 외아문에 보내 사건을 처리해달라고 요청하였던 것이다.[71]

주목할 만한 점은 조선을 폄하하는 연극이 공연되자 조일공사관 측에서 이에 항의해서 그 내용을 삭제하게 만들었다는 사실이다. 1891년 10월 초 도쿄의 가부키좌歌舞伎座에서 흥행 중인 연극 다이코군기조선권太閤軍記朝鮮卷이 조선의 국체를 굴욕적으로 표현하자 주일공사관 측은 극단을 방문하여 그 내용을 삭제해달라고 요구하였다. 주일공사관 측은 극단의 좌주 치바千葉勝五郎가 부재 중이어서 부좌주 스즈키鈴木幸平와 담판을 벌었다. 이에 가부키좌 측에서는 양국 국교상의 상황을 염려하여 일단 편자 후쿠치福地源一郎와 협의한 뒤, 10월 9일부터 조선공사관에서 꺼려하는 왕자왕비부금王子王妃俘擒의 1막을 삭제하고 공연하기로 결정하였다.[72]

71 《일안》 2, 134~135쪽, #1745.
72 《讀賣新聞》, 1891년 11월 19일자, 〈歌舞伎座に對する朝鮮公使館の談判〉; 11월 20일자, 〈歌舞伎座と朝鮮人と談判の結果〉; 11월 22일자, 〈歌舞伎座の景氣〉.

## 02

—

# 갑오개혁기(1894~1896)

—

—

갑오개혁 기간 중에는 청일전쟁·동학농민전쟁·삼국간섭·민비살해 사건 등 조·일 관계에 중대한 변화를 초래한 사건들이 일어났다. 그러나 양국관계가 상호 대등하게 전개되기보다는 일본의 조선정책에 의해 일방적으로 좌우되었기 때문에 주일공사의 활동은 상대적으로 위축될 수밖에 없었다. 더군다나 주일공사가 장기간 공석인 채 서리체제로 운영되고 공사관원도 적었을 뿐 아니라 공관운영비도 늘 궁핍했던 상황 속에서 주일공사는 광범위하고 적극적으로 외교 활동을 벌이는 데 곤란을 겪었다.

## 1 — 재일유학생 보호·관리

정부는 개화자강정책을 추진하는 과정에서 근대적 문물과 제도를 습득하기 위해 일본에 유학생을 파견하였다. 특히 갑오개혁 개시 이후 체계적으로 인재를 양성하려는 박영효 등 개혁관료의 구상과 일본의 영향력을 부식시키려는 일본 측의 의도가 맞아떨어지면서 1895년에는 대규모 관비유학생이 일본에 파견되기에 이르렀다. 1887년 주일공사관 개설 이후 유학생들을 체계적으로 보호·관리하는 책임은 주일공사가 맡게 되었다.[73]

1895년 2월 2일 학교의 설립과 인재의 양성을 지시한 고종의 조칙이 반포된 것을 계기로 학부대신 박정양이 유학생을 모집·선발하였고, 4월 2일에 113명이 일본으로 출발하였다. 외무대신 김윤식의 훈령에 따라 고베에서 게이오의숙의 교사이자 주일공사관 통역관 야마자키 히데오山崎英夫의 인도를 받은 유학생들은 4월 7일 도쿄에 도착해서 주일서리공사 김사순·주미서리공사 이현직李玄稙 등을 비롯한 공사관원과 윤치오尹致旿·어윤적魚允迪·박희병朴羲秉 등 조선인 유학생 및 게이오의숙 학생들로부터 환영을 받았다.[74] 이어 5월 21일 학부에서 파견한 26명이 도쿄에 도착했을 때에도 서리공사 한영원은 그들을 맞이한 뒤 게이오의숙으로 안내해주었다.[75] 이처럼 성공리에 유학생을 파견한 뒤, 학부는 주일전권공사에게 학생들의 학업 권면을 전임해서 과오를 저지르지

73 阿部洋, 〈舊韓末の日本留學(1)〉, 《韓》 3-5, 1974; 한시준, 〈한말 일본유학생에 관한 일고찰〉, 《천관우선생환력기념 한국사학논총》, 정음문화사, 1985; 송병기, 〈개화기 일본유학생 파견과 실태(1881~1903)〉, 《동양학》 18, 1988; 박찬승, 〈1890년대 후반 관비유학생의 도일유학〉, 《근대 교류사와 상호인식 I》, 아연출판부, 2000. 여기에서는 이들 논문을 참고하되, 《주일래거안》·《주일공사관일기》 등을 바탕으로 주일공사의 역할에 초점을 맞춰 재정리·수정·보충하였다.

74 《일안》 3, 228쪽, #3534; 《주일공사관일기》, 1895년 4월 7일자; 《親睦會會報》 1, 96쪽.

75 《주일공사관일기》, 1895년 5월 21일자; 《친목회회보》 1, 97쪽.

않게 함으로써 훗날 국가에서 유용한 인재가 될 수 있도록 하라는 지시를 내렸다.[76]

그런데 5월 말 유학생 파견의 주역을 맡았던 박영효가 반역 혐의로 일본으로 망명하자 《고쿠민신문國民新聞》에 유학생들이 박영효를 마중하러 나갔다고 보도한 사건이 일어났다. 이에 당황한 유학생들은 신문사에 항의해서 이를 정정하는 한편 그 기사가 허위보도라고 외부에 보고한 뒤 수업을 정지하였다. 이처럼 사태가 악화되자 주일공사관은 유학생들에게 조금도 상관하지 말고 학업에 전념하라는 학부의 전문을 전달하면서 수습에 나섰다.[77]

그 뒤에도 주일공사는 학부에서 정선한 이등천李登天·이개일李開一·이원화李元化·허관화許觀化(이상 여학생)·연진출延振出,[78] 자비 유학한 하상기의 첩 김난사金蘭史,[79] 일본 승려 사노佐野前勵가 귀국하면서 데리고 갔던 조병주曺秉柱·서정악徐廷岳·이하영李廈榮·안명선安明善,[80] 학부가 추천한 여학생 안길당安吉堂[81] 등을 게이오의숙에 입학하게끔 도와주었다.[82] 이어 9월 8일에는 학부에서 박용화·어윤적 2명과 학도 10

76 《주일안》 1, 제2호, 1895년 5월 30일.
77 《친목회회보》 1, 100쪽.
78 《주일안》 1, 제2호, 1895년 5월 29일.
79 《주일안》 1, 제4호, 1895년 윤5월 4일.
80 《주일안》 1, 제5호, 1895년 윤5월 9일.
81 《주일공사관일기》, 1895년 7월 10일자; 《주일안》 1, 제8호, 1895년 일자미상.
82 《주일안》 1, 신, 제1호, 1895년 윤5월 11일; 신 제2호, 6월 1일; 훈령 제9호, 6월 20일; 신복 제9호, 7월 24일.

명을 게이오의숙에 입학할 수 있도록 주선해달라고 요청하였다.[83] 그들 중에서 김정우金鼎禹는 이미 6월 이전에 일본 도쿄 하치오지八王子 등지에 와서 조지造紙 방법을 견습하고 조지 기계를 구매한 적이 있었으며,[84] 권호선權浩善·김석윤金錫胤·윤치성尹致晟·임재덕林在德·원응상元應常·김경식金慶植 등만이 의화군과 동행해서 9월 16일 도쿄에 도착하였다.[85] 또한 박용화·어윤적은 이준용의 일본 유학 시 수행원으로 임명되어 1896년 1월초 도쿄에 도착하였는데, 이태직은 그들을 곧 게이오의숙에 입학시켰다.[86]

뿐만 아니라 10월 3일 의화군을 보빙대사의 직책에서 해임하고 일본에 유학시키기로 결정되었을 때, 이태직은 사이온지 긴모치에게 의화군이 육군학업을 연구하고자 하니 편의를 봐달라고 의뢰하여 그로부터 육군성이 관할하는 학교 학생의 일과와 학업 중 적당한 과목을 견습해도 좋으며, 육군대신 명으로 보병대좌 이케다池田正介를 부속으로 삼도록 해주겠다는 허락을 받아냈다.[87] 아울러 학자금 5천 원을 받지 못한 의화

---

83 《學部來去文》 1(규장각 #17798), 조회 제13호, 1895년 9월 8일; 《주일안》 1, 훈령 제22호, 1895년 9월 15일.

84 《주일안》 1, 훈령 제10호, 1895년 6월 20일; 《주일공사관일기》, 1895년 7월 13일.

85 《친목회회보》 1, 107쪽.

86 어윤적은 이미 게이오의숙에 입학했다가 8월 2일 신병으로 인해 잠시 귀국해 있었다. 이준용일행은 11월 29일(96/1/3) 고베에 도착하였는데, 이날 단발령 발포 소식을 듣고 즉시 단발할 것임을 본국에 전보하고 근처 이발관에서 단발한 뒤 양복으로 갈아입었다고 한다. 《관보》, 1895년 11월 15일; 《國民新聞》, 1896년 1월 8일자; 《주일래안》 1, 신정 제20호, 1895년 11월 16일.

87 《주일공사관일기》, 1895년 10월 16, 26일자; 《주일안》 1, 훈령 제25호, 1895년 11월 10일.

군이 공사의 권리로 우선 1천 원을 은행에서 차용해주기를 부탁하자 이 태직은 다이이치은행으로부터 차관해주기도 하였다.[88]

한편 1895년 7월에는 유람조사遊覽朝士('유람신사') 35명이 파견되었다. 7월 2일 고종은 유람조사를 소견한 자리에서 "지금 세상의 대세에 대하여 알지 않을 수 없다.…… 높은 관리 중에서는 이번에 처음으로 너희들을 각별히 선발하여 파견"한다는 점을 강조하면서 학문에 전념할 것을 당부한 다음 "만약 혹시라도 착실히 공부하지 않고 곧 귀국하게 되면 이웃 나라에 수치를 끼치고 또 이노우에井上馨에게도 면목이 없을 것이다"고 밝혔다.[89] 여기에서 알 수 있듯이, 유람조사는 이노우에 일본 공사의 권유로 일본에 파견되었다. 이노우에 공사가 삼국간섭 후 친미·친러정책을 전개하려는 고종·왕비를 견제하고 그들의 환심을 사기 위한 일환으로 민씨척족 가운데 20명을 선발하여 일본에 유학을 보내려고 했다는 것이다. 따라서 당시 유학생들이 자신들을 감시할 목적으로 유람신사가 파견되었다고 생각했던 것도 무리는 아니었다.[90]

따라서 7월 16일 주일공사 고영희는 참서관 이태직으로 하여금 야마자키를 대동하고 고베까지 그들을 맞이하러 보냈고, 22일에는 자신도 신바시로 가서 환영했을 뿐만 아니라 게이오의숙에 입학할 수 있도록 편의를 봐주었다.[91] 이어 그는 숙소로 찾아가 그들과 함께 의숙을 방문

---

[88] 《주일래안》 1, 신정 제25호, 1896년 1월 14일; 《주일안》 2, 신정 제27호, 1896년 1월 24일.
[89] 그들의 명단에 대해서는 《승정원일기》·《일성록》·《고종실록》, 1895년 7월 2, 3일조 참조.
[90] 《친목회회보》 1, 105쪽; 박찬승, 앞의 논문, 84쪽.

했으며, 고종의 만수성절萬壽聖節에는 그들을 비롯해서 게이오의숙 학생 150여 명, 요코하마세관 유학생 11명 등을 초대하여 연회를 베풀었다.[92] 뒤이어 8월 13일 유람조사 12명이 파견되자 그는 역시 시오카와 이치타로鹽川一太郎를 고베까지 마중 보내는 등 융숭하게 환대하였다.[93]

또한 고영희는 유람조사의 대표격인 민영철과 빈번하게 접촉했으며, 일본으로 귀국했던 이노우에 가오루를 만나 유람조사의 유학문제에 대해 상의하기도 하였다.[94] 그러나 그들은 일본에 온 지 한 달도 못되어 민비살해사건이 일어나자 민영철·민영돈과 연소자 6~7인을 제외한 나머지 대부분이 귀국하고 말았다.[95] 이후 서리공사 이태직은 유람조사에 대한 제반 사건은 이노우에 공사가 본국에서 담당하기로 약속했으므로, 유람조사로 인해 지출했던 막대한 비용을 이노우에에게 지급해달라고 외부에 요청하기도 하였다.[96]

이와 같이 주일공사는 학부 혹은 외부의 지시를 받아 일본유학생들을 접대하고 게이오의숙에 인도·입학할 수 있도록 행정 업무를 처리하였

---

91 당시 이태직은 16일 밤 기차로 고베로 갔으나 길이 어긋나 17일 오사카에서 민영철 등을 만났으며, 18일 유람조사가 학교·만물회사·포병공창 등을 시찰한 뒤, 20일 먼저 도쿄로 돌아와 그들의 숙소를 마련하였다. 《주일안》 1, 훈령 제16호, 1895년 7월 11일; 《주일공사관일기》, 1895년 7월 16, 22일자; 이태직, 앞의 책, 72~75쪽, 1895년 7월 16~22일자.

92 《주일공사관일기》, 1895년 7월 25일자; 이태직, 앞의 책, 75~76쪽, 1895년 7월 23~25일자.

93 《주일공사관일기》, 1895년 8월 6, 13, 14, 18일자.

94 《주일공사관일기》, 1895년 8월 3, 5, 11, 14, 15, 18일자.

95 《주일공사관일기》, 1895년 8월 21, 22, 23일자.

96 《주일안》 1, 신정 제14호, 1895년 9월 10일; 《주일래안》 1, 신정 제25호, 1896년 1월 14일.

다. 정부는 유학생들에 대한 감독을 게이오의숙에 위탁하였기 때문에 주일공사에 대해서는 이들을 잘 '보호'해주라는 지시를 내릴 수밖에 없었다. 이로 말미암아 주일공사는 형식적으로 유학생들을 직접 감독할 수는 없었지만, 실질적으로는 게이오의숙 측 혹은 유학생들과 수시로 접촉하면서 유학생에 관련된 모든 사안들을 협의·결정하고, 그들의 동향을 파악하거나 관리하는 역할을 맡고 있었다.[97]

특히 유학생들이 관비로 게이오의숙에서 공부하고 있었던 만큼 그들에게 귀국해야 할 사유가 발생했을 경우, 주일공사는 일일이 상황을 외부에 보고·상의한 뒤 그 여부를 결정하였다. 1895년 7월 초 주일공사 고영희는 유학생 중 중병자를 즉시 귀국시키라는 학부의 훈령을 게이오의숙 측에 전달하고, 대상자들을 직접 심사하였다. 그 결과 조원규趙元奎·윤기주尹基周 등 7명이 병으로 인해 학업을 계속 수행하기가 힘들다고 판단되었기 때문에 고영희는 학자금 중에서 1인당 30원씩을 그들에게 지급하여 일본우선 스루가마루로 귀국시켰다.[98] 이어 박서양朴敍陽이 상을 당한 사실을 외부에 알려 귀국 허락을 받기도 하였다.[99]

또한 9월 대리공사 이태직은 유학생 중 중병을 앓아 치료가 필요하거

●

97 《주일공사관일기》나 이태직의 일기를 보면, 주일공사 혹은 서리공사가 게이오의숙을 방문하거나 후쿠자와와 왕래하거나 학생들과 만나는 기록이 자주 나온다. 그들은 병으로 입원해 있는 유학생들을 병원으로 찾아가 위문하기도 하였다. 《주일공사관일기》, 1895년 5월 17일자; 이태직, 앞의 책, 44쪽, 1895년 6월 6일자; 56쪽, 6월 21일자; 78쪽, 7월 29일자.
98 《주일안》 1, 1895년 7월 6일; 《주일공사관일기》, 1895년 7월 6일자.
99 《주일안》 1, 지령 제14호, 1895년 7월 11일.

나 친상을 당한 18명을 귀국시키기로 결정한 뒤 이들 가운데 15명에게
만 선박료 20원씩을 지급하였다. 그러나 여기에서 제외된 상을 당한 3명
이 간절히 애원하였기 때문에 이태직은 자신의 판단 아래 공전 20원씩을
지급하였으므로 이 금액을 학부에서 보충해달라고 요구하였다.[100] 그 뒤
에도 유학생들의 귀국 요청이 잇따랐다. 학부에서는 9월 27일 부친상을
당한 3명, 10월 17일 부친상을 당한 4명과 신병이 있는 9명의 귀국을
허가해주었다.[101] 그런데 11월 3일 이태직이 외부로 받은 훈령에는 10월
17일자로 허가해준 13명 외에 박완서·박정선 등이 추가된 15명이었
다.[102] 이어 학부는 11월 12일 병을 앓는 엄주일嚴桂一·박병헌朴炳憲과
부친상을 당한 유문상劉文相을 귀국하도록 허락하였다.[103] 아울러 이태
직은 그들 외에 장원식張源植 등 6명도 중병에 걸렸으므로 귀국시키는
것이 좋겠다는 게이오의숙의 공문을 외부로 보냈다.[104]

　　유학생들의 귀국 요청이 점차 늘어나자 이태직은 직접 대상자들의 실
태 조사를 벌였다. 이를 토대로 그는 엄주일·박병헌과 게이오의숙에서

---

100 《주일래안》 1, 신정 제12호, 1895년 9월 10일; 《주일공사관일기》, 1895년 9월 10일자. 이
　　때 귀국 대상자 18명은 오주영·유진세·조동혁·오형근·강용갑·백철수·이한응·윤구선·
　　이범학·홍언표·이희진·이흥준·이원승·김세태·김성규·황우선·임준상·이의순 등이다.
101 《학부래거문》 조복 제15호, 1895년 9월 27일; 조회 제16호, 1895년 10월 17일. 10월 17일
　　귀국을 허가한 13명은 김경제·이종화·오재철·최상돈·변지완·이규삼·정은모·서병무·
　　최규복·이근상·이시무·이희준·장규환 등이었다.
102 《주일안》 1, 훈령 제24호, 1895년 11월 3일.
103 《학부래거문》 권1, 조회 제21호, 1895년 11월 12일; 《주일안》 1, 훈령 제31호, 11월 13일.
104 《주일안》 1, 신정 제23호, 1895년 11월 16일.

의뢰한 장원식 등 6명, 학부에서 의뢰한 15명 중 김경제金敬濟·이종화 李鍾華·박정선 朴正善 등 6명은 귀국시키되, 유문상은 신병도 없고 보통 과를 졸업하여 장차 전문학교에 입학할 예정이므로 출국시키지 않겠다 는 보고서를 올렸다. 그 결과 1896년 1월 4일 병을 앓았던 엄주일·장원 식 등 8명이, 1월 15일 박정선이, 16일 이종화·김경제 등 4명이 각각 귀국하였다.[105] 아울러 1월 7일 이태직은 학생들에게 외부 공문에 따라 신병이 실제로 있는 자들을 환국시키도록 조치했는데, 앞으로 병든 자 는 공문에 의거하여 귀국시키겠다고 언명함으로써 유학생의 귀국문제 를 엄격히 처리하겠다는 뜻을 밝혔다.[106]

마지막으로 주일공사는 게이오의숙 졸업생의 진로와 군부 파견 유학 생에 대한 관리도 맡고 있었다. 1895년 9월 군부에서 파견한 조희문趙義 聞·권동진權東鎭·이희두李凞斗·백학로白鶴露, 유람조사로 왔다가 잔 류한 박장화朴莊和 그리고 게이오의숙에서 퇴학당한 박희병 등이 세이 죠학교에 입학하였는데, 학비를 제대로 지급해주지 않아서 곤란한 상황 에 처해 있었다. 이에 이태직은 그들의 간청에 따라 일단 180원을 지급 한 뒤, 이러한 사실을 내각과 군부에 전달해달라고 요구하였다.[107]

이어 1896년 1월 게이오의숙 보통과를 졸업한 최병태崔炳台·장명근 張明根도 세이죠학교에 입학하였는데, 이들 역시 학비·장비대금을 내

---

[105] 《주일안》 1, 신정 제24호, 1896년 1월 14일; 《친목회회보》 2, 263쪽.
[106] 《친목회회보》 제2호, 260쪽.
[107] 《주일래안》 1, 신정 제20호, 1895년 11월 16일.

지 못해서 학업을 중단할 위기에 몰려 있었기 때문에 이태직은 조속히 자금을 보내달라고 거듭 요청하였다.[108] 또한 1895년 11월 이태직은 게 이오의숙에서 시험을 통과해서 초학보통과 졸업을 인정받은 김윤구·박 정선·장명근 등 8명을 전문학교에 진학시키고자 하니 그 여부를 결정해 달라고 보고하였다.[109]

## 2 — 근대식 기계와 서적 구입

주일공사는 근대적 시설을 운영하는 데 필요한 각종 기계·재료·서적 등을 알선·구입하는 역할을 담당하였다. 우선 주일공사는 전환국의 의 뢰를 받아 화폐 주조용 극인極印 1,000개를 원활하게 공급할 수 있도록 주선하였다.[110] 또한 김정우가 일본 도쿄 하치오지 등지에 와서 조지造紙 방법을 견습하고 조지 기계를 구매할 때에도 주일공사는 그 일이 착오 없이 성사될 수 있게끔 편의를 봐주었다.[111] 1895년 4월 학부가 외부에 관립사범학교 및 소학교 교사의 교육서를 편찬하는 데 참고하기 위해 도쿄의 심상尋常사범학교와 고등사범학교의 교과서 및 참고서를 1부씩 구입해달라고 요청했을 때에도, 대리공사 한영원은 사이온지에게 서적

●

108 《주일래안》 1, 신정 제32호, 1896년 2월 25일.

109 《주일래안》 1, 신정 제21호, 1895년 11월 16일.

110 《통서일기》 3, 431쪽, 1895년 10월 3일자; 《주일안》 1, 훈령 제23호, 1895년 11월 3일; 《주일공사관일기》, 1895년 11월 14일자.

111 《주일안》 1, 훈령 제10호, 1895년 6월 20일; 《주일공사관일기》, 1895년 7월 13일자.

구입을 의뢰하여 그로부터 전달받은 《현행서명실가현록現行書名實價懸錄》을 보내줌으로써 학부에서 활용할 수 있도록 조처하였다.[112]

또한 주일공사 고영희는 주일 오스트리아 대리공사로부터 외국과 조약을 정할 때 등본을 예비하는 것이 상례이고, 조약을 완결하면 책자를 만들되 그 모양과 장식을 단정히 하는 것이 외교상 중요하므로 이러한 관례를 정부에 전달해서 조속히 그 양식을 통보해달라고 의뢰받자, 이 사실을 외부대신에게 보고하면서 책자의 모양을 탐구해서 정해줄 것을 요청하였다.[113] 아울러 그는 외국사신알현규칙 1책, 번역보고 1책, 새로 제작한 국기 2부와 서함상書函箱 3개를 보내기도 하였다.[114]

마지막으로 탁지부에서 일본의 해관규칙을 연구하기 위해 유성준·안녕수安寧洙·조병교趙秉敎 등 10명을 파견하였을 때에도, 주일공사 고영희는 일본 외무성에 공문을 보내 요코하마해관에서 편의를 제공해달라고 요청하였다. 이에 대해 고영희는 사이온지로부터 그 요구를 들어주기로 했다는 통지를 받은 다음 유성준 등에게 일러주었다.[115] 아울러 이태직은 안녕수·조병교의 대장성 견습을 외무성에 의뢰하여 수시로 견습할 수 있게끔 알선해주었다.[116]

112 《일안》 3, 267쪽, #3623; 《주일공사관일기》, 1895년 5월 20, 21일자; 《주일안》 1, 신, 1895년 6월 26일; 지령 제12호, 1895년 7월 11일.
113 《주일래안》 1, 신정 제11호, 1895년 8월 5일.
114 《주일안》 1, 신정 제10호, 1895년 7월 28일.
115 《주일안》 1, 제7호, 1895년 윤5월 13일; 1895년 7월 6일; 《주일래안》 1, 신 8호, 1895년 7월 6일; 《주일공사관일기》, 1895년 7월 6일자.
116 《주일공사관일기》, 1895년 11얼 8일자.

## 3 — 외교사절단의 접대 및 업무 지원

갑오개혁 기간 중 조선정부는 일본에 사절단을 여러 차례 파견하였는데, 주일공사는 그들을 접대·안내하는 본연의 임무에 충실하였다. 정부는 1894년 9월 개혁 추진과정에서 일본의 지원을 요청하기 위해 보빙대사 의화군 이강을, 1895년 8월 시모노세키조약에서 일본이 조선의 독립을 보장해준 데 대해 사례한다는 핑계로 일본의 정세를 살펴보기 위해 특파대사 이재순을 각각 파견하였다.[117] 또한 1895년 9월 민비살해사건 직후 고종에 대해 유화책을 펴려는 일본정부의 권고로 의화군이 구미6국 보빙대사란 명목 아래 일본에 체류했으며,[118] 1896년 1월 이준용도 유학생으로 일본에 건너왔다. 따라서 주일공사는 그들이 오고갈 때 직접 나아가거나 관원 혹은 고용인을 파견해 영접했으며, 이준용에게는 유학절차를 밟아주었다.[119]

특히 의화군에 대해서는 야마자키를 고베로 마중 나가게 하였을 뿐 아니라 이태직을 비롯한 공사관원 전원이 요코하마에 가서 영접한 뒤 공사관에서 만찬을 베풀어주었다.[120] 이후에도 이태직은 그의 거처를 자주 방문하고 조지 기계·포병공창을 관람하거나 육군사관학교를 방문할

---

117 《승정원일기》, 1895년 7월 28일조; 《일관기록》 7, 203쪽.

118 의화군은 9월 15일 도쿄에 도착한 뒤 신병을 핑계로 머물렀다고 한다. 《일관기록》 7, 258쪽, (8); 이선근, 앞의 책, 670~671쪽.

119 《주일안》 1, 훈령 제19호, 1895년 8월 16일; 훈령 제21호, 9월 8일; 훈령 제26호, 11월 10일; 《주일공사관일기》, 1895년 8월 20, 22, 25, 9월 7, 12, 15일자.

120 《주일공사관일기》, 1895년 9월 12, 15일자.

때 동행했으며, 일본에서 육군학을 공부할 수 있도록 알선하고 학비를 지원하는 등 각별한 주의를 기울였다.[121] 이외에도 주일공사는 일본 내 정세를 탐문하기 위해 파견되었다고 알려진 하상기를 '영호另護'해주었고,[122] 일본박람회를 시찰하러 왔던 농상공부주사 손영길孫永吉·인천 항서기관 김창한金彰漢·전보국주사 유근억柳根億 등을 접대하였다.[123]

또한 주일공사는 1895년 3월 주미 서리공사 이현직이 귀국하거나 1896년 1월 주미공사 서광범이 부임할 때에도 요코하마로 마중을 나갔다.[124] 그리고 주미공사관의 부탁을 받은 민영찬閔泳讚이 귀국하는 길에 농상공부에서 필요한 우표 2상자를 요코하마세관에 맡겨두었을 때, 주일공사는 농상공부로부터 그 영수증을 전달받아 이를 신속하게 본국으로 발송해주기도 하였다.[125]

1894년 12월 일본의 강요로 주미 조선공사관을 폐지하여 주미 일본공사로 하여금 겸임토록 하려는 논의가 있었는데, 열강의 시선을 염두에 두지 않을 수 없었기 때문에 그 사무를 대행하는 방안이 추진되었던 것

---

[121] 《주일공사관일기》, 1895년 9월 19; 21, 22, 25, 27, 30일자, 10월 4, 5, 7, 8, 10, 11, 14, 16, 21, 25일자, 11월 7, 12일자.

[122] 학부는 주일공사에게 그를 관비생으로 게이오의숙에 입학시키라고 지시하였다. 《주일공사관일기》, 1895년 4월 20, 21일자, 9월 16일자; 《일관기록》 13, 322~323쪽, 기밀 제69호.

[123] 이들과 함께 李允果·丁克慶·劉堂·金祥演·李亨默·李泰中 등이 일본박람회를 유람하고 6월 1일 귀국하였다. 《관보》 1895년 5월 4일, 6월 1일; 《주일공사관일기》, 1895년 5월 25, 28, 29일자.

[124] 《주일공사관일기》, 1895년 3월 21일자, 4월 7, 8일자.

[125] 《주일안》 2, 훈령 제3호, 1896년 1월 25일.

같다.[126] 다행히 이러한 시도는 실행에 옮겨지지 않았지만, 정부는 재정의 궁핍으로 주미공관 운영비를 조달하는 데 어려움을 겪었다. 그래서 정부는 일본으로부터 차관을 얻어서 그 일부를 요코하마쇼킨은행橫濱正金銀行에 예치하고 미국 뉴욕의 일본은행에 환전하여 주미공사에게 4차로 나누어 지급하라고 주일서리공사에게 지시하였다. 이에 이태직은 탁지부에서 보내준 공문과 수령증을 지참하고 서광범과 함께 요코하마로 가서 주미공관비를 인출하도록 도와주었다.[127]

### 4 — 조선 관련 정보 수집

주일공사는 일본 정부관리 및 주일 외교사절단들과 교유하거나 각종 신문을 통해 조선에 관련된 정보를 수집·보고하였다. 1895년 4월 20일 서리공사 한영원은 삼국간섭으로 말미암아 일본이 요동반도를 청국에 반환할 것이라는 정세를 파악하여 전보로 알려주었을 뿐 아니라 청일강화조약 교환 후 반포된 칙어와 지도를 입수해서 우송하였다.[128] 그리고 민비살해사건 후 일본 궁내부가 조문을 표하여 발상한 연유를 전보로 보냈는데, 그 내용이 담긴 《관보》를 번역해서 보냈다.[129]

●

126 《일안》 3, 192쪽, #3439.
127 《주일안》 1, 훈령 제28호, 1895년 11월 13일; 신정 제25호, 1896년 1월 14일; 《주일안》
  2, 훈령 제1호, 1896년 1월 16일; 신정 제28호, 1896년 1월 26일; 이태직, 앞의 책, 153~154
  쪽, 1896년 1월 24, 25일자.
128 《주일공사관일기》, 1895년 4월 20, 21일자.

또한 주일공사는 1895년 6월 3일 폭풍우로 말미암아 발생한 열차 탈선 및 전복, 선박 파괴, 어선 실종, 가옥 파괴, 저수지 파괴, 사상자 다수 등 피해 상황을 나열하면서 이로 말미암아 농작에 막심한 손해를 끼쳐서 쌀값이 등귀하였다고 보고하였다. 주목할 만한 사실은 효고현兵庫縣 츠나군津名郡 거주 모리노森野·오타太田 등이 조선연해에 원양어업을 시도하고 돌아왔는데, 모리노는 출어일수 2백여 일에 6,060원을 수확하고, 오타는 2,700여 원을 수확하였으니 그 이익이 일본연해에서 얻은 것보다 훨씬 많으므로 다시 출어하려고 준비한다는 신문 기사를 발췌·보고한 것이다.[130] 이러한 신문 기사로 말미암아 일본의 경제침탈이 가속화되는 상황을 우려함과 아울러 시급히 이에 대한 대책을 강구하라고 촉구하는 주일공사의 의도가 담겨져 있기 때문이다.

129 《주일안》 1, 신정 제18호, 1895년 10월 20일.
130 《주일안》 1, 폭풍우보고, 조선어업이익보고, 1895년 7월.

# 03

—

## 아관파천·대한제국 전기(1896~1900)

—

—

### 1 — 정치·경제적 현안 처리

#### 1) 의화군·이준용 및 망명자 송환 교섭

아관파천 직후 양국 간에 가장 민감하고도 껄끄러운 사안은 바로 일본에 체재 중인 의화군 이강과 이준용 및 망명자 처리문제였다. 고종이 아관파천을 민비(명성황후)살해사건에 대한 '복수'라고 언급할 만큼 망명자들에게 적개심을 품고 있었기 때문이다.[131] 이러한 분위기 속에서 유학생 신분의 의화군·이준용은 정부로부터 유학비용을 받지 못하게 될 것이라고 우려했으며, 조희연·유길준 등 망명자들도 불안한 나머지 일본을 떠나서 상하이 혹은 홍콩으로 도피하려고 작정하기까지 하였다.[132] 비록 정부가 직접 일본정부에 전보 혹은 주일공사를 통해 예전과

●

131 《일관기록》 10, 90쪽, 전보 50.

다름없이 친밀한 관계를 유지할 것이라는 입장을 전달했지만, 망명자들의 처리를 둘러싸고 양국의 정치권에는 긴장감이 고조되었다.[133]

의화군·이준용은 망명자는 아니었지만 박영효를 비롯한 망명자들과 교류하면서 그들의 구심점 역할을 하고 있었다. 특히 박영효는 의화군을 국왕으로 추대한 다음 자신이 정국의 주도권을 장악하려고 구상했으며, 이준용 역시 흥선대원군이 보내주는 자금으로 유학생을 포섭하려고 시도하였다. 이로 말미암아 그들은 국왕 고종의 지위를 위협할 수 있는 존재로 인식되었다. 그 와중에서 의화군과 망명자들의 합동촬영 사진을 입수한 정부는 의화군에게 귀국을 권고했으나 그는 박영효의 적극적인 만류로 이를 거부하였다. 이에 정부는 의화군과 박영효를 이간시키거나 그들을 암살하려고 시도했지만 실패하고 말았다.[134]

따라서 정부는 주일공사를 통해 의화군과 이준용에게 학자금을 지급하는 동시에 그들의 동태를 파악하기가 용이하다고 판단된 미국으로 이주시키려는 일종의 유화책을 추진하였다.[135] 아울러 외부번역관 박용규朴鎔奎와 미국인 언더우드Horace G. Underwood를 일본에 파견하여 의화

●

132 《東京朝日新聞》, 1896년 2월 15일자, 〈朝鮮公使館と同國人〉.

133 외무차관 하라 다카시는 이 전보를 받자마자 관리를 통해 조선정부의 취지를 이준용 등에게도 통지해주었다고 한다. 《東京朝日新聞》, 1896년 2월 19일자, 〈朝鮮政府の通知〉 및 〈外務省の通知〉.

134 현광호, 앞의 논문, 1039~1040쪽.

135 《주일래안》 1, 신정 제5호, 1896년 5월 10일; 신정 제32호, 12월 8일; 신정 제35호, 12월 24일; 《주일안》 2, 신복 제8호, 6월 7일; 《주일안》 3, 훈령, 9월 22일; 《일관기록》 12, 64~65쪽, 기밀송 제26호.

군에게 미국으로 유학하라는 밀명을 전달하였다. 이러한 상황 속에서 일본정부는 그들을 본국에 인도해줄 수 없지만, 타국으로 여행하도록 주선함으로써 관계 개선의 호기회로 삼으려 하였다. 그 결과 1897년 5월 22일 의화군은 수원 박용규·신성구申聲求 등과 함께 요코하마에서 코프칙호를 타고 샌프란시스코로,[136] 이어 8월 25일 이준용 역시 종자 이정양李正暘·정재순鄭在淳·정운복鄭雲復 등 3명을 데리고 영국으로 각각 떠났다.[137] 이로써 의화군·이준용 등을 비롯한 망명자 처리문제는 일단락되기에 이르렀다.

의화군은 미국으로 유학한 지 1년 만인 1898년 5월에, 이준용은 영국으로 건너간 지 1년 5개월 만인 1899년 1월 20일에 각각 일본으로 되돌아왔다.[138] 따라서 정부는 주일공사를 통해 그들에게 생활비 등을 전달하면서 동태를 파악하는 등 경계를 늦추지 않았다.[139] 그러나 고종폐위사건(1898)과 아관파천으로 각각 일본으로 망명했던 안경수·권형진이

●

136 이 날 오전에 의화군은 주일공사관 서기생 유찬과 함께 미국선교사 루메스를 방문했으며, 승선하기 직전 박영효와 잠시 밀담을 나누었다고 한다. 《일외서》 30, 310쪽, #169; 311쪽, #170; 311~312쪽, #171; 312~315쪽, #172; 315쪽, #173; 《일관기록》 12, 71~72쪽, 기밀송 제40호 별지.

137 《일관기록》 12, 224~225쪽, 왕62호; 248쪽, 왕103호; 253쪽, 래74호; 《일외서》 30, 315~316쪽, #174; 317쪽, #177; 318쪽, #179; 320쪽, #181.

138 《일외서》 32, 323쪽, #201; 河村一夫, 〈朝鮮國王族李埈鎔の來日について(一)〉, 《朝鮮學報》 133, 1989.

139 《주일서래거안》 4, 훈령, 1898년 12월 2일; 《주일공관래거안》 5, 보고 제1호, 1899년 2월 7일; 훈령 제3호, 2월 9일; 보고 제7호, 4월 17일; 훈령 제9호, 1899년 7월 1일; 보고 제13호, 7월 28일; 《일관기록》 13, 337쪽, 기밀송 제2호.

1900년 초 귀국·처형당한 사건을 계기로 사태는 급변하기 시작하였다.[140] 5월 16일과 24일에 경무사 및 평리원 재판장임시서리로 임명된 이유인李裕寅은 신속하게 재판을 진행하여 5월 27일 안경수·권형진에게 '모반대역' 등을 적용해서 교수형을 선고한 다음 28일 형을 집행하였던 것이다.[141] 고종은 이유인 등에게 선고 즉시 상주하지 않은 채 자의로 형을 집행한 죄를 물어 유流 10년 등의 처벌을 내렸지만, 이는 다분히 일본 측의 반발을 무마시키려는 의도에 지나지 않았다.

실제로 안경수 등의 처형 소식에 접한 하야시 공사는 곧바로 외부에 양국의 합의를 어긴 채 가혹하게 고문한 뒤 처형시킨 데 항의하면서 시신검사를 요청했으며, 심지어 일본정부에 군함 수 척을 쓰시마의 다케시키竹敷 부근까지라도 파견하고 이를 신문지상에 공개하는 등 시위를 벌여달라고 건의했던 것이다. 이처럼 그가 안경수사건에 강경한 태도를 취한 까닭은 이로 말미암아 일본의 위신이 추락되면 향후 대한정책을 추진하는 데 지장을 초래할 염려가 있었기 때문이다.[142]

이에 대해 외부대신 박제순은 고문행위는 없었으며, 재판·처형은 본

---

140 권형진은 樺山某로 이름을 바꾸고 기소카와마루로 5월 6일 오사카 혹은 고베를 출발했으며, 이하영은 그 사실을 정부에 전보로 알려주었다고 한다. 《일관기록》 13, 468쪽, 왕76.
141 《고종실록》, 1900년 5월 27일조; 《일성록》, 1900년 4월 29일조; 《황성신문》, 1900년 5월 29일자 잡보. 안경수사건에 관해서는 최준, 〈을미망명자의 나환문제─한일양국간의 외교분쟁─〉, 《백산학보》 8, 1970, 511~519쪽; 송경원, 〈한말 안경수의 정치활동과 대외인식〉, 《한국사상사학》 8, 1997, 257~258쪽 참조.
142 《일안》 4, 679~682쪽, #5725~5729; 682~683쪽, #5730~5733; 《일관기록》 13, 472쪽, 왕 106; 송경원, 앞의 논문, 258~260쪽.

국의 권리이므로 타인이 관여할 바가 아니라고 답하면서 언제든지 시신을 검사할 용의가 있다고 통보하였다.[143] 아울러 6월 3일 하야시 공사가 일본정부의 생각에 반해서 행동하는 것으로 의심한 박제순은 주일공사 이하영에게 그의 항의 내용을 전달하면서 "이 일을 타협하기 전에 알현을 허락하지 않는다"는 뜻을 일본 외무대신에게 알리도록 조처하였다. 6월 7일 이하영은 이를 아오키 외무대신에게 문서로 통보했고, 아오키는 그 문서가 무엇을 의미하는가를 해명해달라고 요구하면서 어쨌든 일본공사가 알현을 신청하면 어떤 경우라도 속히 윤허해주도록 한국정부에 통지해주기를 바란다는 뜻을 전하였다.[144]

그런데 이 과정에서 이하영이 아오키에게 문서를 전달한 것이 아니라 직접 만나서 정부의 훈령을 통보했더니 그가 깊이 생각한 후 다시 회변하겠다는 답변을 들었다고 외부대신에게 보고했다는 소문이 나돌았다.[145] 이 소문은 곧 사실무근임이 밝혀졌지만,[146] 하야시는 아오키에게 그처럼 답변을 망설였다면 매우 유감스럽다는 입장을 표명하면서, 그렇지 않을 경우 주일공사 이하영에게 그 점에 대해서 분명하게 답변해줄 것을 요구하였다. 또한 그는 한국정부가 일본정부에 대해 취한 조치가 한국 신문에 보도되어 마치 자신이 한국정부 측에 매우 무례하게 행동한

●

143 《일안》 4, 676~677쪽, #5720~5721; 677~679쪽, #5722~5724.
144 《일관기록》 14, 420~421쪽, 기밀송 제30호; 《일관기록》 15, 265쪽, 전 제108호; 《황성신문》, 1900년 6월 5, 11일자 잡보.
145 《일관기록》 15, 266쪽, 전보 #81; 327쪽, 전보 #38.
146 《황성신문》, 1900년 6월 14일자 잡보.

것처럼 인식됨으로써 자신의 입지가 좁아지고 있는 점에 대해 불만을 토로하기도 하였다.[147] 이에 대해 아오키는 하야시에게 자신이 그렇게 답변하지 않았다고 밝히면서 안경수문제에 대해 너무 심각하게 처리하지 말라고 당부했던 것이다.[148]

이처럼 안경수사건으로 말미암아 한일관계가 더 이상 경색되는 사태는 양국 모두 원치 않은 일이었기 때문에 점차 타협의 분위기가 조성되기 시작하였다. 박제순도 하야시에게 이유인 등의 처벌 사항을 알려주고, 주일공사를 통해 일본정부에게 전달된 조처가 아무런 적대감이나 심각성을 갖지 않고 있다고 말하면서 그러한 내용이 한국 신문에 보도된 점에 대해 사과했던 것이다. 이어 하야시의 고종 알현도 성사되었다.[149] 이 소식은 곧바로 일본에 전달되었고, 6월 14일 아오키는 이하영에게 안경수사건으로 야기된 양국의 갈등이 충분히 해결된 것으로 여겨진다고 밝힘으로써 표면상 이 사건은 마무리되기에 이르렀다.[150]

그러나 이 사건을 계기로 조선정부가 고종의 황위를 위협하는 존재로 여겨졌던 이준용과 유길준 등 망명자들의 소환을 재차 시도했기 때문에 양국 간의 긴장은 지속되고 있었다. 안경수에 대한 심문과정에서 이준용 등이 모의에 가담했다는 사실이 밝혀졌으므로 이준용의 학자금 지급

---

147 《일관기록》 15, 266~267쪽, 전보112; 《황성신문》, 1900년 6월 6, 11일자 잡보.
148 《일관기록》 14, 420~421쪽, 기밀송 제30호; 《일관기록》 15, 쪽328, 전보38.
149 《일관기록》 15, 267쪽, 전보114; 268쪽, 전보119.
150 《한국근대사에 대한 자료》, 430쪽.

을 중단하고 일본정부에 조회해서 그들을 즉각 체포·소환하라고 이하영에게 지시했던 것이다.[151] 이에 따라 이하영은 정부의 훈령을 이준용에게 전하고 즉각 귀국하라고 여러 차례 독촉했지만, 그가 신병을 이유로 응하지 않아서 환국시킬 수 없으므로 대책을 강구해달라고 보고하였다.[152] 아울러 이하영은 범죄자 이준용 외 5명 등을 체포·인도해달라고 아오키에게 요청했으나 그는 정치상 혹은 그 이외의 범죄라도 양국 간에는 범죄인인도조약이 없다는 이유로 거절당하였다.[153]

이에 대한 일종의 항의 표시로 7월 5일 정부는 이하영에게 귀국하라고 지시하면서 참서관 박용화를 대리공사로 임명하였다.[154] 이러한 조치에 대해서는 이하영이 누군가로부터 모함을 받아 고종의 신임을 잃어버렸기 때문에 일본에서 직무를 수행할 수가 없게 되자 속히 귀국시켜 달라고 요청했고, 이를 고종이 받아들였다는 관측이 나돌았다.[155] 결국 7월 23일경 이하영은 도쿄를 출발, 8월 3일 고종을 알현하였다.[156]

---

151 《주일공관래거안》 6, 훈령, 1900년 6월 7일; 훈령 제19호, 6월 10일; 《황성신문》, 1900년 6월 20일자 잡보.

152 《주일공관래거안》 6, 보고 제5호, 1900년 6월 17일; 《황성신문》, 1900년 6월 26일자 잡보; 《일관기록》 14, 356쪽, 기밀 제57호.

153 《주일공관래거안》 6, 보고 제9호, 1900년 6월 27일; 《일관기록》 14, 423~424쪽, 기밀송 제33호; 《황성신문》, 1900년 7월 9일자 잡보; 현광호, 앞의 책, 138쪽.

154 《交涉局日記》(《舊韓國外交官係附屬文書》 7), 高麗大學校 亞細亞問題硏究所, 1974, 212쪽, 1900년 7월 5일자.

155 《일관기록》 15, 276쪽, 전보143; 《일관기록》 14, 360~361쪽, 기밀 제64호; 372~373쪽, 기밀 제80호.

156 한철호, 앞의 논문(2003), 387~389쪽.

## 2) 민비살해사건 재심 촉구

1896년 1월 14일 일본으로 소환된 민비 살해범들은 제5사단 군법회의에서 구스노세 유키히코楠瀨幸彦 중좌 이하 전원이 무죄로, 이어 1월 20일 히로시마지방재판소의 예심에서 전원 불기소로 각각 결정됨으로써 군·관·민 모두 자유의 몸이 되었다. 주지하다시피, 일본의 재판 목적은 죄상을 규명하는 것이 아니라 각국의 비난과 공격을 의식해서 국제적인 대사건으로 확대되는 것을 막으려는 데 있었다. 이러한 소식이 전해지자 2월 23일 고종은 이 사건의 진상을 재조사하라는 조칙을 발포했고, 4월 18일 선고공판에서 기소자 10명 중 9명이 유종신·유형·역형 등에 처해졌다. 아울러 법부협판 겸 고등재판소 판사 권재형은 법부대신 이범진에게 〈개국오백사년팔월사변보고서開國五百四年八月事變報告書〉를 제출하였다.[157]

이처럼 민비살해사건에 대한 조사가 마무리되자 5월 27일 외부대신 이완용은 사건 당시의 상세한 사실을 기록한 보고서를 주일공사 이하영에게 보내면서 사건의 진상을 명확히 파악·대비함과 아울러, 즉시 일본 외무대신에게 이를 전달하면서 만약 범죄자를 가려내어 법치로써 다스리면 '인민의 원한지심怨恨之心'도 저절로 풀어질 것이고 정부도 일본인에 대한 가해행위를 막을 수 있을 것이라는 입장을 표명하라는 훈령을 보냈다.[158]

157 한철호, 앞의 책, 132~133쪽.
158 《주일안》 2, 훈령 제19호, 1896년 5월 27일.

이에 따라 7월 21일 이하영은 외부대신 이완용이 작성한 각서를 일본 외무대신 사이온지에게 제출하면서 조선정부가 민비살해사건에 관한 새로운 증거를 발견했으므로 일본정부에서 다시 재판을 열어달라는 뜻을 전달하였다. 8월 1일 사이온지는 하라 공사에게 각서 사본을 발송하였다. 한편 7월 30일 하라는 이완용으로부터 주일공사 이하영이 외무성에 민비살해사건의 재심을 청구했음에도 아직까지 회답이 없는 이유가 무엇인가라는 질문을 받았다. 따라서 그는 사이온지에게 그 사실 여부와 함께 대응책을 문의하였고, 사이온지는 재심을 도저히 받아들일 수 없다는 입장을 이하영에게 표명하면서 각서를 반환할 작정이라고 알려주었다. 아울러 사이온지는 하라에게 당시 조선에서 진행 중인 경인 및 경부철도부설권 협상에 악영향을 끼치지 않기 위해 각서에 대한 회답을 연기하고 있다고 밝혔다. 하라 역시 조선정부 내에서 아직 살해사건의 재심건에 희망을 걸고 있는 분위기를 전달한 다음, 철도문제가 결말날 때까지 각서의 반환을 연기하는 데 동의하였다.[159]

이처럼 일본정부는 조선의 철도부설권을 획득하기 위해 전략상 각서에 대한 회답을 늦추고 있었을 뿐 민비살해사건의 재심을 받아들여 살해범들을 처벌할 의향을 전혀 갖고 있지 않았다. 그 후 이하영은 외부대신과 여러 차례 담판을 벌였지만, 아무런 성과를 거둘 수 없었다.[160] 일본

159 사이온지는 8월 4일 이 각서의 사본을 사법대신에게 보냈으며, 10월 9일에야 오쿠마 외무대신은 이하영에게 직접 돌려주었다. 《일관기록》 10, 166쪽, (246); 49~50쪽, 기밀송 제63호; 市川正明, 《日韓外交史料 (5)韓國王妃殺害事件》, 原書房, 1981, 456쪽, #366, 註.
160 《고종실록》, 1897년 5월 28일조.

정부에서 범인들을 엄중히 처벌하겠다는 답변을 해주지 않을 경우 조선 정부가 반일의병이나 일본인 살해를 진정시킬 수 없다고 강변했지만, 재심 요구는 양국의 국교상 바람직하지 않으므로 조선정부를 위해서도 받아들이지 않겠다는 답변만 들었을 뿐이었다.[161]

그러나 일본정부는 애초부터 일본인들을 처벌할 의향이 없었고, 이 소식을 전해들은 정부는 이하영에게 일본정부에 히로시마사건의 재심을 요구하라고 지시하였다. 귀국 직전인 11월 하순경 외무대신 오쿠마를 방문한 그는 이 사건으로 각지에서 의병이 일어나고 일본인을 적대시하여 살해하는 일까지 벌어지고 있지만, 정부에서는 이를 진정시킬 수가 없으므로 일본정부에서 범인들을 엄중히 처벌하겠다는 답변을 해달라고 제의하였다. 그러나 오쿠마는 본건의 재심 요구는 국교상 바람직하지 않으므로 조선정부를 위해서도 받아들이지 않겠다는 요지로 답변하면서 앞으로 일본상민이 범죄를 저지를 경우 일일이 조사·징벌함으로써 양국의 화호和好를 도모하겠다고 답변했을 뿐이다.[162]

이로 말미암아 일본 신문에는 이하영이 분개한 나머지 귀국을 굳게 결심하고 다시는 일본에 오지 않을 것이라는 기사가 게재되었다. 그는 신문 보도 내용을 부정하면서 오쿠마와는 담판을 벌인 것이 아니라 개인적인 상담 차원에서 정부의 지시대로 재심을 제의한 데 지나지 않는다는

---

[161] 《주일안》 3, 〈公使與外務大臣談草〉, 1896년 날짜 미상; 한철호, 〈갑오개혁·아관파천기 (1894~1897) 일본의 치외법권 행사와 조선의 대응〉, 《한국민족운동사연구》 56, 2008, 32~35쪽.

[162] 《주일안》 3, 〈公使與外務大臣談草〉, 1896년 날짜 미상.

입장을 밝혔다. 일본 외무대신일지라도 일국의 공사인 자신을 함부로 소환할 권력은 없다는 것이다. 또한 그는 처음부터 재심이 이뤄지지 않을 것으로 알고 있었기 때문에 일본정부의 방침을 그대로 정부에 전보로 보고했지만, 귀국 직전까지 정부가 아무런 답전을 보내지 않은 것은 애초부터 이를 성사시키기보다 국민들의 반일행동을 무마시키려는 데 목적이 있었다고 해명하였다.[163] 그러나 이하영의 귀국조치는 일본정부에 대한 일종의 항의 표시이거나 혹은 양국 간의 갈등을 해소시킬 일종의 명분찾기였다고 여겨진다.

### 3) 철도부설권 논의

아관파천 후 정부는 일본의 영향력에서 벗어나기 위한 일환으로 경인 및 경의철도부설권을 각각 미국인·프랑스인에게 양여하고, 나아가 1896년 11월 5일에는 재정 부족을 이유로 향후 1년간 외국인에게 철도부설권을 허가하지 않겠다는 조칙을 선포하기에 이르렀다. 이로 말미암아 갑오개혁 초기인 1894년 8월 〈조일잠정합동〉의 체결로 경부철도부설에 대한 우선권을 확보했다고 여겼던 일본과의 협상은 중단되지 않을 수 없었다. 따라서 일본정부는 조칙이 〈조일잠정합동〉을 무시한 것이라고 강력히 항의했고, 조선 측의 거부 이유 가운데 하나인 의병활동이 진정될 때까지 철도부설권을 타국에 양도하지 않을 것을 보장하는 비밀조약을 체결하자고 요구하기도 하였다.[164]

---

163 《東京日日新聞》, 1897년 1월 1일자, 〈朝鮮公使李夏榮氏を訪ふ〉.

이에 대해 10월 3일 외부대신서리 고영희는 주일공사 이하영에게, 민비살해사건 이래 반일감정이 극도로 악화되어 있는 상황에서 철도부설권을 넘겨주면 커다란 반발이 일어날 것인데도, 주한공사 가토 마스오가 그러한 사정을 고려하지 않고 협상을 독촉하고 있으니 외무대신을 직접 방문하여 의병활동이 잠잠해진 후에 논의할 것을 제의하도록 지시하였다.[165] 이에 따라 이하영은 외무대신 사이온지에게 정부의 입장을 전달했지만, 일본 내에서는 그가 경부철도부설권을 일본에게 내주지 말라고 국왕에게 은밀히 상주했다고 알려짐으로써 곤란한 입장에 처해 있었다. 그래서 그는 경부철도부설권에 대한 일본의 태도를 정부에 직접 전달하고자 급히 귀국을 요청했으나 아무런 답변을 듣지 못하고 있었다. 이로 말미암아 그가 귀국하기로 결심했고, 조만간 귀국해서 주일공사직을 사직하거나 전임하게 될 것이라는 소문도 나돌았다.[166]

그 후에도 이하영은 사이온지와 여러 차례 면담을 가졌다. 이때 그는 자신은 경부철도부설권을 일본에 허락하는 것을 찬성하기 때문에 정부에도 이를 신속히 허가해달라고 요청했고, 이로 인해 정부로부터 일본인에게 농락 당했다는 혐의를 받기도 했다고 토로하였다.[167] 그러나 실제로 그는 "일본[인]은 실로 왕비의 원수이므로 도저히 친교·상뢰할 만

---

164 정재정, 앞의 책, 44~45쪽; 《東京朝日新聞》, 1896년 9월 22일자, 〈京釜鐵道と韓廷〉; 11월 25일자, 〈公使嚴談〉; 11월 28일자, 〈加藤代理公使の談判〉.

165 《주일안》 3, 훈령, 1896년 10월 3일.

166 《東京朝日新聞》, 1896년 10월 8일자, 〈李朝鮮公使〉; 10월 21일자, 〈京釜鐵道と李公使〉.

167 《東京日日新聞》, 1897년 1월 1일, 〈朝鮮公使李夏榮氏を訪ふ〉.

한 자들이 아니다. 이에 반해서 러시아는 세계 강국인데도 조선에 호의를 다하니 이에 의지해서 조선의 독립을 유지하는 것이 득책이다"라고 판단하고 있었기 때문에 "경부철도는 단연 일본인에게 허가해서는 안 된다"는 반일적 입장을 취하고 있었다. 따라서 그가 귀국 도중 부산주재 일본영사 이쥬인과 담화를 나누었을 때, 경부철도부설권을 일본에게 양여하라는 자신의 의견이 받아들여지지 않을 가능성이 많으므로 귀국을 요청했던 것인데, 만약 서울로 올라간 뒤 자신의 의견이 받아들여지지 않을 경우 단연코 일본공사직을 사임할 작정이라고 말한 것은 단순한 외교적 수사에 불과했다고 판단된다.[168]

한편 1899년 7월 중순 독일이 경원철도부설권을 획득하려고 시도하자 8월 1일 아오키 외무대신은 하야시에게 수단과 방법을 가리지 말고 이를 저지시키라고 지시하였다.[169] 이에 하야시는 고종을 알현한 자리에서 이 문제에 대해 이의를 제기하는 동시에 경원·경의철도를 저당잡혀 영·미 등으로부터 자금을 차입하려는 한국인의 움직임에 제동을 걸었다. 고종은 이들 철도부설권을 외국에 양여 또는 저당을 허가할 의사가 전혀 없으며, 철도부설방법에 대해서는 이하영으로 하여금 그 방법을 강구하도록 했으므로 그 용건의 대체적인 내용이 정리되는 대로 그를 공사로 삼아 일본에 파견할 생각이라고 답변했다고 한다.[170] 이로 말미

●

168 《일관기록》 12, 300~301쪽, 기밀 제2호.
169 《일관기록》 13, 371쪽, 기밀 제46호.
170 《일관기록》 13, 329쪽, 기밀 제76호.

암아 10월 초순경 정부가 이하영을 주일 전권공사로 파견하려고 고려 중이라는 추측이 나돌았지만 실제로는 이뤄지지 않았다.[171]


## 2 ─ 재일유학생 관리·감독

주일공사관 개설 이후 주일공사가 맡았던 중요 업무 중의 하나는 일본의 근대적 문물과 제도를 습득하기 위해 파견된 유학생들을 체계적으로 관리·감독하는 일이었다. 그런데 아관파천으로 양국관계가 냉각됨에 따라 유학생정책에 급격한 변화가 일어났다. 학부는 유학생의 규모를 대폭 축소시키기 위해 먼저 1896년 3월 초 게이오의숙 유학생의 '정선전권精選全權'을 주일공사에게 부여하기로 결정한 다음, 대리공사 이태직에게 의숙장과 상의하여 조속히 시행하라는 훈령을 내렸다.[172] 이어 3월 20일 학부는 외부에 주일대리공사에게 게이오의숙 유학생 136명 가운데 "신체 건강하고 성격이 강명强明하고 학업을 독공篤攻하고 품행이 단정한 자 50명" 이하를 '정선'할 전권을 부여해달라고 요청했고, 24일 외부는 이를 주일공사관에 전달하였다. 이러한 조치는 유학생들 가운데 구정권과 관련된 자들이 많았던 데다가 망명자들과 관계를 맺고 반정부운동을 펼칠지도 모른다는 우려에서 비롯된 것이었다.[173]

---

171 《일관기록》 14, 98쪽, 전보 #47.
172 《주일안》 2, 훈령 제7호, 1896년 3월 9일.
173 《주일안》 2, 훈령 제8호, 1896년 3월 24일. 재일유학생에 관해서는 박찬승, 〈1890년대

유학생들은 이 소식을 전해 듣고 크게 동요했으며, 동맹휴학에 돌입하거나 주일공사관을 방문하여 자세한 사정을 물었으나 "이 문제는 공사와 게이오의숙의 장이 상의하여 해결할 문제이니 학생들은 간여하지 말라"는 답변만 들었을 뿐이다.[174] 따라서 4월 20일 신임공사 이하영이 도쿄에 도착해서야 비로소 해결의 실마리가 풀리기 시작하였다. 이때 세이죠학교 및 게이오의숙에 재학 중인 유학생 수십 명이 이하영을 영접하러 나갔던 것은 단순히 공사에 대한 예우 차원이 아니라 자신들의 입장을 간접적으로나마 호소하기 위한 의도도 적지 않다고 여겨진다.[175]

5월 28일 이하영은 학생들에게 이번 조치는 "학부와 게이오의숙의 계약에 의한 것이어서 갑자기 해약할 수는 없는 일이다. 고로 여러분들은 내일이라도 당장 학업을 계속하면서 선처를 기다리도록 하라. 만약 귀국을 원하는 자가 있다면 공사에게 말해달라"고 당부하였다. 그러자 비로소 귀국 희망자들을 제외한 학생들은 그 다음 날부터 학업에 임하기 시작하였다.[176] 게이오의숙 측은 정부의 조치가 계약을 해지하려면 1년 전에 그 뜻을 통고해야 한다는 〈유학생감독 위탁계약서〉 14조에 위배된다고 주장하면서 이를 받아들이지 않았다. 이에 정부는 게이오의숙

●

후반 관비유학생의 도일유학〉에 잘 정리되어 있다. 여기에서는 이 논문을 참고하되 《주일 래거안》의 내용을 보충·수정하였다.

174 《친목회회보》 제3호(1896년 10월 23일), 128쪽, 〈친목회일기〉 4월 5일자.

175 《時事新報》, 1896년 4월 21일자, 〈朝鮮公使의 來着〉.

176 《친목회회보》 제3호, 134쪽, 〈친목회일기〉 1896년 5월 28일자. 6월 9일에는 4명의 유학생이 자진 귀국하였다.

유학생 133명 중 50명만을 전문학교로 취학시키고, 그들을 제외한 83명의 경비를 주일공사에게 보내서 신속하게 의숙에 지급하고 그들을 빨리 송환시키라는 지시를 거듭 내렸다.[177]

게이오의숙 측은 만약 50명을 각 전문학교로 분산하면 예전과 물가도 다를 뿐 아니라 그 외 비용이 과다할 듯하니 1명당 40원씩 50명의 예비금 2,000원과 1년치 학자금을 의숙에 미리 임치하고 수시로 발급하라고 요구하였다. 그러나 이하영은 어떤 학교에 분송하든지 1명당 15원이면 충분하며, 또 본국 학부에서도 이 금액 외에는 더 지급할 수 없다고 답변했기 때문에 더 이상 협상이 진전되지 않았다.[178] 결국 정부는 12월 말 의숙 측에 1년 후인 1897년 말로 계약을 해지하겠다고 통지하였다.[179] 실제로 학부는 1897년 12월 말 외부를 통해 주일공사관에 이들 학생들의 귀국 여비까지 이미 보냈으니 이후에 이들이 사숙私塾에 머무르겠다면 이는 학부에서 관여할 일이 아니며, 이후 각 학교와의 공문 수발은 공사가 알아서 처리하고, 나머지 학생들은 즉시 귀국시키라고 지시했던 것이다.[180]

주일공사는 게이오의숙 학생들 외에 사관생도의 송환에도 애를 먹고 있었다. 군부에서 무관학교를 설립하여 학도를 양성할 목적으로 사관학

---

177 《주일안》 2, 훈령 제23호, 1896년 6월 27일.
178 《주일래안》 1 및 《주일안》 2, 신정 제24호, 1896년 8월 13일; 《주일안》 2, 훈령, 8월 30일.
179 《주일안》 3, 훈령 제1호, 1897년 1월 3일; 《주일래안》 1, 신정 제2호, 2월 17일.
180 《학부래거문》 3, 조복 제94호, 1897년 12월 15일.

교 사관 성창기成暢基·조희범趙羲範·권학진權學鎭·왕유식王瑜植·이대규李大珪·김상설金商說 등 6명을 귀국시키려 하였다. 그런데 조희범과 사비생 이희두가 졸업할 때까지 환국하지 않겠다는 의사를 표시했기 때문에 이하영은 그들의 진퇴 여부를 결정해달라고 요청하였다.[181] 정부는 조희범의 경우 회국 명령을 받았는데도 불복했으므로 면관시키되, 이희두는 사비유학이므로 간섭할 바가 아니라고 통보하였다. 그러나 두 사람 모두 자신의 의지를 굽히지 않은 채 유학생활을 지속했고, 정부도 1898년 8월 16일에 그들의 일본유학을 허락하고 말았다. 마침내 1899년 9월 그들은 우수한 성적으로 졸업하여 귀국길에 올랐다.[182]

한편 1896년 말까지 게이오의숙 보통과를 마친 학생들은 일부 귀국하였고, 나머지는 상급학교로 진학하거나 철도국·우편전신국·지방관청·경시청·병원 등에서 견습생활을 하였다. 상급학교로 진학한 61명은 일본에 더 머무르면서 공부하기를 원했지만, 1898년 이후 학자금 송금이 끊어져서 곤란을 겪고 있었다.[183] 게이오의숙은 일본 외무성으로부터 학

●

181 《주일안》 2, 훈령 제13호, 1896년 4월 4일; 《주일래안》 1, 〈送外務大臣伯爵陸奧宗光公文〉 제1호, 5월 14일; 신정 제14호, 6월 22일.
182 《주일안》 3, 지령 제7호, 1897년 8월 26일; 《주일공관래거안》 5, 훈령 제6호, 1899년 3월 31일; 보고 제8호, 5월 5일; 훈령 제11호, 8월 25일; 제17호, 9월 21일; 답보고 제14호, 9월 23일.
183 당시 유학생들의 궁핍상은 미국으로 돌아가던 중 도쿄에 들렀던 서재필의 편지에도 잘 나타나 있다. "일본에 있는 유학생이 거의 다 학비금이 구처가 되었으되 다만 한 이십 명만 학비금이 없어 어렵게 지내는 고로 독립협회 보조금을 주일대한공사 이하영 씨에게 주고 전권을 맡아서 공평히 어려운 생도들에게 분급하라 한즉, 이씨가 그리하마고 허락했으며 내가 독립협회에 이 사정으로 편지를 했으니 그 회에서 속히 그 편지를 보게 하기를 바라노

비를 지원받아 그들을 도와주었다. 그러나 액수가 충분치 못했기 때문에 그들은 빚을 지게 되었고, 심지어 숙소에서 식비를 갚지 못해서 기식조차 할 수 없는 상황에 빠지기도 하였다. 1899년 7월경 그들 가운데 11명이 주일공사관을 방문, 자신들의 곤란한 처지를 토로하고 공관에서 일단 나가면 당장 노상에서 굶어죽을 형편이라며 머물렀던 사건이 일어났다. 대리공사 박용화로부터 이 사실을 보고받은 정부는 그들에 대한 지원을 재개하였다.[184]

그 뒤 대리공사 박용화는 금년에 처음으로 전문학교 졸업생 10명이 나왔고, 내년에는 졸업생이 수십 명이 배출될 것이므로 이들이 학업을 무사히 마치기 위해 학자금을 제대로 지원해달라고 정부에 요청하였다. 그러나 1900년 5월이 되어도 1899년 10월 이후의 학비는 도착하지 않았다. 이에 주일공사 이하영은 학생들의 비참한 사정에 동정을 표하면서 "다른 사람 보기가 부끄럽고 국체가 손상당한지라, 작년 10월부터 본년 5월까지 8개월간 학비와 회환여비를 지급해서 일제히 소환하든가 아니면 학비를 지급해서 학업을 권면할 수 있게 하든가 조속히 조처해달라"고 요청하였다.[185] 1900년 7월에 이하영은 다시 같은 내용의 보고서를 본국에 보내는 한편 일단 밀린 학자금과 병원비, 그리고 졸업생들의 환국비용을 일본 다이이치은행으로부터 차관을 얻어 조달하였다. 결국 학부에

라."《독립신문》, 1898년 6월 21일자 별보.

184 박찬승, 앞의 논문, 93~95쪽.

185 《주일공관래거안》 6, 보고 제1호, 1900년 5월 16일; 《학부래거문》 9, 조회 16호, 5월 20일.

서는 8월 중순 신임 주일공사 조병식을 통해 1899년 10월부터 1900년 9월까지의 학비 7,920원을 보내지 않을 수 없었다.[186]

## 3 — 근대식 기계 구입과 기술 습득 알선

주일공사는 정부에서 필요한 근대식 기계와 재료를 구입하거나 기술을 습득하는 과정에서 일이 원활하게 이뤄질 수 있도록 일본 측과 중재하는 역할을 맡았다. 먼저 전환국에서 화폐 주조용 극인강철極印鋼鐵이 다 떨어지자 일본 조폐국에서 긴급히 수입할 것을 요청하였고, 주일공사 이하영은 일본 대장성大藏省에 공문을 보내 극인강철 3,000개를 구입하고, 대금은 인천항 도착 후 해관세은으로 지급하도록 주선했다.[187] 또한 전환국에서 인주印鑄할 1냥 은지銀地를 매월 50만 매씩 주조·공급하기로 일본인 마스다 노부유키와 계약함에 따라 이하영은 대장성에서 조폐국으로 전칙하여 마스다가 해당 은지 주조 시 일일이 구검句檢해서 구입할 은동과 품위, 개수 및 척량증서斤量證書를 첨부해서 보내도록 조치하였다.[188]

전환국 은동지銀銅地 제조에 사용될 신동기伸銅機·용해기鎔解機·조

---

186 《학부래거문》 9, 조복 제16호, 1900년 8월 25일; 《주일공관래거안》 6, 훈령 제5호, 1900
   년 8월 26일.
187 《주일안》 3, 훈령 제11호, 1897년 12월 23일; 《주일서래거안》 4, 훈령 제9호, 1898년
   6월 18일.
188 《주일서래거안》 4, 훈령 제2호, 1898년 2월 13일.

지造紙 및 인쇄기계 등을 구입하기 위해 전환국 기사 한욱韓旭이 오사카 조폐국에 파견되었을 때, 또 조폐기계와 종이를 사기 위해 권상돈崔相敦이 파견되었을 때에도 이하영은 외무성에 조회하여 이들 기계와 물품을 속히 구입할 수 있도록 도와주었다.[189] 아울러 그는 일본에서 새로 제조한 금화 35원을 견본으로 구입하여 본국으로 보내주기도 하였다.[190]

다음으로 1897년 8월 일본의 훈장제조법을 습득하기 위해 김광수金光洙[珠]를 일본에 파견하자 임시대리공사 한영원은 그를 공사관에 체재하도록 배려하면서 개인 자격으로 일본의 훈장제조업자에게 견습을 요청하였다. 그러나 김광수가 일본어를 잘 몰라서 의사소통이 곤란한데다가 2~3개월의 견습기간으로는 도저히 효과를 볼 수 없다는 이유로 거절당하고 말았다.[191]

대한제국 선포 후 근대식 훈장을 제조해야 할 필요성이 증대함에 따라 1898년 3월 정부는 또다시 정동식鄭東植·김창환金昌桓·정건모鄭健謨·김형모金瀅模 등 4명을 일본에 파견하고, 주일공사 이하영에게 훈장제조 학습의 실효를 거둘 수 있도록 도와주라는 훈령을 내렸다.[192] 그들이 어떠한 과정을 거쳐 훈장제조방법을 배우게 되었는지는 정확히 알 수 없다. 다만 1899년 3월 정부에서 대리공사 박용화를 통해 그들에게 금

189 《주일서래거안》 4, 훈령 제1호, 1898년 1월 24일.
190 《주일서래거안》 4, 보고 제29호, 1898년 10월 2일.
191 《일관기록》 12, 94쪽, (51); 263쪽, 왕121호; 264쪽, 래80호 통상.
192 《주일서래거안》 4, 훈령 제4호, 1898년 3월 30일.

화 892원 80전을 송부해주었던 사실로 미루어, 그들은 최소한 1년 이상 훈장제조 방법을 습득하고 있었다고 판단된다.[193]

한편 1898년 총기 제작기계를 구입하기 위해 조신화趙信和·김영식金永植·김석조金錫祚 등이 파견되었을 때, 이하영은 일본 육군성에 통지해서 구매의 편리를 제공하고 신속히 귀국토록 조치하였다.[194] 이어 1899년 10월 말 대리공사 박용화는 프랑스로부터 구매한 탄약 100만 발의 대금 5,300원을 알레베크Charles Aleveque·롱禮百에게 지급하라는 외부의 지시를 받았다. 이에 따라 그는 11월 9일 공사관으로 찾아온 알레베크에게 즉시 대금을 지급하려 했으나 브라운의 방해로 수일간 연기했다가 14일에 비로소 그 역할을 수행하였다.[195]

이외에도 1897년 10월 일본육군 기동연습을 관람하기 위해 육군참장 권재형을 비롯 장기렴張基濂·정태석鄭泰奭·나봉길羅鳳吉·박용화 등 12명으로 구성된 참관단이 파견되었을 때,[196] 또 1898년 9월 일본 특별대 연습을 보기 위해 육군부장 이윤용 외에 이겸제李謙濟·김관호金觀鎬·한영원 등 5명의 참관단이 파견되었을 때,[197] 주일공사는 일본 외무성 및 육군성에 통보해서 관람의 편리를 도모해주었다. 그리고 1900년 6월

---

193 《주일공관래거안》 5, 훈령 제4호, 1899년 2월 13일; 보고 제6호, 3월 19일.

194 《주일서래거안》 4, 훈령 제6호, 1898년 4월 28일; 《독립신문》, 1898년 5월 24일자 각부 신문.

195 《주일공관래거안》 5, 훈령 제16호, 1899년 10월 28일; 보고 제23호, 11월 15일.

196 《주일안》 3, 훈령 제9호, 1897년 10월 11일.

197 《주일서래거안》 4, 훈령, 1898년 9월 23일.

일본 궁내성 제도를 고열考閱할 목적으로 시종 현영운이 파견되었을 때에도 외무성에 조회해서 편리를 봐주는 역할을 담당하였던 것이다.[198]

## 4 ─ 일본인의 불법행위 처벌 및 단속

### 1) 울릉도 불법 도벌자 처벌

19세기 중엽부터 일본인들은 울릉도에 잠입해서 무단으로 벌목하고 곡물을 절취했을 뿐 아니라 관고·민고를 파괴하거나 상품을 교환하는 등 불법행위를 끊임없이 자행함으로써 커다란 물의를 일으키고 있었다. 특히 1897년에 접어들면서 일본인들이 울릉도의 느티나무槻木를 남벌해서 일본으로 운송하는 범작犯斫·투운偸運행위가 더욱 극심하게 벌어졌고, 도민들에게 칼을 휘두르는 등의 작폐도 잦아졌다.[199] 이에 대해 울릉도도감 배계주는 내부대신에게 일본인들의 행패로 인한 도민들의 피해상황을 보고했으며, 그의 보고를 접한 정부는 일본공사관에 이를 금지해달라고 요청하였다.[200]

아울러 1898년 8월경 배계주는 밀반출된 목재를 찾기 위하여 일본으

---

[198] 《주일공관래거안》 6, 훈령 제21호, 1900년 6월 25일.

[199] 송병기, 《울릉도와 독도》, 단국대학교출판부, 1999, 96~99쪽, 127쪽.

[200] 《외아문일기》, 425쪽, 1898년 2월 10일자; 《內部來去文》 11(규장각 17794), 조회 제1호, 1898년 2월 9일. 배계주는 1895년 9월 20일 울릉도도감에 임명되어 판임관 대우를 받았다. 《관보》, 1895년 9월 20일자.

로 건너갔다. 그는 일본에 가기 전인 7월 23일 일본 돗토리현鳥取縣 사이하쿠군西伯郡 사카이마치境町의 경찰서 앞으로, 요시오吉尾万太郎·다나카田中多造·간다神田健吉 등이 울릉도에서 총칼을 휴대한 채 도민을 위협하고 부녀자를 희롱하며 물건을 도탈盜奪하는 불법행위를 저질렀으므로 이를 단속해달라는 의뢰서를 보냈다. 이를 접수한 경찰서장은 현지사 아라카와荒川義太郎에게 보고했고, 아라카와는 요시오를 현의 관할경찰서에서 취조하되, 다나카와 간다에 대해서는 각각 주거지인 시마네현島根縣과 오이타현大分縣의 관할경찰서에 직접 통보하라는 지시를 내렸다.[201]

한편 돗토리현 사카이항境港에 도착한 배계주는 일본상인 이시바시石橋勇三郎와 느티나무 매매계약을 맺고 대금 300원 가운데 160원을 받고 잔금은 물건 양도 시 치르기로 약속하였다. 그러던 중 그는 자신의 대리인인 황종해黃鐘海로부터 요시오·다나카가 야음을 틈타 느티나무 32그루를 절취해서 오키국隱岐國 치부군知夫郡 우가촌宇賀村 츠루야鶴谷次郎의 배로 출항했다는 편지를 받았다. 이에 배계주는 이시바시와 함께 오키국으로 건너가서 이시바시의 명의로 3명을 상대로 우라고浦鄕경찰분서에 고소장을 제출하였다. 이를 접수한 경찰분서는 이 사건을 마츠에松江지방재판소 사이고西鄕 지부검사에게 송치했고, 검사는 우라고촌浦鄕村으로 출장·수사를 벌인 끝에 당시 그곳에 정박하고 있던 다마가와玉川淸若 소유선박에서 적재된 느티나무를 발견하고, 승낙을 얻어 이를

---

201 《일외서》 32, 288쪽, #165, 부기 5.

영치해 두었다. 그러나 이 사건은 예심에서 증거불충분으로 면소판결이 내려졌다.[202]

오키국에서 사카이항으로 되돌아온 배계주는 9월 12일 도쿄로 공사 이하영을 면담하기 위해 떠났다.[203] 9월 15일 그는 주일공사관을 찾아가 이하영에게 울릉도의 형편을 상세히 토로하면서 일본인들의 작폐를 막기 어렵기 때문에, 이를 방치할 경우 조만간 도민과 수목을 지탱하기 힘들다고 호소하였다. 그의 보고에 접한 이하영은 일본정부에 울릉도 내 일본인들의 불법행위를 금단禁斷해달라고 청구하였다. 아울러 그는 울릉도의 사정과 장래 방략을 상세하게 정부에 품달하겠다는 배계주의 의사를 외부대신 박제순에게 보고하면서 이를 토대로 10여 년 동안 추진해온 울릉도개척사무를 완전하게 마무리해주기 바란다는 의견을 내놓았다.[204]

또한 배계주는 일본에서 자신이 벌인 활동을 정부에 보고하면서 목판을 집유執留하고 재판을 청구하여 정당하다는 판결을 받았으나 해당 지방관이 정부의 공문이 있어야 목료木料를 지급하겠다고 하므로 공문을 보내달라고 요청하였다. 이에 대해 박제순은 이하영에게 배계주가 노고

---

[202] 《일외서》 32, 289~290쪽, #165, 부기 8; 284~285쪽, #165.

[203] 이때 그는 울릉도사건 외에 울릉도에 학교를 세워 양잠과 제염사업을 일으키며, 울릉도와 본토 사이에 운행할 항해선을 개량하는 것 등의 문제를 주일공사와 상의한 뒤 귀국할 예정이었다고 한다. 《일외서》 32, 288쪽, 비 제228호, 1898년 9월 26일.

[204] 《주일서래거안》 4, 보고 제28호, 1898년 9월 18일; 《외아문일기》, 581쪽, 1898년 10월 8일자.

를 무릅쓰고 목료를 집유한 것은 자신의 직임을 다한 것이니 즉각 일본 외무성에 조회하여 해당 지방관으로 하여금 목료를 추색해서 그에게 지급하라고 전달함과 아울러 앞으로 일본인의 범작하는 폐단을 금지하도록 단속법을 만들라는 지시를 내렸다.[205]

이하영은 우선 배계주와의 면담 내용을 토대로 11월 17일 외무대신 아오키에게 돗토리·시마네현의 일본인들이 울릉도에서 저지른 불법행위로 말미암아 도민의 안전과 치안을 유지하기 어려우므로 단속법을 제정하고 사실을 조사해달라고 요청하였다.[206] 이를 접수한 아오키는 11월 26일 돗토리·시마네현 지사에게 그 사실 여부를 취조하고, 만약 사실로 드러나면 그에 알맞은 조치를 취하며 그 결과를 보고하라는 공문을 보냈다.[207] 또한 이하영은 박제순의 훈령에 근거해서 12월 3일 역시 아오키에게 일본인의 작폐를 방지할 수 있는 단속법을 제정하고, 그 사건에 대한 취조 결과를 알려달라고 의뢰하였다.[208] 이에 아오키는 12월 21일 다시 돗토리·시마네현 지사에게 이하영의 공문을 첨부하면서 재판 상황을 상세히 보고하라고 지시하였다.[209]

이하영과 아오키 간에 접촉이 이뤄지는 동안인 12월 하순경 배계주는

●

205 《주일서래거안》 4, 훈령 제16호, 1898년 10월 14일; 《외아문일기》, 583쪽, 1898년 10월 11일자.
206 《일외서》 32, 285~286쪽, #165, 부기 1.
207 《일외서》 32, 287쪽, #165, 부기 3.
208 《일외서》 32, 286~287쪽, #165, 부기 부기 2.
209 《일외서》 32, 287쪽, #165, 부기 4.

도쿄에서 시마네현으로 돌아온 후 이시바시와 함께 모호노세키美保關 경찰분서로 출두해서 도난당한 느티나무의 일부가 우류우라宇龍浦 혹은 사기우라항鷺浦港에 정박 중인 일본선박 안에 은닉된 것 같으므로 이를 수색해달라고 요청하였다. 그곳 관할인 기츠키杵築경찰분서는 이 사건을 이첩받아 조사한 결과 마츠에시의 기타호리北堀福間兵之助가 약간의 느티나무를 배에 적재한 것을 발견·영치한 다음 곧바로 지방재판소 검사에게 송치하였다. 그러나 예심과정에서 피고인 다나카 등은 정당한 절차를 밟아서 느티나무를 구입했다고 주장하면서 증빙서류까지 제출한 것으로 알려졌다. 1899년 1월 28일 시마네현지사는 예심에 계류 중인 이 사건의 진행상황을 아오키에게 보고함과 아울러 여권을 소지하지 않고서는 도항할 수 없다는 고유告諭를 내고 시장과 경찰서장들에게 엄격히 단속하라는 훈령을 내렸다고 보고하였다.[210] 이 보고를 받은 아오키는 2월 13일 대리공사 박용화에게 앞으로 밀항자를 엄중하게 단속할 것임과 아울러 예심의 결과가 나오는 대로 회답해주겠다고 답변해주었다.[211] 이러한 노력 끝에 재판에서 승소한 배계주는 목재를 되찾아 6월경 부산항으로 돌아왔다.[212]

[210] 《일외서》 32, 290쪽, #165, 부기 8.

[211] 《일외서》 32, 284~285쪽, #165.

[212] 송병기, 앞의 책, 99쪽; 《황성신문》, 1899년 4월 26일, 5월 16일자 잡보; 《내부래거문》 12, 조복, 1899년 6월 18일.

## 2) 일본인의 삼가미지불 행위 단속

일본인들은 전국 곳곳에서 불법행위를 자행하고 본국으로 도망가는 일이 자주 벌어졌다. 특히 인삼재배·생산지로 유명한 개성에서는 한국인 포주圃主와 일본인이 결탁해서 삼포蔘圃의 '잠채누세潛採漏稅' 행위가 빈번하게 발생하였다. 이에 개성 포민圃民은 한성부판윤과 외부대신에게 일본영사에게 사정을 알려 일본인의 불법행위를 엄금해달라고 청원했지만, 일본영사의 비협조로 별다른 효과를 거두지 못하고 있었다.[213] 그런데 1899년 말 개성에서 일본인들이 인삼을 늑채하고 삼가蔘價를 지불하지 않은 채 일본으로 도피해버린 사건이 발생하자 피해를 당한 개성 포민 이용묵李容黙 등은 삼가를 받아달라고 간청하였다. 그러나 일본영사에게 이를 징수할 권한이 없고 채삼한 일본인의 행적을 알 수 없었기 때문에 그들은 부득이 일본으로 건너가 삼가를 추징하기로 작정하고, 이러한 사정을 주일공관에 전달해서 상환받을 수 있도록 편리를 제공해달라는 소장을 외부에 올렸다. 이에 외부대신은 대리공사 박용화에게 그들의 편리를 도모해주고 폐해 재발을 방지하기 위해 단속법을 만들라는 훈령을 내렸다.[214]

일본에 도착한 이용묵 등은 박용화를 방문하여 일본인 범법자들이 자신들의 도일을 미리 알고 다시 우리나라로 도망해서 삼가를 상환받을

---

213 《한성부래거안》 2, 훈령 제1호, 1899년 3월 16일; 보고서 제1호, 4월 8일; 보고서 제7호, 7월 27일.
214 《주일공관래거안》 6, 훈령 제1호, 1900년 1월 8일.

수가 없게 되었다고 하소연함과 동시에 매년 일본인의 늑채가 갈수록 심하여 포민이 어려움을 겪으니 방편을 강구해달라고 청원하였다. 그리하여 박용화는 일본외무대신에게 주한 일본공사와 영사에게 도피한 일본인을 재판해서 삼가를 추징케 하고, 앞으로 인삼을 늑도勒盜하는 폐를 엄금해달라는 훈령을 보내달라고 요구하였다. 이에 대해 외무대신은 삼가를 추징하고 늑채를 엄단하는 훈령을 주한 일본공사와 영사에게 전달했다고 답변했고, 박용화는 그 사실을 이용묵 등에게 알려주면서 환국하도록 조치를 취했다.[215]

## 3) 한인피살자 진상 규명

1898년 4월 9일 부산항에서 물품을 탑재하고 시모노세키세관 부두에 입항한 신보마루神寶丸에서 신유선申有先이 일본 선원 가시마加島幸太郎 등 6명에게 살해당한 채 바다에 던져진 사건이 일어났다. 그 다음날 시모노세키수상경찰서는 이 사실을 탐지하여 일본인 가해자들을 체포했고, 시모노세키구재판소에서 재판이 진행되었다. 4월 16일 신문 보도를 통해 이 사건을 알게 된 이하영은 일본인의 '잔인흉독殘忍凶毒'한 행위에 통분하였지만, 그의 성명과 거주지가 정확하게 파악되지 않은 상황이었기 때문에 먼저 외부대신에게 사건의 정황을 보고하면서 신보마루가 출항했던 부산항의 감리로 하여금 그의 고용 여부와 거주지·성명을 자세히 탐문해달라고 요청하였다.[216]

---

[215] 《주일공관래거안》 6, 보고 제7호, 1900년 3월 8일.

이에 따라 외부대신 조병직은 부산감리에게 즉각 신유선의 신상을 파악하라고 지시하였다. 때마침 그의 아내 박씨는 신유선이 1898년 정월 일본인 후지나미藤波彌一의 신보마루에 고용되어 강원도 등지로 왕래했는데, 시모노세키신문에서 사고를 당해 경찰서 문전에 시신이 있다는 소식을 알게 되었으며, 현지에 있는 김명원金明遠에게 전보로 탐문해서 사실을 확인했으므로 법에 따라 징벌해줄 것을 부산감리에게 청원하였다. 그리하여 부산감리서리 남인희南麟熙는 이 사실을 부산주재 일본영사에게 조회했지만, 일본에서 일어난 사건인 데다가 해당 지역의 관리가 사건을 관장하기 때문에 처리하기 어렵다는 답변을 들었다고 조병직에게 보고하였다. 이러한 보고를 받은 조병직은 5월 11일 주일공사 이하영에게 일본 외무성에 공문을 보내 해당 지방재판소로 하여금 이 사건을 정확히 조사해서 처리토록 청구한 다음 그 결과를 명확히 보고하라고 지시하였다.[217]

5월 21일 이하영은 신유선의 정확한 신상을 외무성에 통보하면서 사건을 올바로 조사해달라고 요구하였다. 5월 26일 외무대신 니시 도쿠지로西德二郎는 일본인 가시마가 신유선과 싸우다가 살의를 품고 그의 수족을 묶어 바닷속에 던져서 치사케 했다고 자백했으며, 다른 선원들도 공범 혐의로 수감 중이므로 판결이 내려지는 즉시 알려주겠다는 답변을 보내왔다. 이하영은 일본 외무성에 가시마를 극형에 처해달라고 강력하

●

216 《주일서래거안》 4, 보고 제20호, 1898년 4월 25일.
217 《주일서래거안》 4, 훈령 제7호, 1898년 5월 11일.

게 요청하였다.[218] 그럼에도 불구하고, 6월 14일 야마구치山口지방재판소 형사부공정公廷 재판장판사 유아사湯淺龍輔의 주재로 열린 공판에서 가시마는 중징역형에 처할 것이나 범행 정상을 참작해서 구타치사죄로 경징역 6년에, 또 공범혐의자 6명은 예비심문에서 증거불충분으로 면소방면이라는 판결을 받았다. 외무대신 니시는 판결이 내려진 지 보름이 지난 6월 29일에야 비로소 이하영에게 재판소식과 함께 판결문을 보내주었다.[219]

가시마의 형량이 너무 가볍다고 판단한 이하영은 외부대신서리 유기환에게 일본정부에 대응할 방법을 지시해달라고 요청하였다. 아울러 일본으로 건너온 신유선의 친척 박계약朴季若이 시신을 인도해달라고 청원했기 때문에 이하영은 이를 허락하는 한편 여비가 떨어져 환국은커녕 식비도 지급치 못할 곤경에 빠진 박계약에게 곤란민의 예에 따라 그 비용을 지급해주었다.[220]

## 5 — 표류민 및 불법체류자 송환

한·일 양국은 바다를 접하고 있었기 때문에 일본에 표류하거나 불법으로 도항하는 사건이 끊임없이 생겨나고 있었다. 한국인이 일본 해안

218 《주일서래거안》 4, 보고 제23호, 1898년 5월 27일.
219 《주일서래거안》 4, 來外務大臣答照會 제20호, 1898년 6월 29일.
220 《주일서래거안》 4, 보고 제25호, 1898년 7월 5일.

가에 표류해서 도착할 경우 일본 외무성은 이 사실을 주일공사에게 공문으로 알려주었고, 주일공사관에서는 전례에 따라 그들에게 송환비를 주어 귀국하도록 조치를 취하였다(〈표 1〉 참조).[221] 또한 사람은 실종된 채 유품만 떠내려 온 경우도 있었는데, 이 경우에도 일본 외무성의 통지를 받은 주일공사는 외부에 보고해서 유족들을 찾아주기도 하였다.[222]

그런데 표류민보다 더 심각했던 문제는 일본에 불법으로 도항·체류한 뒤 곤궁에 빠진 사람들을 처리하는 것이었다. 예컨대, 1898년 5월 한성 서부西署 양생방養生坊 와자동瓦子洞에 거주하는 배윤경裵允敬의 어머니가 "자신의 유일한 아들을 미국인 이덕유李德裕의 고용인으로 알려진 이李모가 1897년 7월에 유인해서 일본 사가현佐賀縣 니시마츠우라西松浦로 데려갔는데,······생사여부도 알 수 없으니 소환해서 모자가 상봉할 수 있기를 바란다"는 청원서를 올린 사건이 일어났다. 이에 외부대신 조병직은 그동안 불법으로 도항한 자가 종종 있었으나 성명을 알 수 없어서 소환하지 못했는데, 배윤경의 경우 지명과 인명이 적확하므로 주일공사가 일본 외무성에 조회해서 그를 즉각 회국토록 조치하라는 훈령을 보냈다.[223] 이 사건을 계기로 이하영은 일본 내 불법체류자들 중 소

●

---

221 《주일서래거안》 4, 보고 제30호, 1898년 10월 2일. 표류민에 관해서는 한일관계사학회, 《조선시대 한일표류민연구》, 국학자료원, 2001; 정성일, 〈표류민 송환체제를 통해서 본 근현대 한일관계: 제도사적 접근(1868~1914)〉, 《한일관계사연구》 17, 2002; 이훈, 〈표류를 통해서 본 근대 한일관계〉, 《한국사연구》 123, 2003 등 참조.

222 《주일래안》 1 및 《주일안》 3, 신정 제8호, 1897년 4월 13일; 《외아문일기》, 284쪽, 1897년 4월 27일자; 286쪽, 5월 1일자.

223 《주일서래거안》 4, 훈령 제8호, 1898년 5월 13일.

<표 1> 표류민 및 곤란민 송환 상황(1897.4~1898.9)

| 날짜 | 금액 | 내역 |
|---|---|---|
| 1897.4 | 15원 | 은제기 외무성공문내 山口縣 등지 표착, 전례에 따른 송환비 |
| | 35원 | 張瀅·趙鍾黃 등 2명 기근으로 길가에 쓰러졌을 때 구조송환비 |
| 1897.6 | 25원 25전 | 高性崎·朴勝烈 등 2명 외무성공문내 山口縣 등지 표착, 전례에 따른 송환비 |
| 1897.8 | 20원 | 姜準模·李泰鉉 등 2명 기근으로 길가에 쓰러졌을 때 구조송환비 |
| 1897.10 | 10원 | 徐在須 기근으로 길가에 쓰러졌을 때 구조송환비 |
| | 15원 | 金萬圭 곤박기아 구조송환비 |
| 1897.11 | 23원 | 韓宜東·元熙貞 등 2명 기근으로 길가에 쓰러졌을 때 구조송환비 |
| 1898.1 | 60원 | 裵龍煥 및 그 처 기근으로 길가에 쓰러졌을 때 구조송환비 |
| | 22원 | 卞國璿 구조송환비 |
| 1898.4 | 11원 60전 | 金子云 외무성공문내 山口縣 등지 표착, 전례에 따른 송환비 |
| | 25원 | 金泰興 구조송환비 |
| 1898.5 | 20원 | 安昌善 입원시 구조비 |
| | 20원 | 金應元 기근으로 사경을 헤맬 때 구조비 |
| | 5원 | 池承俊 구조송환비 |
| 1898.6 | 25원 80전 | 朴勝烈 기근으로 길가에 쓰러졌을 때 구조비 |
| | 10원 | 劉鳳錫 기근으로 길가에 쓰러졌을 때 구조비 |
| | 5원 | 李昌植 구조송환비 |
| | 15원 | 申海水 입원시 구조비 |
| | 10원 | 朴正銑 입원시 구조비 |
| 1898.7 | 10원 | 金鎔濟 구조송환비 |
| | 58원 88전 8리 | 崔聖文 등 6명 외무성공문내 山口縣 등지 표착, 전례에 따른 송환비 |
| | 13원 | 尹泰元 기근으로 길가에 쓰러졌을 때 구조비 |
| | 40원 | 申海水·魚瑢善 구조송환비 |
| | 10원 72전 | 白南老 기근으로 길가에 쓰러졌을 대 구조비 |
| | 15원 | 趙義淳 기근으로 사경을 헤맬 때 구조송환비 |
| 1898.8 | 5원 | 洪奭鉉 구조송환비 |
| | 13원 | 朴相鎬 기근으로 길가에 쓰러졌을 때 구조송환비 |
| | 58원 67전 | 申有先 유해송환비 |
| | 15원 | 趙貞淳 기근으로 길가에 쓰러졌을 때 구조송환비 |
| 1898.9 | 16원 | 朴德俊·徐相逢 2명 외무성공문내 兵庫縣 표착, 전례에 따른 구조송환비 |
| | 10원 | 李憲圭 구조송환비 |

출전: 《주일서래거안》 4, 보고 제30호, 1898년 10월 2일.

재지가 확실하게 파악된 자들을 소환하는 데 적극 나서기 시작하였다.

그 대표적인 사례로는 1897년부터 일본인 고미네小峰가 일본을 건너가 일하면 임금도 많이 받고 공부도 할 수 있다는 감언이설로 모두 187명을 모집한 다음 집조를 발급받지 않은 채 야밤에 밀항하여 나가사키로 데려와서 곧바로 규슈九州 쵸쟈탄광長者炭鑛으로 넘겨버린 사건을 꼽을 수 있다. 그런데 탄광 관계자가 그들에게 임금도 지급하지 않고 잔혹하게 부려먹었을 뿐 아니라 포박·구타까지 일삼았기 때문에 수많은 사람들이 죽거나 병에 걸렸으며, 혹은 도망치려다가 희생당했다는 소문이 일본 전국에 널리 펴져 있었다. 이러한 사실을 시모노세키에 거주하는 김명원으로부터 확인한 이하영은 1898년 5월 말 정부에 그 상황을 보고하면서 "사람을 특파해서 그들의 정형을 시찰하고 사실로 드러나면 환국시켜야 외국인이 보더라도 수치를 면하고 우리 인민을 자애하는 미덕도 있을 것"이므로 해당 경비를 조속히 보내 빈사상태에 있는 인민을 구함으로써 국체를 보존해달라고 요청하였다.[224]

이 보고에 의거해서 8월 10일 외부대신 이도재李道宰는 그들을 소환하기로 결정하고 탁지부에 경비를 요청했으므로 소요비용을 신속히 조사·보고하라는 훈령을 이하영에게 내렸다. 또한 정부는 김익승金益昇을 특파하여 이하영과 함께 소환문제를 상의토록 하였다.[225] 그러나 김익승은 병으로 말미암아 일본으로 파견되지 않았다.[226] 따라서 이하영은

●

224 《주일서래거안》 4, 보고 제24호, 1898년 5월 29일.
225 《주일서래거안》 4, 훈령 제12호, 1898년 8월 10일; 훈령, 8월 10일.

당시 야마구치현 모지항에 체류 중인 김명원에게 각 탄광의 근무 인원과 구조송환경비를 상세히 통지하라고 지시하였다. 아울러 탈광산재자脫鑛散在者들이 추위와 배고픔을 견디지 못한 채 지방경찰서에 구호를 애걸하면 외무성에서 주일공사에게 구호·송환비를 청구해왔기 때문에 이하영은 일단 그들을 구조해서 환국시키는 조치를 병행하였다.[227]

이하영의 지시를 받은 김명원은 〈본국인곤란자 조사기本國人困難者調査記〉란 보고서를 작성하면서 2,357원 가량의 경비가 필요하다는 의견을 피력하였다. 그의 보고서에 의하면, 쵸자·세치하라世智原탄광에는 인천으로부터 1897년 7월에 57명, 10월에 77명, 11월에 51명, 그리고 1898년 1월 원산으로부터 53명 등 238명, 미이케三池탄광에는 1898년 1월 부산으로부터 29명 등 모두 267명이 도일하였다. 이 숫자는 처음 보고한 187명보다 80명이 많은 것이었다. 그들 중 광산탈출자는 145명이며, 당시 쵸자탄광에 82명, 세치하라탄광에 13명, 미이케탄광에 27명 등 122명이 남아 있었다. 또한 탈출자 145명 중 54명은 지방관청에서 구호·송환되었고, 나머지 91명은 각처에 산재하면서 곤란을 겪고 있는 것으로 파악되었다. 이를 토대로 김명원은 탈광산재자 91명에게 1인당 시모노세키에서 부산항까지 교통비 각 7원씩과 기타 잡비 등 637원, 광산체재자 122명에게 1인당 귀국여비 및 교통비 각 10원씩과 기타잡비 등 1,220원, 파견원 시찰 및 검사비와 여비 300원, 질병사망 및 추가비

---

226 《주일서래거안》 4, 훈령 제17호, 1898년 10월 25일.
227 《주일서래거안》 4, 보고 제32호, 1898년 10월 25일.

용과 예비비 등 200원, 총 2,357원을 송환경비로 잠정 책정하였다. 이를 토대로 이하영은 정부에 신속하게 조처를 취해달라고 요청하였다.[228]

그러나 정부에서 비용을 제때에 지급해주지 않은데다가 주일공사관 역시 운영비 부족으로 허덕이고 있었기 때문에 송환문제는 난관에 부닥쳤다. 결국 현지 조사를 담당했던 김명원은 일본인 에구치江口常作·시마하치島八五郎에게 매월 1원당 이자 5전씩을 지급하는 조건으로 862원을 빌어서 112명을 송환시켰다. 그리하여 1898년 6월에는 16명이 인천, 8월에는 74명이 부산, 9월에 11명이 목포, 10월에 11명이 부산으로 각각 귀국하기에 이르렀다.[229] 이는 송환대상이었던 탈광산재자 91명과 광산체재자 122명, 총 213명 중 절반을 약간 넘는 인원이었지만, 여기에는 주일공사관에서 개별적으로 구조·송환했던 곤란민들이 포함되지 않았다는 점을 고려할 필요가 있다(〈표 1〉 참조).[230] 더욱이 정부와 주일공사관의 재정 도움 없이 김명원 개인의 노력으로 이뤄진 결과임을 감안할 때 상당한 성과를 거두었다고 평가할 수 있다.

이후 김명원은 112명의 송환비용 862원과 그에 따른 이자 644원 35전, 총합 1,506원 35전을 조속히 지급해달라는 청원서를 직접 정부에 올렸다. 정부는 1899년 12월에야 비로소 그의 청원서를 토대로 사용 금액과 이자 및 송환수를 상세히 살펴서 처리하라는 훈령을 대리공사

[228] 《주일서래거안》 4, 보고 제32호, 1898년 10월 25일.
[229] 《주일공관래거안》 5, 훈령 제18호, 1899년 12월 14일.
[230] 《주일서래거안》 4, 보고 제30호, 1898년 10월 2일.

박용화에게 보냈다.[231] 이에 박용화는 곤란민을 성심으로 구호한 김명원의 공적을 인정하면서도 시모네세키가 도쿄에서 멀리 떨어져 있어 구환수와 대용금액에 관해서는 처음부터 알지 못한데다가 사건도 시간이 지나서 신속히 조사하기 어려우며, 일본인 채권자들의 거주지도 파악할 수 없어서 사실을 조사할 수 없다고 보고하였다.[232] 그 후 박용화가 이 문제를 어떻게 처리했는지는 명확하지 않다. 다만 정부가 다른 표류민·곤란민의 구조송환비를 포함한 비용을 조금씩이나마 주일공사관에 지급했고,[233] 1900년 8월 박용화가 "사세가 부득이하여 우선 차관해서 지급했던 곤란민 구환비"를 포함한 각종 경비의 명세서를 정리·보고한 사실로 미루어 김명원의 차관도 상환해주었을 것으로 추측할 수 있다.[234]

한편 이하영은 공사관 운영비의 일부를 사용하거나 차관을 빌어서 당장 곤궁에 처한 불법체류자와 표류민을 구하는 데 힘썼다. 그러나 갈수록 증가하고 있는 불법체류자와 표류민의 구조비용이 부족했기 때문에 이하영은 앞으로 그들을 부산항까지 송환한 후 관련비용을 부산항 감리서에서 변상케 하든지 혹은 경비를 지급해주던지 여부를 결정해주면, 이에 따라 일본정부와 송환문제를 약정하겠다는 방안을 정부에 건의하였

●

231 《주일공관래거안》 5, 훈령 제18호, 1899년 12월 14일.

232 《주일공관래거안》 6, 보고 제1호, 1900년 1월 3일.

233 《주일공관래거안》 5, 훈령 제17호, 1899년 11월; 보고 제23호, 12월 18일; 《주일공관래거안》 6, 훈령 제9호, 1900년 3월 10일; 보고 제13호, 3월 31일.

234 그러나 박용화가 수정해서 첨부한 명세서가 누락되어 있어 어떻게 차관 비용을 재조사했는지는 알 수 없다. 《주일공관래거안》 6, 보고 제18호, 1900년 8월 8일.

다. 또한 그는 불법체류자를 근본적으로 방지하기 위해서 정부가 각 항구에 자본 없이 일본으로 도항하지 못하도록 조치해달라고 요청하였다.[235]

이하영이 제기했던 불법체류자의 송환처리방식을 둘러싼 논의는 1899년 말경에 이르러 본격적으로 진행되었다. 12월 23일 일본 외무대신 아오키는 대리공사 박용화에게, 지방관이 곤란민으로 인정할 때는 해당 지방관에서 직접 부산까지 송환절차를 밟고, 그 구호 및 송환비용은 지방관이 청구하며, 주일공사가 그 비용을 지불하는 방법을 제의하였다.[236] 이에 박용화는 일본지방관이 한국곤란민을 인정하고 부산항으로 송환할 때 해당 선장에게 부탁해서 곤란민을 부산주재 일본영사에게 인도하고, 일본영사가 즉시 부산감리에게 인도하자는 구절을 삽입하여 시행케 할지 여부를 결정해달라고 외부에 요청하였다.[237] 외부대신 박제순은 일본 외무대신이 제시한 방법에 동의하면서 이를 토대로 박용화가 제시한 조항을 삽입하되, 곤란민을 부산감리에게 교부하고 증빙문서를 받아서 해당지방관이 주일공사관에 문서로 비용을 청구케 하라고 지시하였다.[238]

이에 대해 박용화는 공사관이 주재국 외무아문 외에 다른 관청과 직접 문서를 왕래하는 전례가 없으므로 일본 외무성에서 지방관청에 훈령해

235 《주일서래거안》 4, 보고 제26호, 1898년 9월 2일; 보고 제29호, 10월 2일.
236 《주일공관래거안》 6, 래일본외무대신공문 제32호, 1899년 12월 23일; 훈령 제11호, 1900년 3월 22일.
237 《주일공관래거안》 6, 훈령 제26호, 1899년 12월 25일.
238 《주일공관래거안》 6, 훈령 제2호, 1900년 1월 22일.

서 부산감리의 증빙을 수취하여 서로 고찰케 하도록 조치했으니 부산감리에게 곤란민을 인도받으면 증빙을 발급케 해달라고 건의하였다.[239] 그러나 박제순은 외국과 맺은 신개항장정에서 조세문제는 정부에서 위임 파견한 관원이 각국 공사에게 직접 조회케 한 조항을 원용해서 비록 외무아문이 아니라도 별도로 규례를 정하면 서로 문서를 주고받는 데 아무런 지장이 없지만, 반드시 그렇게 할 필요가 없다고 결정하였다. 이어 그는 일본 외무성이 지방청에게 부산감리의 증빙을 수취케 하도록 훈령하되 앞으로 이러한 사건이 발생하면 반드시 방법을 심사숙고하라는 지시를 내렸다.[240]

## 6 ― 한비수호통상조약의 체결 중재

대한제국은 일본의 영향력을 배제하고 구미열강의 자본 및 인력을 활용하여 산업기반을 마련하기 위해 프랑스에 접근하였다. 프랑스는 한국에 영토적인 야심을 갖지 않고 중립을 견지하였을 뿐만 아니라 러시아 경제분야에 자금을 지원하고 있었으므로 자본 및 기술의 지원이 가능한 국가로 여겨졌기 때문이다. 특히 1899년 6월경 이용익 등은 경의철도를 부설할 목적으로 상하이의 프랑스계 엥도쉰은행La Banque de l'Indo-Chine 으로부터 차관도입을 시도했고, 1900년 10월 12일에는 〈경의선에 관계

239 《주일공관래거안》 6, 보고 제6호, 1900년 3월 8일.
240 《주일공관래거안》 6, 훈령 제11호, 1900년 3월 22일.

된 계약서〉가 작성되었다. 그런데 고종이 차관제공 주체로 신디케이트 형태를 요청했기 때문에, 프랑스는 벨기에比國·터키白耳義의 자본이 연합한 동양국제회사Copmagnie International d'Orient를 설립하여 차관을 제공하려 하였다. 그 과정에서 자본을 투자했던 벨기에는 대한제국에 관심을 갖기 시작했고, 대한제국 역시 벨기에와 국교수립을 모색하기에 이르렀다.[241]

이러한 상황 속에서 1900년 6월 초 주일 벨기에 특명전권공사 아나단 Albert d'Anethan은 주일공사 이하영에게 통상수호조약을 체결하기 위해 서울에 특별위원을 파견하고 싶다는 벨기에 정부의 입장을 한국정부에 전달케 해달라고 조회하면서 그에 대한 허가 여부를 신속히 알려달라고 요청하였다. 따라서 6월 4일 이하영은 벨기에의 조약 체결 의사를 외부대신 박제순에게 보고하면서 조속히 그 가부에 대해 훈령을 내려달라는 의견을 제시하였다.[242] 이 보고를 살펴본 박제순은 6월 22일 "우리나라가 구미 열방과 수호통상한 지 이미 몇 년이 되었으니 이번 벨기에가 조약 체결을 청원함을 받아들이지 않을 수 없으"므로 아나단 공사에게 이를 허가한다는 뜻을 신속히 알려주도록 회답하였다.[243]

그 결과 1900년 11월 9일 벨기에의 전권대신 레옹 뱅까르Leon Vincart·方葛가 조약을 체결하기 위해 서울에 도착하기에 이르렀다. 그는 외부에

---

241 전정해, 〈광무년간의 상업화 정책과 프랑스 자본·인력의 활용〉, 《국사관논총》 84, 1999.
242 《주일공관래거안》 6, 보고 제3호, 1900년 6월 4일; 《황성신문》, 1900년 6월 22일자 보.
243 《주일공관래거안》 6, 훈령 제20호, 1900년 6월 22일; 《일관기록》 14, 357쪽, 기밀 제58호.

전권위임장을 제시하고 외부대신의 면담을 요청했고, 14일에는 박제순과 뱅까르의 면담이 이뤄졌다. 16일에 정부는 한비통상조약韓比通商條約을 협상하기 위한 전권대신으로 박제순을 임명한 다음 22일에 이를 뱅까르에게 통보해주었다. 그 결과 이듬해인 1901년 3월 23일에 벨기에와 조약을 체결하기에 이르렀다.[244]

[244] 《比案》(《구한국외교문서》 21), 고려대 아세아문제연구소, 1971, 154쪽, #1; 155쪽, #2; 156쪽, #4; 《교섭국일기》, 258쪽, 260쪽, 1900년 11월 11, 13, 22일자; 《고종실록》, 1900년 11월 16일조 1901년 3월 23일조.

# 04

---

## 대한제국 후기(1900~1905)

---

---

### 1 — 정치·외교적 현안 처리

#### 1) 한국중립화 협상

1900년 8월 중국의 의화단사건으로 열강의 한국출병 가능성이 고조되는 상황에서, 고종은 주일공사로 발탁된 조병식에게 한국의 중립화에 대한 국제적 협정을 일본정부 및 주일외교사절들에 제의하고 망명자 인도협정을 전제로 한일동맹을 교섭하라는 임무를 부여하였다.[245] 이에 따라 조병식은 부임 후 고노에 아츠마로와 아오키 슈죠 외무대신, 그리고 주일 미국공사 버크Alfred E. Buck 등을 잇달아 만나 중립화안을 내놓았다.[246]

●

[245] *Korean-American Relations* Ⅲ, pp.62~63, No.272, 1900년 8월 23일; pp.81~83, No.275, 1900년 8월 31일; 《일관기록》 14, 378~380쪽, 기밀 제87호.

[246] 중립화와 한일동맹에 관해서는 모리야마, 앞의 책, 164~173쪽; 박희호, 앞의 논문, 123~194쪽; 현광호, 앞의 책(2002), 83, 152~157쪽 및 (2007), 152~156쪽; 서영희, 앞의

먼저 8월 29일 조병식은 고노에에게 자신의 사명이 실질적으로 일본 측으로 하여금 열강에게 한국의 중립화를 제의해달라는 데 있다고 밝혔다. 이에 고노에는 중립국이 되려면 적어도 자위력을 갖춰야 함과 동시에 그 나라의 존폐가 여러 나라의 이해에 관계되어야 하는데, 한국은 자위력도 없으며 러·일 양국만 한국에 이해관계가 있을 뿐 다른 열강은 철도·광산 등의 이권에만 관심이 있다는 이유를 내세워 중립화가 불가능하다고 답하였다. 아울러 그는 한국의 독립유지 방안으로 공수동맹을 맺어 국방문제를 일본에 맡기고 오로지 내치의 개량에 진력해서 부국강병을 도모할 것을 제시하였다. 그러나 조병식은 한국에 문제가 있다면 일본이 반드시 공수동맹 여하에 관계없이 출병할 것이라고 난색을 표하면서, 자신은 오직 고종으로부터 "중립의 일을 유일의 문제로 명받았으므로 독단으로 결정하기 어렵다"는 입장을 밝혔다. 과거의 전례로 미루어 군이 공수동맹을 체결하지 않더라도 일본은 자국의 이익을 확보하기 위해 군대를 파견할 것이 확실하기 때문에 중립화 이외의 방안은 받아들이지 않겠다는 것이다.[247]

이어 조병식은 아오키 외무대신에게 벨기에 혹은 스위스의 사례처럼 한국을 중립화할 수 있을지 여부를 타진하였다. 아오키는 조병식에게 벨기에·스위스 같은 소국들이 중립국을 표방하고 열강들 사이에서 독

책, 156~158쪽 등을 참고로 주일공사에 초점을 맞춰 재정리·보강하였다.
[247] 河村一夫, 〈青木外相の韓國に關連する對露强硬政策の發展と日英同盟の成立との關係〉 上, 《朝鮮學報》 54, 1970, 32~33쪽.

립을 유지할 수 있던 경제적 상황과 역사적 발전에 관해 설명한 다음, 과연 한국의 현 상황이 벨기에 등 소국의 상황과 유사하게 생각하느냐고 되물었다. 이에 조병식은 한국과 벨기에 등의 여건이 다르다는 점을 인정하면서도 한국의 중립국화는 바람직한 제안이라고 응답하였다. 그러나 아오키를 비롯한 일본정부 측은 애초부터 한국의 중립국화를 안중에도 두지 않았기 때문에 거부한다는 의사를 밝혔다. 조병식의 중립국화 협상 소식은 일본 신문에도 소개되었을 뿐 아니라 주일 영국대리공사 화이트 히드J. B. White Head와 러시아공사 이즈뷜스키Alexander Izwolskii 등의 관심을 불러일으켰지만, 소기의 성과를 거두지 못하였다.[248]

또한 1900년 9월 말 조병식은 주일 미국공사 버크에게, 스위스가 누리고 있는 것과 같이 미국정부가 주도적으로 모든 강대국들과 협력하여 한국의 독립과 중립에 대한 국제적인 보장을 확보해달라고 요청하였다. 그러나 버크는 자신이 그렇게 권고하는 것 자체가 적당치 않으며, 주미 한국공사를 통해 직접 미국정부에 제안해야 할 것이라고 답변하였다. 이 자리에서 조병식은 러·일 양국 간의 대립이 곧 일어날 것이며, 일본이 한국을 병탄하려 한다고 자신의 견해를 밝혔다.[249] 이로 미루어, 그는 이미 일본이 결코 한국의 중립화를 받아들이지 않을 것으로 판단하였음을 알 수 있다.

●

248 《한영외교사관계자료집》 9, 동광출판사, 1997, p.312, No.159, 1900년 9월 18일.
249 *Korean-American Relations* Ⅲ, pp.69~70, No.284. 1900년 10월 2일; pp.71~72, No.479, 1900년 10월 1일; 미국무부, 한철호 역, 《미국의 대한정책 1834~1950》, 한림대학교 아시아문화연구소, 1998, 25쪽.

이처럼 조병식이 추진하려 했던 한국의 중립화안은 공수동맹을 우선시한 일본의 거부와 미국 측의 소극적인 태도로 말미암아 실패하고 말았다. 그 후 1901년 1월 중순 고종은 신임 주일공사 성기운에게 주일 미국·프랑스·러시아공사와 비밀리에 교제하라고 지시했지만, 그가 이를 실행에 옮겼는지는 알 수 없다.[250] 그해 중반에도 만한교환설이 유포되자 고종은 벨기에 등에 중립화를 요청하여 보장을 받은 뒤 러·일·영·프 등에 다시 제의하려는 전략을 펼쳤다. 또한 성기운의 귀국 후 주일공사가 부재한 가운데 1901년 11월 특명전권공사 겸 육군참장으로 일본에 파견된 박제순도 열강 공동보증 하의 중립화안 혹은 다각적 국방동맹안을 교섭했지만 실패로 돌아갔다.[251]

한동안 수면 아래 가라앉았던 중립화안은 러시아의 용암포 조차 요구로 러·일 간의 갈등과 대립이 고조되자 다시 거론되었다. 1903년 6월 만한교환설 혹은 한국분할설 등 러일협상설이 파다하게 퍼지자, 고종은 주일공사 고영희에게 그 진상을 신속하게 보고하라고 지시하였다. 그는 고종에게 러·일 양국이 만주와 한국에서 자유행동을 인정하는 협정에 곧 조인할 것이며,[252] 양국의 개전이 임박했다고 보고하였다. 이에 고종은 8월 현영운·현상건玄尙健을 일본·유럽에 각각 파견하여 중립화 가능성을 타진함과 동시에 주일·주러공사에게 양국 정부로부터 한국의

250 《일관기록》 16, 295쪽, 기밀 제9호.
251 《일관기록》 16, 73~75쪽, 기밀 제119호.
252 《일관기록》 21, 309~310쪽, 왕전 제177호.

중립에 대해 보장을 받아내라는 훈령을 보냈다.[253] 개전 전에 중립을 희망한다고 선언하고 러·일 양국이 한국을 중립국으로 간주해달라고 요구함으로써 전쟁에 연루되는 비극을 방지하며, 전쟁이 일어나더라도 한국영토 내에서 작전이 일어나지 않도록 확답을 받아내라는 것이다.[254]

9월 3일 고영희는 고무라 외무대신에게 러·일 양국이 한국의 중립을 인정함으로써 부득이 개전하더라도 한국의 국경을 침범하지 않겠다고 보장해달라는 조회서를 제출하였다. 그러나 9월 26일에야 비로소 고무라는 한국정부가 러·일의 대립을 바라지 않는다면 먼저 러시아의 용암포 조차 요구를 단호히 거부하라면서, 이처럼 중대한 문제를 단순히 항간의 풍설에 근거해서 결정할 수 없다고 거부의사를 명백히 밝혔다. 아울러 그는 중립국이 되려면 스스로 이를 보존할 결심과 실력이 전제되어야 하므로 한국의 최대급무인 국력의 충실과 국가의 부강을 도모하기 위해 우선 황실평안·재정쇄신·병제개혁 등을 실시하라고 권고하였다. 그는 원래부터 한국황실의 영구존속을 옹호할 각오가 되어 있으며, 재정·병제를 기꺼이 원조할 용의가 있다면서 한일동맹을 유도하는 쪽으로 몰고 갔다.[255]

●

253 하야시 공사는 도쿄에 정식 한국공사가 주재하고 있는데도 현영운을 특사로 파견한 조치는 긴급상황 시 고종이 취해온 '관용정략'이라고 부정적·비판적인 반응을 보였다. 《일관기록》 21, 329쪽, 왕전 제229호; 345쪽, 왕전 제268호; 현광호, 앞의 책(2002), 68~69, 117~118쪽; (2007), 261~262쪽; 서영희, 앞의 책, 159~160쪽.

254 《일관기록》 20, 281~283쪽, 기밀 제137호.

255 《일관기록》 19, 303쪽, 래전 제134호; 《일관기록》 20, 336~338쪽, 기밀송 제77호; 《東京日日新聞》, 1903년 9월 4일자, 〈韓國公使の外相訪問〉; 《일외서》 36:1, 724~725쪽,

이처럼 일본이 시종일관 한국의 중립화를 반대하였음에도, 1904년 1월 21일 한국정부는 '국외중립' 성언을 중국 즈푸芝罘에서 발표하였다. 이 사실을 접한 고무라 외무대신은 하야시 곤스케 주한공사에게 현안인 한일밀약[한일의정서]을 체결한 뒤 중립선언의 진상을 추궁하라고 지시하였다.[256] 이에 하야시는 서울에서 그 내막을 수월하게 취조하기 위해 고무라에게 주일대리공사 현보운으로 하여금 한국 외부대신에게 국외중립 선언이 과연 정당한 것인지, 또 즈푸에서 선언을 발전發電한 이유가 무엇인지 등을 타전해서 그 결과를 자신에게 알리게끔 해달라고 부탁하였다.[257]

중립선언 발표 직후 현보운은 고무라 외무대신에게 면회를 요청한 데 이어 1월 24일 공식적으로 한국의 중립화를 인정해달라는 문서를 제출하고 재차 면회를 요구하였지만 받아들여지지 않았다. 고무라는 한일관계가 특별하며 "시국문제에 관해 일본은 당사국이므로 제3국인 영국 등과는 입장이 크게 다르다"는 인식 아래, 한일동맹밀약을 교섭하고 있는 하야시 공사의 상황 보고를 받은 다음 일본의 의견을 직접 토로할지 여부를 결정하겠다는 방침을 세워두었기 때문이다. 일본의 의견이란 1903년 9월 고무라 외무대신이 당시 주일공사 고영희에게 표명했던 입장, 즉 한국의 중립화에 반대하며 한국의 개혁을 요구하는 것이었다.[258]

---

#700; 725~726쪽, #701.

[256] 고무라 외무대신은 이지용 외부대신이 임시대리공사 현보운에게 보내는 중립선언에 관한 전보 사본을 입수하였다. 《일관기록》 21, 222쪽, (80) #43; 《일외서》 37:1, 312쪽, #335.
[257] 《일외서》 37:1, 313쪽, #337.

1월 25일 하야시 공사는 고무라 외무대신에게 밀약의 체결이 실패로 돌아갔다는 사실을 보고함과 아울러 한국이 압록강안의 실례實例처럼 러시아에게만 일방적으로 편의를 제공하고 있으므로 일본정부는 한국의 중립화를 승인해주기 어렵다는 의미를 현보운으로 하여금 한국정부에 통보케 해달라고 건의하였다. 이에 1월 28일 고무라는 현보운에 대한 회답을 4~5일간 더 보류하겠다고 하야시에게 알려주었다.[259] 그러나 하야시는 일본정부의 사정에 따라서 현보운에게 회답할 필요가 없으며, 한국의 태도 여하에 관계없이 빨리 정책을 결행하라는 의견을 내놓았다. 어차피 한국의 태도는 일본이 실력을 발휘하면 일본 쪽으로 기울어질 것으로 판단했기 때문이다.[260] 결국 일본은 한국의 중립선언을 무시한 채 러일전쟁을 개시하고 한일의정서를 강제로 체결하기에 이르렀다.

## 2) 망명자 송환과 한일동맹 교섭

고종을 비롯한 한국의 집권층은 망명자들이 황제체제를 부정·전복시키려 한다고 인식하였기 때문에 주일한국공사 혹은 특사를 통해 끊임없이 그들에 대한 통제와 송환을 일본에 요구하였다. 일본은 이러한 약점을 적극 활용해서 한국침략의 발판 혹은 이권을 최대한 얻어내는 전략을 펼쳤다. 그 대표적인 사례 중의 하나가 한일동맹을 전제로 추진되었던

258 《일외서》 37:1, 314쪽, #339; 316쪽, #341, 342.
259 《일외서》 37:1, 317쪽, #343, 344.
260 金正明 編, 《日韓外交資料集成》 5, 巖南堂書店, 1967, 33쪽, 90호, 1904년 1월 28일.

망명자 송환 교섭이었다.[261]

고종은 한국의 군대를 증설하는 데 1,000만 원의 차관을 제공하겠다는 하야시 공사의 제안을 계기로 한일동맹을 검토하였다.[262] 때마침 동북아 정세를 파악하기 위해 일본을 방문하고 귀국한 궁내부시종 현영운도 고노에 등의 견해를 받아들여 고종에게 한국의 안전을 위해 한일공수동맹이 필요하다는 건의를 올렸다.[263] 이에 고종은 신임 주일공사 조병식에게 중립화를 최우선시하되 망명자 송환을 조건으로 한일동맹을 교섭하라는 임무를 부여했던 것으로 알려졌다.[264] 하야시 공사조차 조병식의 파견은 표면상 한일관계를 중시하는 조치이지만, 실질상 일본의 정황을 시찰하고 망명자 처분문제를 다루라는 '내의內意'가 있었다고 파악할 정도였다. 당시 이준용·의화군 등의 고종폐위 음모에 관한 풍문의 진상을 철저하게 탐지하라는 '내명內命'을 조병식이 받았다는 것이다.[265]

8월 29일 조병식은 고노에를 만난 자리에서 한국중립화를 요구하였을 뿐 한일동맹에 관해서는 거부의사를 나타냈다. 또 그는 박영효를 만나볼 의향이 전혀 없다고 단언하면서 더 이상 망명자건에 대해 언급하지 않았지만, 이준용은 망명자가 아니라 유학생이므로 귀국시켜달라는 의

261 망명자의 전반적인 상황에 관해서는 현광호, 앞의 논문 참조.

262 *Korean-American Relations Volume* Ⅲ, p. 83, No. 275. 1900년 8월 31일.

263 《일관기록》 14, 374쪽, 기밀 제81호; 河村一夫, 앞의 논문, 21쪽.

264 *Korean-American Relations* Ⅲ, pp. 62~63, No. 272. 1900년 8월 23일; pp. 81~83, No. 275, 1900년 8월 31일; 《일관기록》 14, 378~380쪽, 기밀 제87호.

265 《일관기록》 14, 373쪽, 기밀 제80호.

견을 제시하였다. 그러나 고노에는 이를 일소에 부치면서 답변하지 않았다. 한국중립화와 한일동맹에 대한 양자의 의견차가 너무 컸기 때문에 망명자문제는 거론조차 되지 않았던 것이다.[266]

이처럼 중립화와 동맹 협상이 난관에 처한 상황 속에서 아오키 외무대신은 조병식에게 일본군의 지휘를 받는 한국상비군 5만 명의 양성을 골자로 한 한일공수동맹의 체결과 이를 위한 1,000만 원의 차관 제공을 다시 제안하였다. 조병식이 그 경우 지세를 두 배로 올려야만 가능하다고 답하자 아오키는 그 재원을 제공할 의사가 있다고 밝혔다. 이러한 사실을 조병식으로부터 보고받은 고종은 알렌 미국공사에게 자문을 구했지만, 알렌은 현재의 수입이 정부의 지출에도 부족한 상황에서 조세부담을 가중시킬 경우 내란을 유발할지도 모른다는 부정적인 견해를 내놓았다.[267]

그럼에도 고종은 일본 측의 차관 제의를 수락한 뒤, 일본정부에 망명자 처리건을 제기하여 성사되면 방어동맹을 체결하라는 취지의 칙명서를 조병식에게 보냈다. 박제순·이지용 등이 동아동문회 측과 접촉하면서 자신들이 부서한 칙명서를 조병식으로 하여금 일본정부에 제출하자는 의견을 받아들였던 것이다.[268] 박제순 등으로부터 고종의 칙명서를 조병식에게 전달해달라고 위탁받은 《한성신보》 주필 겸 동아동문회 회원

---

266 河村一夫, 앞의 논문, 33쪽.
267 *Korean-American Relations* Ⅲ, pp.68~69, No.278. 1900년 9월 10일; No.284, 10월 2일.
268 《일관기록》 14, 378~380쪽, 기밀 제87호.

기쿠치 겐죠는 우선 아오키 외무대신에게 자신의 임무를 보고하였다. 9월 26일 야마가타 아리토모 내각의 총사퇴 후 사직을 앞둔 아오키는 '연래年來의 숙론宿論'인 한일동맹건을 신임 외무대신에게 인계하도록 진력을 다하겠다고 밝혔다. 곧이어 기쿠치는 조병식에게 망명자 추방과 한일동맹을 추진하라고 권유했지만, 조병식은 후임내각이 과연 동맹안을 받아들일지 여부에 의구심을 나타냈다. 이에 기쿠치가 고종의 칙명서를 전달하면서 칙명서인 이상 일본내각의 경질 여하에 관계없이 즉각 제출해야 한다고 주장하자, 비로소 조병식은 이를 외무성에 제안하겠다고 대답하였다.[269]

조병식은 일본 측에 한·일 양국이 대등한 국가이므로 균등한 관계에서 동맹을 체결해야 한다고 주장하면서도 귀국할 때까지 칙명서를 제출하지 않았다.[270] 실제 그의 예측대로 한일동맹이 러시아와 대립을 초래할 것으로 여겼던 이토 히로부미 신임수상은 한일동맹과 차관제공을 반대했을 뿐 아니라 그 계획의 중지를 차기 내각의 인수조건으로 내세웠다. 따라서 한일동맹 체결과 망명자처분은 결국 성사되지 않았다. 이에 조병식은 자신이 일본 측의 한일동맹안을 수용했는데도 차관 도입이 실패한 이유는 일본의 제의 자체가 본래 한국을 위한 것이 아니라 한국궁정 내의 친일세력을 부식하기 위한 계략에서 나왔기 때문이라고 파악하

---

269 河村一夫, 앞의 논문, 35쪽; 長風山人, 〈日露戰役前に於ける韓末宮廷外交秘聞〉, 《韓國近世史論著集－舊韓末篇－》 3, 태학사, 1982, 223~225쪽.
270 《일관기록》 16, 73쪽, 기밀 제119호; 河村一夫, 앞의 논문, 22쪽.

였다.[271] 당시의 정황을 살펴볼 때, 비록 그의 한일동맹안 수용 주장은 의심스러운 측면이 있지만, 그는 한일동맹과 망명자 처리에 대한 일본의 의도와 입장을 정확하게 인식하고 있었던 것으로 여겨진다.

조병식의 후임인 성기운도 망명자문제를 교섭하라는 임무를 띠고 있었다.[272] 1901년 1월 초 그는 이토 수상에게 망명자들 중 요인 4명을 인도하거나 한국정부의 부담으로 국외로 이주시키거나 혹은 일본 벽지로 추방해달라고 요청하였다. 그러나 이토는 국제법을 이유로 그의 제안을 하나도 받아들이지 않았다.[273] 이어 성기운은 가토 다카아키 외무대신과도 망명자문제를 교섭하였다. 가토는 망명자를 일본의 골칫거리라고 말하면서, 한국정부가 대사면을 행하거나 궐석재판을 열어 무죄를 선고하면 그 즉시 일본정부가 그들의 식비 지급을 중단시키겠다는 방안을 내놓았다. 사면과 망명자들의 생계 압박을 통해 자연스럽게 귀국을 유도하자는 것이다. 성기운은 귀국 후 고종에게 가토의 제안을 보고하였다.[274]

그 후 고종은 가토 외무대신의 제안을 토대로 삼아 박제순을 일본에 파견함과 동시에 이근택李根澤을 통해 하야시 공사와도 망명자문제를 전제로 한일동맹에 관한 협상을 벌였다. 이를 계기로 일본 측도 한일동맹을 체결하기 위해 다양한 통로를 동원해서 망명자 처리문제를 적극 활용

---

271 박희호, 앞의 논문, 127~128쪽.

272 《東京朝日新聞》, 1900년 12월 30일자, 〈韓國公使の交涉に就き〉.

273 《東京朝日新聞》, 1901년 1월 7일자, 〈首相對韓國公使〉.

274 《일관기록》 14, 297쪽, (41).

하였다. 그러나 망명자의 사면조치에 대한 의정부대신들의 반대, 동맹을 둘러싼 양국의 이견, 러시아의 강력한 반발, 일본정부 내 러일협상노선과 영일동맹노선의 대립 등으로 망명자 교섭은 실패로 돌아갔다.[275]

한편 1903년 2월 고영희가 주일공사로 부임하자 그와 친밀한 관계를 맺었던 망명자들은 유세남劉世南을 은밀히 보내 정부의 동향을 탐색하였다. 이때 고영희는 정부가 고종 즉위 40년 칭경례식稱慶禮式의 집행일에 대사면을 단행해서 모든 국사범을 사면할 의향이 있고, 정부 내 이용익 등도 반일행동이 불이익함을 깨달아 다이이치은행권의 유통금지를 해제할 것이며, 일본이 칭경례식에 황족을 파견하기로 결정한 후의에 보답하기 위해 망명자를 소환하기로 내정하였다고 알려주었다. 원래 망명자 소환문제는 이미 고종이 단행할 의사를 갖고 있었지만, 지금까지 온갖 중상모략 때문에 실행할 기회를 놓쳤다는 것이다. 아울러 고영희는 자신도 인천을 출발할 즈음에 도쿄로 가는 도중 위해를 당할지도 모른다는 설도 있었지만 부임한 뒤 망명자들의 거동을 살펴보았더니 전혀 그렇지 않았으며, 본국에서 나돌았던 망명자 관련 유언비어들도 사실과 매우 달랐다고 말하였다. 또 그는 박영효 등 망명자들의 현재상태가 차마 눈뜨고 볼 수 없을 정도이므로 귀국할 수 있도록 알선하겠다고 자신의 견해를 밝혔다. 유세남은 이러한 고영희의 입장을 망명자들에게 전해주었다고 하며, 망명자들은 행동을 통일하기 위해 논의할 계획이었다고 한다.[276] 비록 고영희가 과연 유세남을 만났는지에 대한 진위 여부는

275 모리야마, 앞의 책, 182~185쪽; 현광호, 앞의 책(2002), 158~168쪽.

확실치 않지만, 그가 망명자들과 과거에 친분이 두터웠던 만큼 부임 전그들의 송환 대책을 강구했다고 판단된다.

한편 러일개전 가능성이 고조되었던 1903년 9월 고영희는 고무라 외무대신에게 한국의 중립화를 보장해달라고 요청하였다. 그러나 고무라는 이를 거절한 채 한국 황실의 안전을 운운하면서 망명자문제를 은근히들춰냈다. 일본정부가 망명자를 매우 엄중하게 단속해왔음에도 고종이이 문제에 신경을 쓰고 있는 것 같으므로, 일본의 헌법과 법률상 그들을처분할 수 없지만 고종의 희망에 따라 망명자문제에 성의 있게 응할 용의가 있다면서 고종이 희망하는 바를 알려달라고 했던 것이다.[277] 여기에는 망명자들에 대한 고종의 불안감을 간파하고 있었던 고무라 외무대신이 이를 적극적으로 활용해서 한일동맹을 체결하려는 의도가 담겨 있었다.

이러한 일본정부의 의도는 1903년 11월 24일 우범선禹範善을 살해했던 고영근의 처리과정에서도 잘 나타난다. 우범선은 민비살해사건 관련자로서 1901년 12월 망명자 중에서도 이두황李斗璜과 함께 절대 사면불가대상으로 낙인찍혔으나 일본 측의 건의로 겨우 감형처분자로 분류되었을 정도로 고종의 미움을 샀던 인물이다.[278] 따라서 고종은 우범선의 살해범인 고영근의 감형 혹은 귀국을 도모하는 데 심혈을 기울였다.

●

276 《요시찰한국인거동》 2, 632~633쪽, (364) 甲秘 제36호.
277 《일관기록》 20, 336~338쪽, 기밀송 제77호; 현광호, 앞의 책(2002), 118쪽.
278 《일관기록》 17, 107~110쪽, 기밀 제3호.

일본도 이 기회를 이용해서 한일제휴 혹은 동맹을 매듭지으려고 적극 나섰다. 11월 30일 하야시 공사는 고종의 사면 요청에 관해 종전과 마찬가지로 법률상 불가능하나 '관전寬典'을 베풀도록 건의해보겠다고 대답한 뒤, 고무라 외무대신에게 한국의 조야에서도 그동안 금기시되어왔던 '일본제휴설'을 조심스럽게 거론할 정도로 반일감정이 호전되고 있으므로 적당한 방법을 고안해달라고 요청하였다.[279]

고영근 등의 보호를 궁내·외무대신에게 의뢰하라는 전훈에 따라 대리공사 현보운은 12월 3일 궁내대신을 방문했지만, 궁내성으로부터 이러한 사건에 관여할 수 없다고 거절당하였다. 그 다음날 현보운을 면회한 고무라 외무대신은 하야시 공사와 동일한 취지로 답변해주었다.[280] 이후 고무라는 고영근건에 대한 한국의 복잡한 상황을 고려해서 조치를 늦춰달라는 하야시 공사의 보고를 받고, 12월 26일 히로시마재판소에서 고영근에게 사형선고를 내릴 때까지 일본정부의 방침을 보류해두었다. 27일에야 비로소 고무라는 고종을 일본 쪽으로 끌어들이는 것이 몹시 필요하다는 판단 아래, 한국에 호의를 표시하기 위해 고영근이 사형으로 확정되면 특사로 1등을 감해줄 것이라고 하야시에게 통보하였다. 아울러 그는 공법상 망명자들을 인도할 수 없으나 변방으로 보내 엄중하게 자유를 제한할 의향이 있으므로 한국 측에 그 명단을 요구하라는 지시를 내렸다.[281]

---

279 《일관기록》 17, 159~160쪽, 往電 제428호.
280 《일관기록》 17, 160쪽, 래전 제193호.

이에 의거해서 하야시 공사는 한국정부에 고영근의 감형 의사를 밝힌 다음, 한국정부가 망명자는 일본국법의 허용 범위 내에서 엄중하게 처벌토록 하고 고영근에게 가급적 관전을 베풀 것, 일본에 황실의 안전과 독립유지에 관한 원조를 요구할 것, 유사시 일본으로 하여금 서울의 안전을 위한 임시 조처를 취하게 할 것 등을 일본정부에 요청하는 위촉장을 제출해달라고 요구하였다.[282] 고종은 고영근 특사特赦와 망명자 처분안에 만족의 뜻을 표하면서 하야시의 제안대로 외부대신 명의로 칙지를 내렸으며, 총 27명의 망명자를 3등급으로 구분한 명단을 통지해주었다.[283] 그 후 양국 간에는 망명자 처리와 한일동맹을 둘러싸고 교섭이 진행되었고 1904년 2월 21일 고영근은 무기징역으로 감형되었다.[284] 하지만 그 다음날 바로 한일의정서가 강제로 체결되자 망명자처리는 더 이상 진척되지 않았다.[285]

## 3) 일본의 월권행위 항의

주일공사들은 일본공사 혹은 고문관들의 지나친 간섭이나 월권행위에 대해 일본정부 측에 항의하는 외교를 펼쳤다. 하야시 공사가 한일의

●

281 《일관기록》 17, 160~161쪽, 기밀 제198호; 167~168쪽, 래전 제204호; 169쪽, 래전 제 205호.
282 《일관기록》 17, 169~170쪽, 왕전 제470호.
283 《일관기록》 18, 452쪽, (5); 《일관기록》 17, 170쪽, 왕전 제14호.
284 《일관기록》 22, 312쪽, 송 제11호.
285 《일관기록》 23, 221쪽, 왕전 제333호; 《일관기록》 22, 392~400쪽, 기밀 제29호.

정서의 체결을 가장 강력하게 거부했던 이용익을 납치하려는 계획을 세우자, 1904년 2월 23일 고종은 대리공사 현보운으로 하여금 일본정부의 대한방침에 대해 일본공사·서기관 및 공사관부 무관의 말이 각각 달라 믿을 수가 없으므로 고무라 외무대신에게 확실하게 알아보라는 훈령을 보냈다. 그러나 고종의 시도는 하야시에게 사전에 탐지되어 고무라 외무대신에게 통보되었을 뿐 아니라 2월 25일 계획대로 이용익이 강제로 일본으로 납치당했기 때문에 수포로 돌아가고 말았다.[286]

또한 1905년 6월 24일 조민희 공사는 메가타 다네타로目賀田種太郎 재정고문의 월권행위에 대해 항의하라는 고종의 전보를 직접 받고 이토에게 면회를 신청하여 회견을 가졌다. 이 자리에서 그는 메가타 고문이 탁지부고문으로 용빙되었음에도 실제로 내장원의 사무에도 간여하는 것은 용빙의 취지에 어긋나며, 이용익으로 하여금 내장원의 사무를 관장케 하고 가토 마스오 고문으로 하여금 이를 보조케 하려는 고종의 생각을 전달한 다음 메가타가 내장원에서 손을 떼게 해달라고 의뢰하였다. 그러나 이토는 원래 메가타의 내장원 사무 간여는 전적으로 고종의 의뢰에 따른 것인데, 이제 와서 고종이 사실을 망각한 채 그로 하여금 내장원에 간여하지 말라는 것은 매우 온당치 못한 처사이므로 응할 수 없다는 입장을 밝혔다. 오히려 이토는 메가타가 궁중의 재정을 공고히 할 목적으로 내장원의 사무를 정리하고 있는 때, 이용익이 이에 간여하려는 것은 적당치 못하다고 오히려 조민희를 설득하였다.[287] 결국 조민

---

[286] 《일외서》 37:1, 340~341쪽, #377; 서영희, 앞의 책, 195~200쪽.

희는 고종의 의사를 관철시키지 못한 채 이토의 입장을 전보로 알려주었고, 고종은 메가타 고문에게 궁중의 재정정리 전체가 아니라 내장원 사무 가운데 단지 외국교섭안건만을 위임했을 뿐이라는 견해를 하야시 공사에게 전달하였다.[288]

8월 9일에도 조민희는 고종의 명령에 따라 가츠라 다로 외무대신에게 메가타의 행동에 제재를 가해달라고 요청하였다. 고종이 백동화 교환문제로 발생한 공화를 구제하기 위해 30만 원의 내탕금을 지출하되 이를 다이이치은행에 의탁된 인삼판매대금으로 충당하기로 결정하였는데, 메가타가 이의를 제기하는 바람에 상인들이 매우 곤궁에 처했기 때문이다. 일본정부가 메가타에게 내탕금 지출에 동의하도록 명령을 내려달라는 조민희의 요청에 대해, 가츠라는 고종의 자순諮詢을 직접 받은 메가타가 의견을 내놓은 만큼 어떠한 조치도 취할 수 없다는 뜻을 고종에게 전달해달라고 답하였다. 심지어 가츠라는 조민희에게 고종의 고식적인 조치로는 도저히 문제를 해결할 수 없을 뿐 아니라 국가재정의 기초를 위태롭게 만들 수 있으므로, 용빙계약을 어기지 말고 메가타를 신뢰하여 그 의견을 들어 재정문제를 처리하라고 권고하였다.[289] 조민희는 가츠라의 답변을 고종에게 보고하면서 메가타를 전적으로 믿고 상호 협의하는 것이 좋겠다는 의견을 피력하였다.[290]

●

287 《일외서》 38:1, 734쪽, #573; 734~735쪽, #574; 《일한외교자료집성》 5, 497쪽, 596호; 《주일공관일기》, 1905년 6월 24일자.
288 《일외서》 38:1, 735쪽, #574.
289 《일외서》 38:1, 739~740쪽, #582.

이처럼 주일공사들은 일본의 강압적인 한국정책에 대해 직접 일본 수뇌부에 항의하였지만, 고종을 비롯한 정부의 위정자들조차도 일본의 압력에 저항할 수 없었던 상황에서 별다른 성과를 거둘 수 없었다.


## 2 — 재일유학생 관리·감독

주일공사는 재일유학생들을 관리·감독해왔지만, 양국의 특수관계 및 만성적인 재정 적자 등으로 말미암아 어려움을 겪었다. 주일공사는 일본 다이이치은행의 차관을 빌어 유학생들의 학비와 생활비를 충당하였으며, 그들을 송환하거나 학업을 지속할 수 있도록 결정해달라고 거듭 요청하였다. 그 결과 1900년 8월 정부는 중순 신임공사 조병식을 통해 1900년 9월까지 1년치 학비를 지급한 데 이어 11월에도 10월분 학비를 송금하였으나, 결국 유학생들을 송환하는 방향으로 결정하고 말았다.[291] 당시 유학생들 대부분은 1895년 내부대신 박영효가 주선하거나 적어도 아관파천 이전에 파견된 '친일분자'로 간주되고 있었기 때문이다. 또 재일유학생들이 한인망명자들과 접촉하면서 불온한 논의를 꾀하고 있다는 조병식의 귀국 보고도 악영향을 미친 듯하다.[292] 이는 본말이

---

290 《일외서》 38:1, 740~741쪽, #583.

291 《학부래거문》 9, 조복 제16호, 1900년 8월 25일; 《주일공관래거안》 6, 훈령 제5호, 1900년 8월 26일; 《황성신문》, 1900년 10월 4일자 잡보.

292 박찬승, 앞의 논문, 117쪽. 이 시기 재일유학생에 관해서는 박찬승의 논문에 대략 정리되어 있지만, 1902년 이후의 상황에 대해서는 상대적으로 미흡한 부분이 많다. 여기에서는 이

전도된 상황 판단이었지만, 유학생들은 학비 및 생활비 부족으로 불만이 팽배해져서 반정부적인 태도를 취할 가능성도 적지 않았다.

실제로 세이죠학교·일본 육군사관학교를 졸업하고 일본군에서 견습사관 생활을 마친 후 1900년 7월 군부에 의해 참위로 임관되었던 장호익張浩翼 등 관비유학생 18명은 정부가 참위 사령장만 보낸 채 봉급을 전혀 주지 않자 이기옥李基鈺 등 육군사관학교 졸업생 3명과 함께 혁명일심회革命一心會를 만들어 유길준과 접촉하였다.[293] 이러한 상황에서 대리공사 박용화는 무관들의 향후 거취에 대해 육군성 군사과장과 논의하여 그들의 소요예산을 보고함과 동시에[294] 군부의 명령으로 임관을 받지 못했던 이창렬李昌烈의 아들 이기옥과 권형진의 조카 권승록權承祿의 조치 여부를 정부에 타진하였다.[295] 정부는 일단 이기옥 등을 관비로 계속 머물게 하라고 통보했지만, 12월 3일에 무관 전원을 송환하기로 방침을 바꾸었다.[296]

이에 따라 무관들에 대한 학자금 지급은 중지되고, 신임공사 성기운

---

논문을 참고하되, 《주일래거안》과 《주일공사관일기》를 토대로 주일공사의 역할에 초점을 맞춰 보충·추가하였다.

293 윤병희, 〈일본망명시절 유길준의 쿠데타음모사건〉, 《한국근현대사연구》 3, 1995.

294 《주일공관일기》, 1900년 11월 8일자; 《주일공관래거안》 6, 보고 제23호, 1900년 11월 9일.

295 《주일공관일기》, 1900년 11월 9일자; 《주일공관래거안》 6, 보고 제22호, 1900년 11월 9일. 이창열은 일본에 망명했다가 1899년 5월 귀국하여 수감 중이었고, 권형진은 1900년 귀국 후 처형당하였다. 이들은 역적의 근친이라는 이유로 임관되지 못하였다.

296 《주일공관래거안》 6, 훈령 제26호, 1900년 11월 20일; 《주일공관일기》, 1900년 11월 29일자; 《일성록》·《승정원일기》, 1900년 10월 12일조.

은 송환 사실을 외무·육군성에 통지하였다.[297] 아울러 그해 말 성기운은 무관들이 봉급·회국비 등을 받은 후 일본정부에 통보해야 귀국케 할 수 있으므로 조속히 자금을 보내주고, 군부 혹은 원수부로 하여금 무관학도를 직할할 관원을 파송해서 전후 사정을 조사한 뒤에 함께 돌아가게 해달라고 요청하였다.[298] 무관들이 참위로 임명된 후 월급을 받지 못한 채 사용한 비용은 9,000여 원이었는데, 1900년 11월 30일 박용화는 채권자들의 독촉을 받고 그 다음해 2월 말에 빚을 갚겠다는 문서를 써주었다가 오히려 모욕을 당한 적도 있었다.[299]

1901년 1월 무관들 중 김교선金教先·권호선權浩善·권승록·이기옥 등 4명이 정부의 명령에 따라 귀국하였다. 1월 29일 정부는 관비유학생 중 이미 귀환한 7명의 비용을 보내주면서 환국하지 않은 장호익·조택현趙宅顯 등 11명에 대한 금액을 곧 송금하되 사채를 인정하지 않겠으며, 관원을 파견해 솔환率還한 예도 없으므로 더 이상 논의하지 말라는 훈령을 보냈다.[300] 그러나 정부가 약속과 달리 송금하지 않았기 때문에 대리공사 정해용은 다이이치은행으로부터 7월 말에 상환하는 조건으로 무관들의 채무액 1만 6,300여 원 중 6,900여 원을 빌렸다.[301] 또한 노백린盧伯麟·어담魚潭 등은 귀국 후 자신들이 받았던 유학비 중 500원을 주일

297 《주일공관래거안》 6, 훈령 제29호, 1900년 12월 5일; 《주일공관일기》, 1900년 12월 16일자.
298 《주일공관래거안》 7, 보고 제28호, 1900년 12월 30일.
299 《주일공관래거안》 7, 보고 제2호, 1901년 1월 22일.
300 《주일공관래거안》 7, 훈령 제2호, 1901년 1월 29일; 훈령 제3호, 1901년 2월 15일.
301 《주일공관래거안》 7, 보고 제25호, 1901년 7월 10일.

공사관에 보내 채무를 갚아달라고 내놓았다.[302] 장호익·조택현 등도 결국 12월에 귀국함으로써 무관들의 송환은 일단 마무리되었다.[303] 한편 채권자들은 공사관에 몰려와 채무 상환을 매우 심하게 독촉한 데 이어 1902년 12월에는 소송을 제기하기로 결의했기 때문에 대리공사 유찬은 "우리 대한정부의 대표인 주차공사관이 이처럼 체면을 손상당하면 다른 사람에게 가히 사신이라 할 수 없"다고 여겨 다시 다이이치은행의 차관을 빌어 해결하였다.[304]

이들 무관뿐만 아니라 학부파견 유학생들의 사정도 좋지 않았다. 1900년 말 무관들의 송환에 골머리를 앓고 있던 대리공사 박용화는 박정선과 안형중安衡中이 아무런 물의를 일으키지 않고 귀국하자 이를 가상하다고 보고할 정도였다.[305] 그러나 유학생들 중에는 귀국하고 싶어도 부채문제로 어려움을 겪는 경우가 많았다. 이에 성기운 공사는 부채를 갚은 뒤 학부에서 그들을 직할 감독할 관원을 파견해서 회국케 하라고 건의하였다.[306] 이 요구가 받아들여지지 않은데다가 회국비는 물론 학자금도 송금될 기미가 보이지 않았기 때문에 유학생들은 매월 말 공사관에 모여 곤궁함을 호소하거나 차관을 빌어 생활하는 악순환을 되풀이하였

302 《주일공관래거안》 7, 훈령 제5호, 1901년 5월 8일; 보고 제26호, 1901년 7월 13일.
303 《주일공관래거안》 7, 보고 제21호, 1901년 7월 7일; 《주일공관래거안》 8, 보고 제1호, 1902년 2월 4일. 그들의 귀국 후 상황에 관해서는 박찬승, 앞의 논문, 138~139쪽 참조.
304 《주일공관래거안》 8, 보고 제1호, 1903년 2월 4일.
305 《주일공관래거안》 6, 보고 제24호, 1900년 11월 13일; 《주일공관일기》, 1900년 11월 13일자.
306 《주일공관래거안》 7, 보고 제29호, 1900년 12월 30일.

다. 따라서 1901년 3월 성기운은 공사관에서도 달리 방도가 없으므로 유학생의 전원 소환을 요청하기에 이르렀다.[307] 결국 유학생들의 송환비나 학비는 여전히 다이이치은행의 차관으로 해결하는 수밖에 없었다. 1901년 5월 이후 귀국했던 최응두崔應斗·신우선申佑善·한명순韓明淳의 경우나 다른 유학생들의 경비도 예외는 아니었다.[308] 그해 7월 25일 상선학교商船學校에 입학한 관비생 5명 중 항해과 박완서朴完緖와 기관과 한기원韓萬源이 우수한 성적으로 졸업하자, 대리공사 정해용은 외무성에 감사를 표하였다.[309]

나머지 유학생들에 대한 자금이 제때 지급되지 않은 상황 속에서도 1900년 11월 대리공사 박용화가 외무대신 비서관 미츠하시 노부요시三橋信芳에게 유학생 정동원의 양잠학교 입학 허가를 요청하였고,[310] 학부 학무국장 김각현이 세이죠학교 재학 중인 박영철을 비롯해 송재엽을 관비생으로 할 것을 요망하는 등 유학생정책은 지속되었다.[311] 특히 1901년 11월 세이죠학교 졸업예정자인 박영철·김영헌·김기원·김응선 등 학부파견 관비생 4명과 정우용·최덕崔悳·박종수·김익상·조종현·남

307 《주일공관래거안》 7, 보고 제8호, 1901년 3월 19일.
308 《주일공관래거안》 7, 보고 제25호, 1901년 7월 10일.
309 그들 가운데 한만원은 8월 초에 귀국하였고, 박완서는 사무복습을 이유로 잠시 귀국을 미루었다. 《주일공관래거안》 7, 보고 제28호, 1901년 8월 17일.
310 《주일공관일기》, 1900년 11월 13일자.
311 《주일공관일기》, 1900년 11월 23, 29일, 12월 6일자. 그 후 주일공사관에서 외부에 전보로 학자금을 요구했음에도 받아들여지지 않았기 때문에 유학생들은 8~9개월 동안 곤궁에 빠져 있었다고 한다. 《東京日日新聞》, 1901년 7월 9일자, 〈日本留學生學資の滯送〉.

규대·유동열·이휘준 등 사비생 8명, 총 12명은 9월경에 주일공사관을 찾아와 일본육군 각 연대에 입학하여 군인학업을 마치겠다는 의견을 피력하였다. 대리공사 정해용은 공관에서 10월 내로 일본외무성을 통해 육군성에 알려주어야 해당 연대가 학도들의 피복 등 물품과 교수방책을 미리 정할 것이며, 여타 사립학교의 규칙과는 달리 관·사비생을 막론하고 12명의 피복비와 학비를 공관에서 담보해준 후에야 입학을 허가할 것이므로, 모두 관비로 일본정부에 통보한 전례에 따라 학도들이 고생하다가 중도에서 학업을 그만두는 일이 없도록 빨리 처리해달라고 외부에 요청하였다.[312]

이에 외부대신 박제순은 학도들에게 비용을 지급할 수 없으므로 유학을 허락할 수 없다는 군부의 결정을 알려주면서 그들의 전학을 정지시키라는 훈령을 내렸다.[313] 그러나 대리공사 유찬은 사비생 8명의 전학건은 의논하지 말되, 김영헌 등 4명이 온갖 고난을 이겨내고 사관학교에 입학하기를 바라는 성의가 가상하다고 높이 평하였다. 따라서 그는 외국인의 이목으로 논하더라도 정부에서 수년간 거액의 학자금을 지급하여 학생을 양성했는데, 보통과를 마친 후 해당 소관 전문과로 진학을 허락해주지 않으면 그 역시 수치스럽고 거액을 들여 양성한 것이 허사로 돌아갈 뿐이라는 판단 아래 전례를 근거로 관비생들의 학업 속개를 재차 상신하였다.[314] 유찬의 간곡한 건의가 주효한 덕분인지 김영헌과 김기원은

●

312 《주일공관래거안》 8, 보고 제34호, 1901년 10월 1일.
313 《주일공관래거안》 8, 훈령 제11호, 1901년 10월 21일.

도쿄전문학교와 도쿄법학원을 거쳐 육군사관학교에 진학하였고, 박영철과 김응선은 고노에近衛 기·보병연대에 들어갔으며, 사비생 중 유동열은 관비생이 아닌 사비생으로 육군사관학교에 입학하였다.[315]

이처럼 유학생에 대한 대리공사 유찬의 애정과 열의는 차관을 빌어서라도 학자금뿐만 아니라 치료비·상급학교 시험료 등을 지급했던 사실에서도 잘 드러난다.[316] 또한 그는 도쿄외국어학교와 도쿄음악학교의 졸업식에도 참석했고,[317] 홍재기와 김상연의 행정사무 및 지방사무 견습을 외무성에 요청했으며,[318] 장응진과 김동완의 도쿄공업고등학교 요과窯科와 도쿄대학교 농과대학 농학실과 입학을 도와주었다.[319] 그 결과 1902년 7월 말 현재 관비생 31명이 학업을 이어갈 수 있었다.[320]

그럼에도 주일공사는 정부의 학자금 조달 중지로 말미암아 여전히 곤혹을 치루고 있었다. 유학생들은 학비와 생활비 부족을 호소하면서 공사관으로 몰려와 숙식하였고,[321] 1902년 7월 하야시 공사는 여러 차례 외부에 학비 송금을 재촉했으며, 일본정부도 학자금을 보내든지 유학생을 모두 송환하라고 한국정부에 요구하였다.[322] 심지어 유학생 학자금

---

314 《주일공관래거안》 8, 보고 제35호, 1901년 11월 29일.

315 《주일공관래거안》 8, 보고 제5호, 1902년 5월 18일.

316 《주일공관래거안》 8, 보고 제2, 3호, 1902년 2월 4일; 보고 제5, 6호, 5월 18일.

317 《주일공관일기》, 1902년 7월 5일자.

318 《주일공관일기》, 1902년 7월 8, 15일자.

319 《주일공관일기》, 1902년 9월 4, 15일자.

320 《주일공관일기》, 1902년 7월 20일자; 《주일공관래거안》 8, 보고 제10호, 1902년 7월 20일.

321 《주일공관래거안》 8, 보고 제6호, 1902년 5월 18일.

조달건은 주일공사의 장기부재건과 더불어 한일 양국 간의 외교문제로까지 비화되기에 이르렀다.[323] 하지만 외부대신 조병식은 뾰쪽한 방안을 강구하지 못한 채 서기생 정해용을 참서관으로 승임시켜 임시대리공사로 임명하면서, 유학생 학자금 송부 혹은 소환을 재상의해서 선처하겠다고 일본 측에 회답했을 뿐이었다.[324]

결국 유학생 처리방안은 1903년 2월 신임 주일공사 고영희가 부임하는 것을 계기로 해결의 실마리를 찾게 되었다.[325] 총세무사 브라운이 다이이치은행의 상환대금을 반환하고 유학생 전원을 송환하되, 어떠한 이유로든 귀국을 거부하는 학생에게는 더 이상 학자금을 지불하지 않고 사비생으로 처리하기로 결정하였던 것이다. 이에 하야시 공사도 고영희가 "성실한 인물이므로 가능한 한 편의를 제공해주기를 희망"한다면서 그의 임무인 유학생 송환을 적극 알선·협조해달라고 일본정부에 요청하였다.[326]

고영희는 브라운으로부터 1,720원을 받아 2월 23일 주일공사관에 도착하였다.[327] 이어 27일 그는 고무라 외무대신에게 유학생 전원의 소환

322 박찬승, 앞의 논문, 117~118쪽.

323 《일안》 6, 7069호, 1902년 10월 16일; 《일관기록》 18, 268~269쪽, 제161호.

324 《일안》 6, 7074호, 1902년 10월 13일; 《일관기록》 18, 261쪽, 조복 제125호.

325 《학부래거문》 11, 조회 제1호, 1903년 2월 13일.

326 《일관기록》 21, 263쪽, 왕전 제61호.

327 《주일래거안》 9, 보고 제7호, 1903년 3월 5일. 고영희는 이 금액으로 학생 25명의 학자금 275원, 귀국비 750원을 지급했고, 나머지 695원은 참서관 정해용이 일본상인에게 빌렸던 1281원 74전을 갚는 데 사용하였다.

을 통보한 데 이어 28일 오후 김영헌 등 관비유학생 25명을 공사관에 소집해서 학자금·회국여비 및 회국증명서 등을 지급하고 속히 귀국하라는 학부대신의 훈령을 전달해주었다. 이 자리에는 유동열·박두영·남기창·이갑 등 사비생 4명도 참석하였다. 이들이 훗날 어떠한 폐단을 일으킬지 모르기 때문에 사전조치를 취했던 것이다.[328]

이에 대해 3월 3일 고무라 외무대신은 고영희에게 재정 사정으로 유학생 전원을 소환하기로 한 결정에 대해 유감을 표시한 다음, 관립학교 재학생에 관해서는 그 뜻을 직접 관계자들에게 통지해두었지만 사립학교에는 공사관 측에서 직접 절차를 밟아달라고 요청하였다. 아울러 그는 유학생들이 아직 학업을 마무리하지 못했지만, 다년간 일본에서 수업을 받았던 만큼 귀국 후에 상당한 직책을 주기를 바란다는 의견을 덧붙였다. 특히 그는 한국정부가 유학 중의 언동에 관한 부설浮說 등을 믿고 귀국 후 그들을 체포·처벌함으로써 양국관계를 악화시키는 일이 발생하지 않게 해달라고 당부하였다.[329]

정부의 귀국령에 따라 대부분의 유학생은 귀국했지만, 계속 학업을 지속했던 이들도 있었다. 특히 4월 초 데라우치 마사타케寺内正毅 육군대신은 고영희에게 육군사관학교에 유학 중인 김영헌·유동열 등 관·사비생 8명이 입교 이래 교칙을 준수하고 성실하게 수학해왔는데, 졸업을 몇 개월 남겨둔 채 중도에 귀국하면 학생들의 불행일 뿐 아니라 한국

---

[328] 《주일공관일기》, 1903년 2월 27, 28일자; 《주일래거안》 9, 보고 제6호, 1903년 3월 5일.
[329] 《주일래거안》 9, 보고 제6호, 1903년 3월 5일; 《일관기록》 20, 296쪽, 기밀송 제11호.

정부에도 불이익이 크다면서 졸업까지 드는 비용은 관계자가 어떻게든 지불할 길을 강구하겠다는 의견을 내놓았다. 여기에는 군사 유학생을 이용하여 한국군을 통제하려 한 일본정부의 의도가 깔려 있었다고 여겨진다.

그러나 무관의 양성은 한국군을 육성·증강하는 데에도 필요했기 때문에 4월 7일 고영희는 외부대신 이도재에게 육군사관학생 관·사비생 8명을 졸업하기 전까지 특허유학을 허락해달라는 공문을 보냈다.[330] 그 결과 군부에서도 이를 허락해주었기 때문에 그해 12월 그들은 졸업증서를 받게 되었고 연대 실지견습에 나갈 수 있었다.[331] 1904년 1월 중순 러일개전의 가능성이 고조되자 그들은 "사군이친辭君離親하고 출양원유出洋遠游하여 곤고困苦를 비상備嘗하고 군무를 근면함은 타일에 이진위신민자以盡爲臣民者 직분지만일야職分之萬一也"라면서 '치명보국致命報國'할 용의를 내비추고 정부의 처분을 기다린다는 청원서를 올렸다.[332]

이처럼 주일공사들이 정부의 귀국 명령에도 유학생들의 학업을 무사히 마칠 수 있도록 노력했던 점은 주목할 만하다. 그 후에도 주일공사들은 유학생들의 입학을 알선하거나 감독하는 역할을 지속적으로 펼쳐나갔다.[333] 특히 러일전쟁의 상황이 일본에게 유리하게 돌아가면서 1904

---

330 《주일래거안》 9, 보고 제15호, 1903년 4월 7일.
331 《주일래거안》 9, 훈령 제9호, 1903년 5월 26일; 보고 제27호, 1903년 12월 5일.
332 《주일래거안》 10, 보고 제1호, 1904년 1월 18일.

년 10월 일본에 파견된 한국황실특파유학생韓國皇室特派留學生을 주일 공사가 감독·보호했던 사실을 대표적인 사례로 꼽을 수 있다. 10월 10일 학부는 주일공관에 시찰원인 학부대신 이재극李載克과 함께 유학생의 파견을 통보하였고, 12일 외부대신 이하영도 공사대리 참서관 박정선에게 유학생 50명을 파견하므로 주일공사가 예겸·감독하라는 훈령을 보냈다.[334] 10월 9일 학부대신 이재극과 유학생들은 인천을 출발해서 12일 시모노세키에 도착하였고, 15일 유학생들이 먼저 도쿄에 와서 도메이칸東明館에 머물렀다.[335]

11월 5일 유학생 중 44명은 도쿄부립다이이치중학교東京府立第一中學校에 입학하였다.[336] 입학식은 이재극과 주일공사 조민희 등이 참석한

333 《주일공관일기》에 의하면, 주일공사는 장헌근의 사관학교 입학(1904.8.1), 이기현의 치바千葉의학전문학교 퇴학(1905.3.1), 박종식의 아오야마靑山 소재 도쿄부립사범학교 입학(1905.3.29, 5.27), 김영작의 치바의학전문학교와 세이소쿠正則영어학교 입학(1905.5.5·16·20, 7.13, 8.30), 장흥식의 도쿄고등상업학교 입학(1905.5.20), 양재하의 도쿄고등중학교와 구마모토현熊本縣 제5고등학교 입학(1905.5.20, 7.16·24) 요청, 김진초의 농과대학 실과 입학(1905.5.25), 최이섭의 오사카고등공업학교 입학(1905.6.16), 최국현의 치바의학전문학교와 가네자와金澤의학전문학교 입학(1905.7.19·20·24, 8.2·8·15), 정창세·최원기·양대경의 다이이치고등학교 입학(1905.7.19), 심영택의 공수학교工手學校 입학(1905.8.16), 정세윤의 아이치현愛知縣 정립町立 도기陶器학교 입학(1905.8.24), 현동철의 세이죠학교 입학(1905.8.30), 김동원·최석하의 메이지대학 입학(1905.8.30) 등을 요청하였으며, 김완성·김창환·정인호·김제용 등 관비생 유궐 시 보충을 요망하였고(1905.5.1·22, 7.9·18), 이범소를 처벌하였으며(1905.7.6), 만수절에 관·사비학생 150여 명을 소집해서 만세를 외치며 애국가를 불렀다(1905.8.25).
334 《주일공관일기》, 1904년 10월 10일자; 《주일래거안》 10, 훈령 제14호, 1904년 10월 12일.
335 《주일공관일기》, 1904년 10월 12, 14, 15, 16일자.
336 第一中學校 입학생은 46명으로 거론되기도 하지만, 입학 직후인 11월 25일 조보희·유익렬

가운데 거행되었다. 이에 대해 일본 신문도 유학생들은 "양반자제들로서 청·한인을 통하여 일본에서 이와 같이 일단의 다수가 공연公然하게 수속을 마치고 입학식을 한 것은 처음이다"고 보도하였다.[337] 유학생들은 전문학교에 입학할 정도에 이르기까지 예비학과에서 수학할 필요가 있다는 판단 아래 문부성과 협의한 뒤 교육과 기숙감독 일체를 부립다이이치중학교에 위촉하였던 것이다. 일본정부는 학자금 부족으로 유학생들이 망명자에게 기숙하는 일이 발생하지 않도록 한국정부에 요청하였다. 나아가 일본정부는 유학생들이 기숙생활로 말미암아 자유스럽지 못한 감정을 주일공사관에 호소하고 주일공사가 학교 측에 여러 가지를 주문해서 서로 감정이 상했던 경우도 많았다는 판단 아래, 유학생들의 교육·기숙·감독 등을 모두 일본정부와 학교에 일임토록 해서 주일공사로 하여금 간섭하지 않도록 조처해달라고 한국정부에 요구하였다.[338]

다이이치중학교는 유학생들을 '친일적' 인물로 양성하려는 일본정부

이 신병으로 말미암아 각각 김용성·문창규로 대체되었던 사실로 미루어 44명이었다고 판단된다. 阿部洋, 〈舊韓末の日本留學(Ⅱ)─資料的考察〉, 《韓》 3-6, 1974, 98, 103~104, 115쪽; 김기주, 《한말 재일유학생의 민족운동》, 느티나무, 1993, 134~135쪽; 武井一, 《皇室特派留學生─大韓帝國からの50人─》, 白帝社, 2005 등 참조. 그 외 6명에 대한 주일공사의 학교 알선 등에 관해서는 《주일공관일기》, 1905년 4월 28일자 이후 참조.

337 《讀賣新聞》, 1904년 11월 9일자, 〈韓國留學生の入校式〉; 《주일공관일기》, 1904년 11월 5일자.

338 《일관기록》 24, 55쪽, 공문 제211호; 58~60쪽, 공문 제234호; 《일관기록》 23, 99~100쪽, 來電 제328호; 《일관기록》 22, 495~496쪽, 기밀송 제89호.

의 의향을 받들어 특별한국위탁생과를 설치하고 갑·을 2개 학급으로 운영하였다. 그러나 유학생들이 일본 측의 의도대로 교육받은 것은 아니었다. 특히 을사늑약 체결 후 일본의 한국침략 야욕이 드러나자 일부 학생들은 형식상 자신 혹은 부모의 병을 이유로 자퇴하였으며, 1905년 12월 2·3일자 《호치신문報知新聞》에 실린 가츠우라 도모오勝浦鞆雄 교장의 인터뷰 가운데 자신들을 비하하는 내용이 실리자, 12월 5일 당시 재학생 36명 전원은 더 이상 교육을 받을 수 없다면서 동맹휴교를 결의하고 기숙사에서 뛰쳐나오는 집단행동을 단행했던 것이다. 이에 주일공사관의 참서관 한치유는 여러 차례 유학생들의 복교를 설득하였지만 성과를 거두지 못하였다. 또 중학교 측뿐만 아니라 일본 외무성도 입교를 권유했다가 실패하자 학교와 일본의 위신을 내세워 타교 전학을 봉쇄하였으며, 결국 12월 22일 교육위탁을 해제하고 퇴학 조치를 내렸다.[339]

그러나 유학생들은 일본 측의 퇴교 조치를 당연한 것으로 예상하고 있었으며, 오히려 자신들이 원하는 다른 학교로 전학할 수 있는 기회로 여겼다. 이는 조민희 공사가 유학생들에게 일본정부와 외무성에 교섭해서 원하는 학교로 입학시켜주겠다고 약속한 적이 있었기 때문이다. 하지만 그전에 이미 일본은 주일한국공사관을 폐쇄하였고, 그동안 주일공사가 겸임해왔던 유학생 감독권을 참서관 한치유로 하여금 담당케 함과 동시에 주일공사관 건물을 유학생감독부로 사용토록 결정하였다.[340] 따

---

[339] 阿部洋, 앞의 논문(Ⅱ), 110쪽; 김기주, 앞의 책, 133~140쪽.
[340] 《일관기록》 24, 468쪽, 래전 제215호.

라서 12월 21일 조민희의 귀국 후 유학생 감독자로 임명된 한치유가 유학생으로부터 입학희망학교 신청을 받아 전학을 알선해주려던 노력도 수포로 돌아가고 말았다.[341]

## 3 ─ 근대식 기계 구입과 기술 습득 알선

주일공사는 근대식 기계와 재료를 구입하거나 기술을 습득하는 과정에서 그 업무가 원활하게 이뤄질 수 있도록 알선·중재하는 역할을 맡았다. 먼저 농상공부에서 양잠기계를 구매하고 잠업지를 시찰하기 위해 참서관 서병숙徐丙肅과 기수 한의동韓宜東을 파견하자 그들에게 업무에 관련된 편의를 봐주었다.[342] 이어 1903년에는 관립학교인 수산강습소와 양잠강습소에 송재엽·정동원의 유학을 요청하였고,[343] 1905년에는 도쿄잠업강습소에 정우상·이범구·김관성 등의 입학을 요청하여 허가를 받아냈다.[344] 또한 최익진·심의승 등이 철도견습을 위해 파견되었을 때, 이를 외무성에 부탁해서 체신대신에게 의뢰하는 역할을 수행하였다.[345] 통신원에서 소포 우편물 배달을 실시하기 위해 국내와 한일 간

---

341 주일공사관 폐쇄 후 유학생의 상황에 관해서는 阿部洋, 앞의 논문(Ⅲ), 《韓》 3-5, 1974; 김기주, 앞의 책, 140~146쪽.

342 《주일공관래거안》 7, 훈령 제8호, 1901년 5월 28일.

343 《주일공관일기》, 1903년 2월 28일자.

344 《주일공관일기》, 1905년 3월 1, 10, 11일, 5월 3, 21일, 7월 24일자.

345 《주일공관일기》, 1904년 6월 23, 28일, 7월 7일자.

소포 우편물교환법과 우선체송郵船遞送 및 요금 작정 등에 관한 절목을 일본체신성과 협의하려고 통신원 번역관 최진영과 우체조사 프랑스인 길맹세吉孟世를 특파했을 때에도, 이 사실을 일본 외무성에 통보하여 도착 즉시 일본 주무관리와 협상할 수 있도록 지원해주었다.[346]

다음 1903년 군부가 총탄 제작기계를 일본으로부터 구입하기로 결정하고 이를 인수하기 위해 군부 기사 오정선吳禎善·김정우와 공두工頭 1명을 파견했을 때, 고영희는 일본 육군성에 통지해서 구매의 편리를 제공해주었다.[347] 그리고 무관 강용희姜容熙가 둔전병제도를 파악하기 위해 도일하자 육군대신을 면담해서 그가 홋카이도 둔전병 제1·3·4대 제도를 견습할 수 있도록 사전절차를 밟아주기도 하였다.[348]

또 주일공사는 근대식 훈장 등을 제조하기 위해 표훈원에서 필요한 물품들을 구입·발송해주거나 그 대금을 지급했으며,[349] 오사카조폐국에 표훈원에서 부탁한 기념장 본질을 조속히 제조해달라는 공문을 발송하기도 하였다.[350] 그리고 일본에서 훈장제조법을 배웠던 표훈원기사 김형모金瀅模가 1904년 표훈원에서 필요한 단봉장 제조판을 구입하기 위해 조폐국 조각위에 파견되었을 때에도, 조민희는 그가 공무를 마칠 수 있도록 공사관에서 유숙하게 하는 등의 편의를 제공해주었다.[351]

---

[346] 《주일공관래거안》 8, 훈령 제13호, 1901년 11월 8일.
[347] 《주일래거안》 9, 훈령 제13호, 1903년 9월 22일.
[348] 《주일공관일기》, 1902년 6월 12, 18일, 7월 1일자.
[349] 《주일공관래거안》 7, 보고 제13호, 1901년 3월 19일; 훈령 제7호, 1901년 5월 26일
[350] 《주일공관일기》, 1902년 6월 30일자.

한편 주일공사관은 1903년 제5회 오사카권업박람회大阪勸業博覽會에 관련된 업무를 처리하였다. 1902년 6월 일본 외무성은 권업박람회에서 출품·진열하는 참고관 총면적이 총 1,000평 가량이며 외국의 산출 및 제조품을 수집할 예정이라면서 산업상 참고가 되는 영역참고관규칙과 내국권업박람회규칙 및 출품부류의 목록 등을 보낸 데 이어 8월에는 한국을 초청하였다.[352] 이에 대리공사 유찬은 이들 문서를 발송한 다음, 외부에 권업박람회 참석 의사를 통보해달라고 요청하였다.[353] 1903년 2월 외부는 박람회에 출품하기로 결정하였으며, 박승건·박종렬 및 일본인 감사원 오에 다쿠大江卓 등을 우선 파견하므로 그들을 수행·보호하라는 지시를 내렸다.[354] 이어 3월에 외부는 오사카박람회 관람원을 농상공부 임시박람회사무소 위원 이병렬李炳烈·유석봉柳錫鳳·김만성金萬聲, 주사 이봉재李鳳載 등으로 교체하고 그 명단을 통보하였다.[355] 그리고 3월 19일 고종은 주일공사로 임명했으나 부임하지 않은 김승규에 대한 징계를 특별히 사면하면서 궁내부특진관으로 발탁한 데 이어 그 다음날 일본 제5차 박람회 관람위원장으로 임용하였다.[356] 따라서 외부는 위원장

---

351 또한 표훈원주사 지일찬에게도 동일한 편의를 봐주기도 하였다. 《주일공관일기》, 1904년 4월 22일, 5월 20일, 6월 11일, 8월 12일자.

352 《주일공관래거안》 8, 보고 제8호, 1902년 6월 13일; 《주일공관일기》, 1902년 6월 13일, 1902년 8월 7일자.

353 《주일공관래거안》 8, 보고 제16호, 1902년 9월 29일; 《주일공관일기》, 1902년 9월 29일자.

354 《주일래거안》 9, 훈령 제1호, 1903년 2월 7일; 《주일공관일기》, 1903년 2월 21일자.

355 《주일래거안》 9, 훈령 제6호, 1903년 3월 19일.

356 《고종실록》, 1903년 2월 9일, 3월 19, 20일조.

김승규, 위원 민재설·박승조 등이 3월 28일에 오사카로 출발할 예정이므로 주일공사관에서 그들을 우례優禮·보호해달라고 요청하였다.[357]

## 4 ─ 곤란민 및 불법체류자 송환

한일 간의 왕래가 잦아짐에 따라 증가하는 곤란민과 불법체류자를 구호·송환하는 것은 주일공사의 주요 업무 중 하나가 되었다. 특히 일본으로 불법도항·체류한 뒤 곤궁에 빠진 곤란민을 귀국시키는 일은 커다란 골칫거리였다. 따라서 주일공사는 곤란민을 신속하게 처리하기 위해 일본 지방관이 곤란민으로 인정한 사람들을 부산항으로 직접 송환하여 부산주재 일본영사에게 인도하면, 일본영사가 즉시 부산감리에게 넘겨준 뒤 증빙문서를 받아서 주일공사관에 문서로 비용을 청구케 하기로 일본 외무성과 합의하였다.

이에 의거해서 주일공사는 공사관 운영비의 일부를 사용하거나 차관을 빌어서 당장 곤궁에 처한 곤란민과 불법체류자를 구하는 데 힘썼다(〈표 2〉 참조). 그 대표적인 사례로는 러일전쟁이 벌어지고 있었던 1904년 3월 박덕군 등 16명을 송환한 조치를 꼽을 수 있다. 그들은 블라디보스토크와 홋카이도 등지에서 환국하기 위해 나가사키로 갔다가 여비가 궁핍하여 현청에 구호를 요청하였다. 나가사키현지사는 그들을 곤란민

---

357 그는 3월 28일 오사카박람회에 참가하기 위해 치쿠고가와마루 편으로 인천을 떠났다. 《주일래거안》 9, 훈령 제7호, 1903년 3월 24일; 《東京日日新聞》, 1903년 4월 8일자, 〈大阪博覽會の觀覽委員〉; 9일자, 〈雜俎〉.

<표 2> 곤란민 구휼·송환 상황(1900~1902)

| 날짜 | 금액 | 내역 |
|---|---|---|
| 1900.11 | 6원 | 곤란민 홍성우 송환비 지불 통보 |
| 1901.5 | 9원 40전 | 홍성우의 곤란 구환비 외무대신에게 변상 |
| 1901.7 | 6원 67전 | 곤란민 김학현 식비(1901.5~6) |
| | 7원 | 곤란민 한경원 식비(1901.5~6) |
| | 5원 10전 | 곤란민 최병년 식비(1901.5~6) |
| | 7원 50전 | 곤란민 현동익 구환비(1901.6) |
| | 7원 50전 | 곤란민 유영희 구환비(1901.6) |
| 1901.7 | 12원 30전 | 의주 광인狂人 이창근 구환비(일본경찰에 의탁해서 귀국시킴) |
| 1901.8 | 1원 50전 | 동래인 서상수 구환비(1901년 8월) |
| 1901.8 | 4원 | 경기인 김인선 구환비 |
| 1901.8 | 20원 80전 | 의주 김성팔 종형 식비, 김상경 항행중 유산물 포장 발송 비용 |
| 1901.9 | 6원 48전 | 곤란민 김인선 고베에서 부산까지 구환비 |
| 1901.9 | 6원 96전 | 곤란민 김종기 고베에서 부산까지 구환비 |
| 1901.9 | 13원 44전 | 곤란민 김인선·김종기 구환비 |
| 1901.11 | 6원 38전 | 곤란민 문진형 구환비 |
| 1901.12 | 12원 | 곤란민 조경승 부산까지 구환비 |
| | 12원 | 곤란민 최병년 부산까지 구환비 |
| | 13원 | 곤란민 이수영 부산까지 구환비 |
| | 14원 | 곤란민 김인성 부산까지 구환비 |
| 1902.1 | 20원 | 곤란민 박두원 부산까지 구환비 및 식비 |
| 1902.3 | 12원 | 곤란민 윤진성 부산까지 구환비 |
| 1902.4 | 6원 96전 | 곤란민 장필상 구환비 |
| | 6원 80전 | 곤란민 안정호 구환비 |
| 1902.7 | 5원 10전 | 곤란민 김원현 나고야까지 송환비 |
| 1902.12 | 13원 28전 | 곤란민 박두황 형제 구환비 |

출전: 《주일서래거안》, 《주일공관일기》

으로 인정하고 3월 29일 배삯을 포함한 송환비 179원 84전을 지급한 뒤 효고마루兵庫丸에 태워 부산으로 귀국시켰다. 그 다음날 현지사는 외무대신 고무라에게 이 사실을 보고하였고, 4월 26일 고무라는 주일공사에게 곤란민의 상황 및 송환비 내역서를 보냈다. 그들은 여비도 없고 자활방법도 없어 방황하고 있다가 곤란민으로 인정된 자들이었다.[358]

그들 가운데 박덕군 등은 러시아인 혹은 일본인에게 고용되었다가 러일전쟁으로 더 이상 근무할 수 없게 되어 임금도 받지 못한 채 반강제적으로 귀국조치를 당했던 것으로 판단된다. 따라서 주일공사 조민희는 5월 5일 일본정부에 그들의 송환비를 일단 지불하고, 그 다음날 이 사실을 외부에 보고하면서 비용을 청구하였다. 6월 14일 일본정부는 송환비 영수증을 주일공사에게 보냈으며, 외부대신은 재정 부족으로 말미암아 1905년 3월에 이르러서 비로소 그 비용을 주일공사에게 송금해주었다.[359]

그러나 1903년 주일공사관을 직접 찾아왔던 평양거주 이연화李蓮花와 김진하金鎭河의 사례처럼 특이한 경우도 있었다. 김진하는 인천의 러시아인 남초南草회사에서 고용되었다가 은산금광에 근무하던 중, 헌병으로 인천에 왔다가 은산금광에 고용되었던 일본인 오카자키岡崎義治가 일본에 가서 대한면상大韓麵商을 신바시에 설치하자는 꾐에 빠졌다.

[358] 《주일공관일기》, 1904년 5월 6일, 외부보고 제13호; 《주일공관일기》, 1904년 4월 26일자.
[359] 《주일공관일기》, 1904년 5월 5일, 6월 14일자; 《주일래거안》 10, 훈령 제5호, 1905년 3월 23일.

자본을 모두 대주되 이익을 함께 나누고, 입국비용을 모두 대주며 이익이 없더라도 회국할 비용은 주겠다는 제안에 솔깃했던 것이다. 1903년 5월 3일 그는 기녀였던 외조카 이연화와 함께 인천항으로 가서 감리서에 호조를 발급받은 뒤 오카자키가 구해준 표로 도쿄 아사쿠사구淺草區에 도착하였다.

오카자키는 끼니도 잇지 못할 정도로 가난해서 두 사람의 물건을 전당잡혀 생활했지만, 두 달이 지나도 별다른 방법을 찾을 수 없었다. 오히려 그는 귀국 여비도 줄 수 없으니 이연화에게 극희장에서 춤을 추어서 자금을 마련하자고 권고하였고, 심지어 몸을 팔아서 회국하라고 하였다. 하지만 이연화는 차라리 이국땅에서 죽을지언정 그렇게 하지 못하겠다고 버텨서 결국 몸이 극도로 약할 지경에 이르렀다. 그러자 오카자키는 살길이 없어 고향으로 돌아가겠다고 말하면서 혼고구本鄉區에 한국유학생이 많으니 가서 애걸하라고 말하였다. 이에 그들은 혼고구에 갔지만, 때마침 학생들이 모두 피서를 가고 없어서 순사를 찾아갔다. 순사는 딱한 사정을 듣고 숙소를 마련해주면서 간다구神田區 소재 한국공사관을 찾아가라고 일러주었고, 그들은 도중에 와세다早稻田대학교 학생 나가노長野虎太郎 등 3명의 안내를 받아 공사관에 도착하였다.

고영희 공사는 그들이 일본인의 꾀임을 믿고서 일본에 건너온 죄는 무겁지만, 특별히 구휼해서 공사관경비로 회국비 각 20원씩을 주어 고베까지 보냈다. 아울러 그들의 호조를 살펴보았더니 '홍판興販'으로 적혀있고, 18세인 이연화와 23세인 김진하의 나이를 각각 30세와 27세로 기재했으며, 호조 호수도 역시 발급치 않았다는 점을 발견하고, 인천항 감리서가 제대로 검사하지 않았다는 사실에 크게 분개하였다. 그리하여 그는 외부대신에게 지금까지 부량류가 임의로 내왕할 때 발조가 매우 엉터리여서 폐단이 많으므로 법규를 특설해서 공관이 외국인으로부터 수모를 받지 않도록 해달라고 건의하였다.[360] 이 보고를 받은 외부대신 이도재는 인천항의 발조상황이 개탄할 지경임을 인정하면서 각항에 칙령을 보내 엄격하게 호조를 발급하여 이러한 폐단이 다시 일어나지 않도록 조치하였다.[361]

또한 주일공사는 일본기선 하치만마루八幡丸에 승선하여 호주에서 마닐라에 항행 중 병사하여 수장된 의주 거주 김상경金尙慶·유재풍劉在豊·김성팔金聖八 등 3명의 유품을 유가족들에게 전달해주었다. 그들 가운데 김상경과 김성팔은 1900년 11월 22일 호주 멜버른에서 승선하여 홍콩으로 가는 도중 2월 7일과 12일에 각각 요독증尿毒症과 충심衝心으로 사망하였고, 1900년 11월 29일 시드니에서 승선했던 유재풍은 각혈로 12월 11일에 사망한 것으로 알려졌다. 사고 발생 후 선장대리 호죠 쇼지로北條鈔次郎로부터 그들의 유품 및 사망증을 전달받은 마닐라주재 일본영사관은 김성팔의 소유품 중 달러 환산금 750원 91전을 요코하마주재 홍콩상하이은행香港上海銀行의 환권으로 바꾸고 유품 및 그 목록을 외무성에 보냈다.

1901년 2월 9일 가토 외무대신은 성기운에게 그들의 사고 정황을 알려

360 《주일래거안》 9, 보고 제22호, 1903년 8월 11일.
361 《주일래거안》 9, 훈령 제12호, 1903년 8월 18일.

주고 유품목록서 및 사망증을 첨부해서 유품을 그 유족들에게 전달해달라고 요청하였다. 2월 13일 성기운은 외무성에 선장대리의 용의주도함을 치사하고 유품은 본국에 보고해서 유족을 찾아 나누어주겠다고 회답한 다음, 유품과 금권을 잠시 공사관에서 보관한 채 외부대신 박제순에게 유품목록과 사망증 3매를 보내 의주에 있는 유족을 찾아달라고 요청하였다.[362]

이에 박제순은 의주 관리에게 훈령을 내려 김상경 등의 유족을 찾은 결과 김상경과 유재풍은 각각 동생과 조카가 있지만 집이 가난해서 갈 수가 없고, 김성팔의 형 김성우金聖祐만 일본으로 갈 수 있다는 사정을 주일공사에게 알려주었다. 아울러 금액 일화 750원 91전은 김성팔의 소유이므로 김성우에게 주고, 김상경과 유재풍의 유품은 편의에 따라 외부에 보내주면 해당 군으로 하여금 전달하는 방안을 제시하였다.[363] 그러나 실제로 일본으로 건너간 사람은 김성팔의 친형 대행으로 종형 김성희였다. 따라서 정해용은 김성팔의 유산 및 사망증을 김성희에게 지급했고, 유재풍이 김성팔과 남매 간이라 하므로 그 유산 및 사망증도 그에게 주었으며, 김상경의 유산은 물품목을 확인한 뒤 역시 그에게 전달토록 조치하였다. 하지만 김성팔의 유산 중 일화 750원 91전은 성기운의 귀국비용으로 충당했기 때문에[364] 김성희에게는 80원 91전밖에 지급할

---

362 《주일공관래거안》 7, 보고 제11호, 1901년 3월 19일.
363 《주일공관래거안》 7, 훈령 제9호, 1901년 6월 29일.
364 《주일공관래거안》 7, 보고 제12호, 1901년 3월 19일. 이는 당시 주일공사관의 재정이 매우 곤궁했음을 간접적으로 시사해준다.

수 없었다. 따라서 정해용은 박제순에게 주일공사관의 사리가 타당함은 고사하고 유족의 생활을 곤란케 하였으므로 나머지 670원을 김성팔의 유족에게 빨리 지급해달라고 요청하였다.[365]

---

[365] 《주일공관래거안》 7, 보고 제27호, 1901년 8월 4일. 아울러 정해용은 김성희의 식비 등을 지급해주었다. 《주일공관래거안》 8, 보고 제31호, 1901년 9월 15일.

제
3
부

# 주일공사의 의의와
# 그 한계

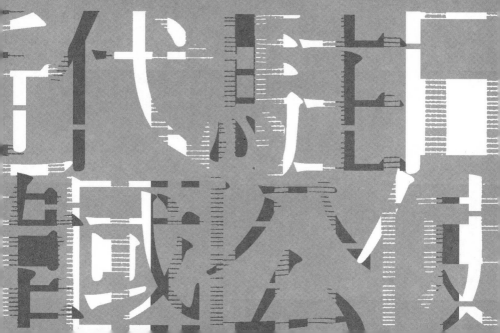

# 01

—

## 주일공사의 구성과 그 성격

—

—

주일공사로 임명·부임한 인물은 초대공사 민영준을 비롯해서 등 총 8명(이 중 고영희 2회, 이하영 3회)이다. 역대 주일공사를 연령별로 살펴보면, 30대 2명(민영준, 이하영), 40대 4명(김가진, 김사철, 고영희, 조민희), 50대 2명(성기운, 고영희)와 60대(조병식)가 1명이다. 이들 중 1900년 의화단사건 후 일종의 특수 임무를 띠었던 조병식·성기운을 제외하면, 주일공사는 비교적 소장급의 30~40대가 주축을 이루고 있음을 알 수 있다. 그렇다면 역대 주일공사들은 어떠한 특징을 지니고 있을까? 이에 대해 주일공사임명 전 그들의 사회·정치적 배경을 중심으로 살펴보면 다음과 같다.

첫째, 주일공사들 중에는 외교사절단 혹은 개인적으로 일본·중국·미국을 방문·주재한 경험이 있었기 때문에 비교적 국제정세에 밝은 인물들이 많았다. 우선 김가진·고영희·이하영은 일본의 실정에 정통한 '일본통'이었다. 김가진은 1886년 10월부터 청국의 주진대원 종사관으로 근무하였으며, 1887년 5월 귀국 직후 주일참찬관으로 발탁되었다. 초대 주일공사 민영준이 부임 후 한 달여 만에 귀국하자 그는 대리공사로 근무하다가 마침내 1888년 10월 주일공사로 승진하였다. 따라서 그는 중국어에 능통했을 뿐 아니라 일본어도 완벽하게 구사했으며, 박학다식하고 재기가 출중하여 매우 뛰어난 외교관이라는 평가를 받은 적도 있었다.[1]

고영희는 1876년 최초의 근대적 외교사절단인 제1차 수신사 김기수의 수행원으로 일본을 견문한 이래 1881년 조사시찰단의 조사 홍영식과 제3차 수신사 조병호의 수행원으로 일본에 건너갔으며, 1882년에는 일본공사 하나부사의 차비역관이 되었다. 또 1894년 갑오개혁 당시 그는 학무아문참의로서 보빙대사 의화군 이강의 수행원으로 도일한 경력도 있었던 전형적인 일본전문 외교관이었다.

이하영은 부산 출신으로 일본거류지에서 매매를 중개하면서 일본어에 능통했으며, 간산상회諫山商會의 점원으로 일본 나가사키에 갔다가 돌아오는 배 안에서 처음으로 조선을 방문하는 알렌과 인연을 맺어 1886년 외아문주사로 임명되었다. 이어 1887년 그는 초대 주미공사관의 서기관으로 발탁되어 근무하다가 1889년 6월에 귀국하였다. 미국 체재 중 그는 영어를 유창하게 구사했을 뿐 아니라 능숙한 춤 솜씨로 각종 연회에서 서양 여인들의 표적이 되어 미국 부호의 딸로부터 청혼을 받았다는 일화도 전해진다. 특히 1889년 2월경 그가 조선공사관에서 개최한 연회에는 각계각층의 정부요인과 외교관들 천여 명이 참석했을 만큼 대성황을 이룰 정도로 외교관의 자질과 능력을 갖추고 있었다.[2]

●

1 새비지-랜도어, 신복룡 외 옮김, 《고요한 아침의 나라 조선》, 집문당, 1999176~178쪽.
2 문일평 저, 이광린 校註, 《한미오십년사》, 탐구당, 1975, 218~219쪽; 장수영, 〈구한말 역대 주미공사와 그들의 활동〉, 《재미과학기술협회보》 11-6, 1983, 37쪽 등 참조.

| 성명<br>(본관) | 생몰<br>(연령) | 신분<br>(등과) | 외유 | 재임<br>기간 | 임명 전 주요 관직 | 퇴임 후 주요 관직 |
|---|---|---|---|---|---|---|
| 민영준<br>(여흥) | 1853<br>~<br>1935<br>(34) | 양반<br>(77) | | 87.5.16<br>~<br>88.10.14 | 정언(80), 검상(81), 승지(82), 대<br>사성(83), 영변부사·이조참의(84),<br>승지·내무부참의(86), 형조참판·<br>내무부협판·이조참판·도승지(87) | 평안감사(87), 내무부협판(89~<br>91), 강화유수(89), 형조·예조판<br>서, 선혜청당상, 한성판윤, 좌<br>참찬, 판의금(90), 이조판서, 연<br>무공원관리사무(91), 내무부독<br>판(91~94), 병조판서(94), 궁내<br>부특진관·장례원경(96, 99), 홍<br>릉석의중수도감제조(99), 태의<br>원경·육군부장·호위대총관<br>(01), 시종원경겸임내대신(05),<br>표훈원총재·상방사제조(06)<br>자작(10) |
| 김가진<br>(안동) | 1846<br>~<br>1922<br>(42) | 서자<br>(86) | 중국<br>일본 | 88.10.14<br>~<br>93.3.29 | 부사용·검서관(77~80.), 인의·<br>감찰(80), 장악원주부·인의·조<br>지서별제(81), 외아문주사(83), 인<br>천항감리서서기관·부사과·내<br>무부주사·형조정랑(85), 수찬·서<br>학교수·부수찬·주진종사관<br>(86), 수찬·좌군영사마·승지·장<br>령(87), 주일참찬관(87~88), 좌<br>영군사마·승지(87), 승지(90), 내<br>무부참의(90~91, 94) | 외아문독판서리·병조참판·<br>전우사무총판·군국기무처회<br>의원·리조참판·동지경연사·<br>공조판서·지춘추관사·외무<br>아문협판·공무아문협판(94),<br>농상공부대신·중추원의관<br>(95), 황해도관찰사(97), 중추<br>원의관·궁내부특진관(98), 중<br>추원의장(00), 중앙은행창설사<br>무위원(03), 의정부찬정·농상<br>공부대신·법부대신·형법교<br>정총재·관제리정소의정관<br>(04), 중추원찬의(05), 충남관<br>찰사(06), 규장각제학(07), 대<br>한협회장(08), 남작(10) |
| 김사철<br>(연안) | 1847<br>~<br>(46) | 양반<br>(78) | | 93.3.29<br>~<br>94.8.16 | 가주서(78), 정언(79), 부사과<br>(80), 응교·정언·지평·부교리<br>(82), 사성·외아문주사·중학교<br>수·용강현령(83), 부교리·좌영<br>군사마(87), 사성·병조정랑·부<br>응교(88), 사간(89), 응교·승지·<br>외아문참의·선산부사·경상도<br>암행어사(92), 승지·한성소윤(92),<br>외아문참의·이조참의·좌윤·승<br>지(93), 내무부협판(93~94) | 이조참의·교정청당상·도승<br>선(94), 비서감승(95), 특진관<br>(96), 봉상사제조(99), 특진관<br>(00), 봉상사제조(01), 특진관·<br>장례원경·태의원경(03), 특진관·<br>의정부찬정(04), 비서감경·태의<br>원경(05), 특진관·예식원장례경<br>(06), 특진관·전선사제조(07),<br>남작 |
| 이완용 | | | | 94.8.20 | | 미부임 |
| 성기운 | | | | 94.9.6 | | 미부임 |
| 이준용 | | | | 94.12.4<br>~<br>95.3.22 | | 미부임 |

| 고영희 | 1849 ~ (45) | 중인 | 일본 | 94.5.10 ~ 95.8.27 | 부사용(66), 제1차수신사 건량관(76), 조사시찰단 수원(81), 원산항사무관처리(80), 일본공사차비역관(81), 인천조계획정(83), 양성현참교·간성군수·지평현감·외아문참의·삭녕군수(84), 고양군수(85), 기기국방판(86), 내무부참의·학무아문참의·보빙대사수원·농상아문협판(94), 학무아문협판(95) | 농상공부협판(95), 외부협판(96), 학부협판(97), 양지아문부총재관·탁지부협판(98), 한성부판윤(99), 탁지부·농상공부협판(00), 중추원의관(02) |
| 김가진 | | | | 95.8.27 ~ 96.2.1 | | 미부임 |

전거: 《日省錄》, 《承政院日記》, 《高宗實錄》, 《官報》, 《統署日記》, 《國朝文科榜目》, 《大韓帝國官員 履歷書》, 《駐韓日本公使館記錄》, 《駐日公使館日記》, 《駐日來去案》
* 날짜는 1895년까지는 음력, 1896년부터는 양력으로 표기함.

다음으로 성기운은 '중국통'으로 알려진 인물이다. 그는 1884년 3월부터 1886년 10월까지 약 3년 7개월 여간 청국 주진종사관·서기관으로 근무한 데 이어 1887년 5월 다시 주진서기관으로 부임하여 2년 동안 종사하였고, 1893년에는 상하이주재 찰리통상사무로 임명되었으나 부임하지 않았다. 특히 갑신정변 이후 위안스카이와 고종·민씨척족세력의 불화가 심화되는 추세에서, 위안스카이의 1차 임기가 만료되는 1888년 8월 초 성기운은 종사관 재직 중 리훙장에게 그의 후임으로 마젠창馬建常을 임명해달라고 의뢰하기도 하였다.[3] 이러한 경력을 바탕으로 그는 1894년 동학농민군이 봉기했을 때 위안스카이에게 청국군대의 파병을 요청하는 실무자로 활약하였다.[4] 따라서 1894년 9월 그는 주일공사로 발탁되었지만 부

---

3 吳汝綸 編, 《李文忠公(鴻章)全集: 譯署函稿》, 19, 24~25쪽, 〈議留袁世凱駐韓〉(1888년 11월 16일); 25~26쪽, 〈與朝鮮官成岐運筆談節略〉(1888년 8월 9일) 참조.

임하지 않은 듯하다. 하지만 청일전쟁에서 청국이 패배한 뒤, 특히 1900년 전후 그는 철도원감독으로 근무하면서 철도 감독 오미와 쵸베에 등과 교류하며 한일제휴론에 동조하는 태도를 취하기도 하였다.

조병식은 조러밀약 실패 후 청국의 내정간섭이 점차 심화되는 상황 속에서 1885년 8월 진주사 민종묵閔種黙을 수행한 진주부사陳奏副使로 베이징으로 가서 흥선대원군의 석방·환국을 요청하는 국왕의 자문을 전달했으며,[5] 그 다음해에도 예조판서로 승진하고 동지정사冬至正使가 되어 청국을 방문한 적이 있었다.

마지막으로 조민희는 1901년 3월 12일 프랑스주재공사에 임명되었다가 16일에 주미공사로 발령을 받아 주일공사로 발탁되기 직전인 1904년 2월까지 근무하였다. 그가 주미공사로서 어떠한 활동을 펼쳤는지에 관해서는 잘 알려져 있지 않지만, 2년 6개월 이상 미국에 체재했던 만큼 나름대로 국제정세를 이해하고 외교업무를 처리하는 데에도 익숙했을 것으로 여겨진다.

반면에 민영준·김사철 등은 외국을 방문한 경험이 전혀 없었다. 이들 중 김사철은 부임을 거부했지만 1888년 주미공사관 참무관으로 발령받은 적이 있었다. 그러나 초대 주일공사 민영준은 국제정세에 밝지도 않은데다가 개화에 대한 식견을 갖추지 못했다는 측면에서 부적격자였다고 평가할 수 있다.

●

4 한철호, 앞의 논문(1996), 271쪽; 앞의 논문(2007), 69-71, 73쪽.
5 이선근, 앞의 책, 807쪽.

둘째, 주일공사들은 1880년대 전반에 걸쳐 새로 조직된 외아문(통리교섭통상사무아문)과 내무부, 그 산하의 개화·자강추진기구에 근무함으로써 외교실무 혹은 근대적 시설운영 능력을 갖춘 인물들이었다. 먼저 그들이 외교통상 전담부서인 외아문과 외무·외부아문에 근무한 경력을 갖고 있다는 점은 주목할 만하다. 김가진은 외아문 출범 당시인 1883년 1월부터 4월까지 외아문주사로 근무했으며, 1885년 7월 인천항감리서 서기관으로 외교·통상업무에 종사하였다. 그는 1887년 5월 주일공사관 참찬관으로 임명되어 10월 공사 민영준의 귀국 후 대리공사로 근무하였으며, 1888년 10월 역대 대리·서리공사들 가운데 유일하게 주일공사로 승진되었다.

김사철은 1883년 1월 외아문이 설치되자 외아문주사로 발탁되었으며, 1890년 윤2월부터 9월까지 외아문참의를 지냈고, 1893년 1월 18일 다시 외아문참의에 임명되었다. 고영희는 제1차 수신사로 일본을 방문하고 귀국한 뒤 1880년에 원산항이 개항되자 사무관처리가 되어 개항사무를 맡았으며, 1883년에도 인천항의 조계획정을 담당했고, 1884년 10월부터 1885년 5월까지 외아문참의로 재직하였으며, 주일공사로 재직한 뒤 1896년 1월에 외부협판으로 발탁되어 외부대신서리를 지내기도 하였다.

이하영은 갑오개혁 직후인 1894년 9월 신설된 외무아문참의를 역임하였다. 조병식은 1887~88년간 외아문의 수장인 독판으로 재직 중 러시아공사 베베르와 조러육로통상장정을 체결했으며, 1897년 11월부터 그 다음해 1월 말까지 외부대신을 지냈다. "오랫동안 외아문에 재직하여 외무에 익숙"하다는 이유로 김사철이 발탁된 경우에서 알 수 있듯이,[6]

외아문·외무·외부 경력은 주일공사 발탁의 주요한 기준이었다.

또한 주일공사들은 내무부와 그 산하의 기기국·교환국·전환국, 그리고 개항장의 감리서 등에 근무하면서 개화·자강정책의 실무를 맡았던 인물들이 많았다. 1885년 5월 25일부터 1894년 7월 30일까지 존속했던 내무부는 갑신정변 이후 청국의 적극적인 내정간섭에 대응해서 군주권 내지 주권을 보존하는 정책을 펼쳤던 실질상 최고의 국정의결·집행기구였다. 이를 위해 내무부는 각종 개화·자강사업을 비롯한 국내의 중대 사안을 처리함과 아울러 청국 혹은 친청적 인물에 의해 장악된 외교에도 관여하였다. 그 대표적인 사례로 1887년 5월 16일 청국의 허락 없이 외아문관리가 아니라 내무부협판 민영준과 내무부주사 김가진을 각각 주일공사와 참찬관으로 임명·파견한 것을 꼽을 수 있다.[7]

이처럼 민영준은 1886년 12월 내무부참의로 임명된 지 한 달여 만에 협판으로 승진하여 주일공사로 발탁되었을 뿐 아니라 1889년 12월부터 1891년 8월까지 협판을 거친 뒤 1894년 6월 내무부가 폐지될 때까지 독판을 지냈다. 김가진은 1885년 7월 내무부주사를 거쳤으며, 주일공사로 재직 중인 1890년 2월부터 1891년 3월까지 내무부참의를 겸직했고, 갑오개혁이 추진되기 직전인 1894년 5월부터 6월까지 다시 내무부참의로 임명되었다. 김사철은 외아문참의로 주일공사로 발탁되었지만, 일시 귀국 중이던 1893년 10월 15일 내무부협판에 임명되어 1894년 6월

●

6 《일성록》, 1883년 5월 4일조.
7 한철호, 앞의 논문(1995), 28~30쪽.

25일까지 재직하였다.

고영희도 내무부 산하의 1886년 4월 기기국방판으로서 종목국사무를 겸임하고, 1894년 6월에 내무부참의에 임명되었다. 조병식은 1885년 11월부터 1887년 8월까지 내무부협판을 거쳐 1891년 6월부터 9월까지 잠시나마 내무부독판을 지냈다. 성기운은 청국 주진종사관·서기관으로 근무한 뒤 1886년 10월 내무부주사가 되었으며, 다시 주진서기관으로 부임하여 2년 동안 종사한 다음 1889년 10월 내무부참의로 승진하여 인천부사 겸 감리통상사무·교환서총판을 겸임했고, 이어 1890년 9월부터 1894년 6월까지 다시 내무부참의를 역임하였다. 이와 같이 주일공사들은 외아문 못지않게 내무부 경력을 바탕으로 고종의 외교정책을 적극 수행한 인물들이 많았다.

셋째, 주목할 만한 점은 주일공사들 가운데 과거에 합격한 양반 출신 외에 김가진·고영희·이하영 등 서얼·중인·평민 출신들이 전통적인 정치·사회체제에 비판적 입장을 견지했을 뿐 아니라 우호적·긍정적인 일본관을 바탕으로 정계 내 대표적인 일본통 관료로 부상하였다는 사실이다.

민영준·김사철·조병식·성기운·조민희 등은 모두 양반 출신으로 과거에 합격한 인물들이었다. 그들 중 특히 민영준은 1891년 이후 갑오개혁 전까지 민씨척족 중에서도 가장 막강한 권력을 가진 세도가로 군림하였다.[8] 그는 주일공사에서 귀국한 직후 1887년 12월 15일부터 1889년 11월 8일까지 평양감사로 재직하는 동안 중앙정계로 진출할 수 있는 발

---

8 《청계중일한관계사료》 5, 2974쪽 #1670.

판을 마련하였다.[9] 1889년 12월에 강화유수로서 내무부의 협판으로 복귀한 그는 1890년 선혜청당상·공시당상에 임명되어 재정권을 장악함과 동시에 1891년 경리사·통위사·연무공원관리사무를 겸임하여 병권도 수중에 넣음으로써 정계의 제일인자가 되었다. 그 후 민영준은 권력을 유지하기 위해 위안스카이에게 영합하였다. 위안스카이도 그의 무능과 탐욕을 알고 있었지만, 민영익 이후 다른 민씨척족과 달리 친청적인 입장을 견지했던 그의 집권을 원조해줌으로써 조선정부에 대한 영향력을 확대시켰다.[10] 결국 그는 갑오개혁으로 민씨척족의 붕괴와 함께 정계에서 축출되고 말았다.

김사철도 민씨척족과 친분이 두터웠으며, 일본에 대해서도 호의적으로 인식하지 않았다. 1893년 9월 그는 주일공사로 근무하다 귀국하여 고종에게 복명하는 자리에서, 일본이 군무에 정성을 쏟고 있지만 전부터 "오로지 군무만을 숭상해서 경비가 엄청나게 많이 들어가 세금을 징수하는 것도 날로 더해 가므로 백성들의 생활이 곤궁하고 피폐해지는 것은 필연의 형세"라고 보고했던 것이다. 그는 일본의 조세법도 서양의 방식을 채택하고 있으나 가중하게 세금을 거둔다고 부정적으로 평가하였다.[11]

조병식 역시 잘 알려져 있듯이 1889년 함경도관찰사로 재직 시 흉년이

●

9 평양감사 재직 시 그의 비리에 대해서는 황현, 《역주 매천야록》 상, 257쪽; 杉山米吉, 《現今淸韓人傑傳—朝鮮國—》, 杉山書店, 1894, 51~53쪽, 〈閔泳駿〉 참조.
10 《東京朝日新聞》, 1895년 1월 9일자, 〈亡命閔族の遺産〉; 《청계중일한관계사료》 5, 3133쪽.
11 《승정원일기》, 1890년 9월 16일조.

들자 양곡의 일본 수출을 막고자 방곡령을 선포할 정도로 반일적 경향이 강하였다. 이어 1891년 그는 충청도관찰사 시절 동학교도들의 교조신원 요구를 묵살하고 탄압했으며, 1898년 의정부참정으로서 황국협회를 동원해서 독립협회를 타도하는 데 앞장섰던 대표적인 수구파 인물이었다.

성기운은 청국통이었다가 한일제휴론에 동조하는 쪽으로 바뀌었는데, 주일공사 근무 후 점차 일본에 호의적인 태도를 취하였다. 1901년 4월 3일 그는 복명 시 일본의 해군과 육군 진영을 볼 겨를이 없었지만 대략 살펴보았던 포대가 모두 정교하고 견고했다고 보고하였다. 그는 아울러 "대개 일본의 진흥振興은 관건이 법률과 장정章程에 달려 있다"는 전제 아래 "세밀한 것까지 다 확정하여 통일적으로 준수했기 때문에 나라가 안정될 수 있었던 것이니, 이는 영웅호걸이 정권을 잡아 나라를 다스려서 그런 것만은 아니다"는 평가를 내렸다.[12]

이어 5월 4일 그는 주일공사 사임소에서도 일본이 메이지유신 이후 30여 년 동안에 비록 구미를 모방하여 부강해졌다고 말하지만, 그들의 풍도와 기개가 매우 굳세고 인물들은 뛰어나고 민첩해서 일하는 데 용감하고 자립하는 데 신중하게 살펴서 결코 남의 아랫사람이 되기를 좋아하지 않는다고 긍정적으로 보았다. 또 그는 일본의 백성들과 나라가 서로 뭉쳐 서로 의지하고, 위아래가 마음을 같이하고 힘을 합치며, 모든 관청에 방치되는 직임이 없고 여러 가지 일들이 잘 되는 이유는 절대로 일본인이 모두 현명하고 지혜롭기 때문이 아니라 바로 규정이 명백히 갖추어

---

[12] 《승정원일기》, 1901년 2월 15일조.

져 있고 법망이 잘 짜여져서 보통 이하의 사람도 폐단 없이 지켜나갈 수 있기 때문이라는 점을 재차 강조하였다. 이는 "착실히 나아가 스스로 강해지는 것"으로 충분히 본받을 만하다고 평가함으로써 일본의 국가체제 운영에 긍정적인 반응을 보였던 것이다.[13]

한편 김가진은 서얼 출신으로 1886년 과거에 합격했지만, 반청적이면서 호의적인 일본관을 지녔을 뿐 아니라 개혁적 성향을 띠고 있었다. 1890년 1월 22일에 고종에게 복명하는 자리에서, 그는 갑신정변 이후 일본이 우리나라와 어긋남이 없지 않았으나 주일공사가 주재한 뒤로 조정에서 매우 기뻐하고 있으며, 교제에서도 점차 타협적이고 공사관원을 매우 후하게 대접하였다고 우호적으로 평가하였다. 특히 군정軍政에 대해 한결같이 서양의 법을 따르는데 육군은 정예롭고 강하기가 비길 데 없고 해군도 어느 정도 정비되었으며, 재정은 매년 연말에 한 해의 수입과 지출에 대한 예산을 세워 비용을 낭비하지 않기 때문에 언제나 모자라는 일이 없다면서 일본의 군사와 재정에 관해서도 호의적으로 인식하였다. 심지어 그는 "일본이 러시아 국경을 침범하지는 않겠지만 만약 러시아가 일본 국경을 침범하면 러시아는 반드시 패할 것"이라고 단언할 정도였다.[14]

이 무렵 그는 일본공사관 측과 접촉하면서 당시 현안인 한성철잔漢城

<hr />

13 《승정원일기》, 1901년 3월 16일조.
14 이러한 그의 호의적인 일본관은 1891년 9월의 복명문답에서도 잘 나타난다. 《승정원일기》, 1890년 1월 22일, 1891년 9월 21일조.

撤棧에 관해 자신의 의견을 내놓았다. 2월 초 그는 곤도 마스케 일본대리 공사와 만나 한성 내에 외국 상인이 날로 늘어나 조선 상인의 폐해가 갈수록 심각해져 모두 실업하게 될 것이라고 탄식하면서 "화해禍害가 아직 커지기 전에 이를 성외로 이전하려는 것은 실로 인심이 귀향하는 바일 뿐 아니라 정부가 바라는 것이기도 하다. 만약 이대로 현재 2~3년 만 지나면 말할 수 없는 정변이 일어나게 될 것"이라는 견해를 피력했던 것이다.

이처럼 그는 다분히 청·일 양국 상인의 성외 이전 필연성을 강조하는 전략적인 발언을 했지만, "일본과 같은 법률국法律國의 인민은 그 폐해도 역시 적겠지만 청국같이 불규율不規律한 국민이 이주해오는 것은 실로 심려되지 않을 수 없다"는 반청·친일적 성향을 드러냈다.[15] 그러나 그는 당시 일본이 주도했던 대동강 개항에도 극력 반대함으로써 개항할 뜻을 지니고 있던 고종마저 망설이게 만들었다. 따라서 그의 친일적 성향은 반청 자주를 기반으로 한 전략적 성격이 짙다고 평가할 수 있다.[16]

주목할 만한 점은 김가진이 일본에 주재하는 동안 아세아협회亞細亞協會의 모임에 참석하면서 아시아연대론에 호감을 가졌다는 사실이다. 잘 알려져 있듯이, 1883년 전신인 흥아회興亞會(1880)의 취지를 계승했던 아세아협회는 서양의 침략을 막아내기 위해 조·청·일 삼국이 협력할 것을 주장한 단체였다.[17] 김가진은 일본 부임 직후인 1887년 10월 14일

---

[15] 《일외서》 23, 177쪽, #70.
[16] 《일외서》 22, 333~334쪽, #1666; 23, 204쪽, #82.

(11/28) 아세아협회에서 개최한 추계간친회秋季懇親會에 초대받은 자리에서, 입회할 마음은 간절하나 갑신정변의 주역인 김옥균·다케조에 신이치로 등과 함께 활동할 수 없다는 이유로 입회 권유를 명백하게 거절했다고 전해진다.[18]

또 1888년 가을 그는 이 협회에서 마련한 주청공사 오토리의 전별연에서 송시를 지었으며, 소네 도시토라曾根俊虎와 아오키 외무대신에게도 아시아연대론의 입장을 피력하였다. '정치보차鼎峙輔車'의 관계에 있는 동아시아 삼국이 화해·협력하여 서양의 침략을 막아내는 데 아세아협회가 힘써달라거나, 일본과 청국이 삼국의 긴밀한 관계를 이해하고 도와준다면 조선의 독립을 이룩할 수 있다고 보았던 것이다.[19] 1891년 8월 3일(9/5) 재부임했을 때에도 그는 이학규·안경수·권재형 등과 함께 아세아협회가 고요칸紅葉館에서 주최한 연회에 참석하였다.[20] 이어 9월 21일 귀국 후 복명하는 자리에서 그는 일본의 외무대신 에노모토 다케아키와 총리대신 마츠카타 마사요시松方正義가 모두 '아시아주의' 대세에 마음을 쓰는 자이므로 조선과의 교의交誼를 두텁게 하는 데 더욱 힘을 썼다고 보고하였다.

●

17 이광린, 《개화파와 개화사상연구》, 일조각, 1989, 75~76, 139~144쪽; 조재곤, 〈한말 조선 지식인의 동아시아 삼국제휴 인식과 논리〉, 《역사와현실》 37, 2000, 155~158쪽.
18 《朝野新聞》, 1887년 11월 30일자, 잡보.
19 오영섭, 〈동농 김가진의 개화사상과 개화활동〉, 《한국사상사학보》 20, 2003, 270~271쪽 등 참조.
20 《東京日日新聞》, 1891년 9월 5일자, 〈亞細亞協會〉; 《讀賣新聞》, 1891년 9월 5일자, 〈亞細亞協會〉.

이러한 사실들로 미루어 김가진은 아세아협회가 내세운 아시아연대론의 취지에 동감을 갖고 있었다고 여겨진다.[21] 하지만 청국의 내정간섭이 심화되고 있던 당시의 상황 속에서 반청의식이 강했던 그가 조·청·일 삼국의 연대론에 진심으로 동조했다고 단정하기는 어렵다. 따라서 그의 아시아연대론은 일본과 우호적인 관계를 맺어 반청 자주독립과 부국강병을 도모하려는 조일연대론에 더욱 가까웠다고 판단된다. 이는 그가 일본과 친연성을 유지하면서 갑오개혁에 적극 가담하는 배경이 되기도 하였다.

아울러 김가진은 민씨척족의 부정부패와 무능에 대해 매우 비판적인 입장을 견지하면서 조선의 전통적인 체제를 개혁하려고 시도하였다. 앞에서 살펴보았듯이, 그는 일본에 망명 중인 김옥균·박영효 등의 민씨척족정권을 타도하려는 계획에 관여한 적이 있었다. 이로 말미암아 그는 주일공사로 일시 귀국했다가 민씨척족의 미움을 산 듯하다. 따라서 그는 주일공사로 다시 부임하지 못한 채 1890년 2월 21일 여주목사를 거쳐 1891년 3월 22일 안동부사로 전출되었다. 민씨척족 등 국왕 측근세력의 모함을 받아 안동부사로 전출되기 직전 그는 "아직도 자신의 머리가 어깨 위에 붙어있다는 사실이 매우 경이로운 일"이라고 자평했을 정도였다. 이는 그가 독립심뿐만 아니라 열렬한 개혁성향을 지니고 있었던 점을 잘 보여준다.[22]

---

21 《승정원일기》, 1891년 9월 21일조; 伊藤博文 編, 앞의 책, 下, 16쪽.
22 새비지-랜도어, 앞의 책, 176~178쪽.

그는 1893년 3월 29일 주일공사와 안동부사에서 체직되었으며, 5월 29일에 승지로 임명되어 중앙정계로 다시 진출하였다. 이후 그는 동학농민군을 진압하기 위해 일본군대가 파견된 것을 계기로 본격적으로 활동을 펼쳤다. 그는 민씨척족의 실정失政을 비판하면서 청국군 차병 반대운동을 적극 펼쳤다가 좌절당한 상황에서, 개혁을 추진하기 위해 안경수·유길준·김학우·권재형·조희연 등과 함께 일본 측과 직·간접적으로 접촉했던 것이다. 그는 군국기무처의 의원으로 발탁된 후 갑오개혁 기간 내내 각종 요직을 맡아 자율적으로 개혁을 도모하는 데 중요한 역할을 담당하였다.[23]

고영희도 역관 출신의 일본전문가로서 조병호 수신사의 수행원으로 도일했을 때, 1881년 10월 21일(12/12) 현석운玄昔運·이학규·정순용鄭舜鎔 등과 함께 흥아회 모임에 참석한 적이 있었다.[24] 그는 김가진과 마찬가지로 유길준을 비롯해 김학우·장박 등 신진 개화파와 긴밀하게 교류했으며, 갑오개혁 기간에 학무·농상아문협판으로 등용되어 적극적으로 개혁에 참여하였다.[25] 아관파천 후에도 그는 김가진·안경수 등과 더불어 발기인으로서 독립협회의 창설과 조직에 참여했고, 외부협판으로 활동하였다.

이처럼 김가진·고영희는 친일적인 성향을 지니고 있었기 때문에 동

●

23 유영익, 앞의 책, 116~125쪽.
24 이광린, 앞의 책, 143쪽.
25 유영익, 앞의 책, 105, 184~194쪽.

학농민군의 봉기를 빌미로 청·일 양국군이 조선에 출병하고 일본이 침략의 구실로 내정개혁을 요구하였을 때, 이를 계기로 자신들의 정치적 입지를 강화하면서 독자적인 개혁을 추진하였다. 이 과정에서 그들은 일본의 침략성을 비판하기보다는 일본의 군사적 주둔과 내정개혁 강요를 활용하려는 한계성을 드러냈다. 그럼에도 그들은 자주권에 의거해서 주체적으로 개혁을 추구해야 하며, 적어도 조선의 제도와 헌장에 기초하여 제도개혁을 추구해 나가야 한다는 입장을 표명하였다. 그들의 호의적 일본관 혹은 조일연대론은 어디까지나 반청자주 및 개혁 추진을 위한 전략적 측면이 강했기 때문에 갑오개혁 기간에도 그들은 사안에 따라 일본의 부당한 요구에 무조건 응하지 않는 태도를 취했던 것이다.

이러한 그들의 태도는 아관파천 이후에도 정계에서 배척당하지 않은 채 관직을 유지하면서 독립협회운동에 적극 참여하는 등 자주 및 개혁운동을 펼쳤던 사실에서도 잘 드러난다. 따라서 적어도 을사늑약 이전까지 그들은 '매국'의 의미가 짙은 '친일파'라기보다 일본을 근대화의 모델로 삼아 개혁을 추진하려고 노력한 '일본통' 관료로 평가되어야 할 것이다.

한편 이하영은 1887년 박정양·이완용·이상재·이채연 등과 함께 초대 주미공사일행으로 파견되어 청국의 대조선 내정간섭이 심화되는 정세 속에서, 반청 자주외교를 충실히 수행한 것을 계기로 귀국 후 고종의 신임을 받는 친미개화파로 등장·활약하였다. 친미개화파는 미국을 부국강병의 모델로 삼음과 동시에 외세의 침탈을 견제하기 위한 세력균형책의 일환으로 미국과의 유대강화를 표방했는데, 그 역시 이러한 입장에 서 있었다. 따라서 그는 김가진·고영희와 달리 1894년 6월 이후 일본의 영향력이 강화되자 서울주재 구미외교관 및 선교사들과 긴밀히 접촉하면서 정동구락부를 만들어 반일정책을 도모하였다. 특히 삼국간섭 이후 일본의 세력이 약화되는 상황 속에서 1895년 7월 16일을 503회 개국 기원절로 제정했을 때, 그는 행사추진 사무위원장으로서 정동구락부의 인사들과 함께 조선의 자주독립 의지를 대내외에 천명하는 데 힘썼다. 아관파천 후 그는 주일공사로 부임하는 바람에 독립협회에 참여하지 못했지만, 일시 귀국 중인 1897년 5월 23일 독립협회 위원으로 선출되어 활약하였다.[26]

앞에서 살펴보았듯이, 이하영은 최장기간  주일공사로 근무하는 동안 민비살해범을 처벌하지 않은 일본정부의 태도를 비판하면서 경인·경의 철도부설권을 일본에 양여하는 데 반대하였다. 1900년 8월 3일 그는 고종에게 복명하는 자리에서 의화단사건을 기회로 삼아 일본이 대규모 병력을 한국 방면으로 이동하려 한다면서 이를 위기일발의 순간이라고 비분강개할 정도로 반일적인 태도를 취하였다. 심지어 1905년 11월 9일 일본특명전권대사 이토 히로부미가 하야시 공사와 하세가와 주한일본군사령관 등을 앞세워 을사늑약을 강제로 체결하려 했을 때에도, "일본의 요구는 정말로 부당하다고 분개하면서 사람들에게 일본은 지난번에 통신사무를 빼앗고 연안항로권을 장악했는데, 지금 또 지나친 요구를 감히 한다고 이야기"했다고 전해진다. 즉, 그는 겉으로 "일본당처럼 가장했지만" 실제로는 '미국의 옹호'를 받으려는 운동을 시도하거나 "일본 배척의 언론을 주장"하고 있다고 파악될 정도로 친미·반일적인 입장을

---

26 《고종실록》, 1895년 7월 15일조; 한철호, 앞의 책, 236~237쪽.

갖고 있었다.[27]

　그럼에도 간과해서는 안 될 사실은 주일공사들이 1907년 사망한 조병식을 제외하고 모두 1910년 일본의 국권강탈 후 작위와 은사금을 받고 매국 친일파로 전락했다는 점이다. 민영준·고영희·이하영·조민희 등은 자작, 김가진·김사철·성기운 등은 남작을 각각 받았다. 한마디로, 호의적인 일본관을 바탕으로 일본식 개혁모델을 추진해왔던 김가진·고영희뿐만 아니라 고종과 정치적 운명을 함께 했던 민씨척족의 민영준, 점차 호의적인 일본관을 지녔던 성기운, 반일적인 성향을 띠었던 김사철·이하영·조민희마저도 대한제국을 멸망에 빠트리고 일본에 나라를 팔아먹은 대가로 일본의 작위를 받았던 것이다. 비록 김가진처럼 작위를 반납하지 않았지만, 학회 및 학교를 통해 계몽운동을 펼치고 비밀결사인 대동단大同團의 총재 및 고문으로 추대되어 1919년 상하이로 건너가 독립운동에 적극 가담한 인물도 있었다. 그러나 대부분이 조선총독부의 최고 자문기구인 중추원의 고문·참의 등을 역임하면서 친일파가되었다는 사실은 주일공사의 커다란 한계가 아닐 수 없다.

---

[27] 한철호, 〈개화기 관료지식인의 미국 인식〉, 《역사와현실》 58, 2005, 57~58쪽.

02

—

## 주일공사관의 파행적 운영과 그 한계

—

—

　1887년 5월 주일공사관 개설 당시 초대 공사일행은 공사 민영준과 참찬관 김가진을 비롯하여 서기관 전양묵·안길수, 번역관 안경수 등 총 5명이었다.[28] 그 직후인 11월 미국에 파견된 초대 공사일행은 공사 박정양과 참찬관 이완용·미국인 알렌, 서기관 이하영·이상재, 번역관 이채연 등으로 구성되었다.[29] 또한 주차유럽5개국공사 일행 역시 공사 조신희와 참찬관 이용선李容善, 서기관 남궁억南宮檍·김성규金星圭, 번역관 채현식蔡賢植 등으로 진용이 갖추어졌다.[30] 따라서 주미공사단의 참찬관 알렌이 통역 겸 안내책임자로 참여한 점을 고려하면, 최초의 주일·

28　그 외에 수원 3명, 跟伴 5명, 그리고 일본인 가와쿠보 츠네요시 등을 포함하면 총 14명이었
　　다. 《통서일기》 1, 547쪽, 1887년 6월 15일자; 《時事新報》, 1887년 8월 16일자, 〈閔泳駿氏
　　の一行〉 참조.

29　그 외에 隨員 姜進熙李憲用, 武弁 李鍾夏, 垠率 金老美許龍業 등을 포함하면 총 11명이었다.
　　朴定陽, 《從宦日記》, 韓國學文獻硏究所 編, 《朴定陽全集(竹泉稿)》 2, 亞細亞文化社, 1984,
　　624~625쪽, 1887년 10월 11일조.

30　《승정원일기》, 1887년 9월 11, 29일조.

주미·주유럽 공사관원은 공사, 참찬관, 서기관 2명, 번역관 등으로 구성되었음을 알 수 있다.

공사관원의 규정으로는 갑오개혁 기간 중인 1895년 3월 25일 〈외교관급영사관관제外交官及領事官官制〉·〈공사관영사관직원령公使館領事館職員令〉이 처음으로 반포되었다. 이 관제에 의하면, 외국에 파견·주재하는 공사를 특명전권공사·판리공사·대리공사로 구분하고, 공사관에 2명 이하의 1등·2등·3등 참서관과 3인 이하의 서기생을 두었고 번역관직은 없어졌다. 참찬관·서기관·번역관 체제에서 참서관·서기생 체제로 축소 개정된 것이다.[31] 이 관제는 1898년 4월 30일에 〈외교관급영사관관제外交官及領事官官制〉로 개정改正되었는데, 전체적으로 커다란 변화는 없었다.[32] 따라서 공사관에는 공사를 포함해서 3~6명이 근무하는 것이 원칙이었다.

그러나 이 정도 규모의 공사관원으로는 대외관계에서 가장 중요한 일본의 동향을 정확하게 파악함과 동시에 각종 현안을 신속하게 처리하기에 역부족일 수밖에 없었다. 더더욱 심각한 문제는 주일공사로 임명·부임했던 민영준 등 총 8명의 공사들의 주재기간이 비교적 짧았던 데 있었다. 〈표 4〉에 의거해서 주일공사들이 실제로 도쿄에서 근무한 기간을 따져보면, 민영준은 겨우 1개월 보름밖에 되지 않았고, 김가진은 대리

---

[31] 아울러 3월 27일 〈公使館·領事館 費用令〉도 반포되었다. 《일성록》 및 《고종실록》, 1895년 3월 25, 27, 29일조.

[32] 《일성록》 및 《고종실록》, 1898년 6월 18일조.

공사 기간과 중간에 귀국했던 기간을 제외하면 각각 1년 2개월 정도와 1개월 보름씩 총 1년 3개월 보름이었다. 김사철은 2개월과 보름씩 두 차례 합쳐도 3개월도 안 되었으며, 고영희도 두 차례에 걸쳐 3개월과 8개월씩 총 11개월에 불과하였다. 그나마 이하영은 세 차례에 걸쳐 부임하면서 각각 8개월, 1년 3개월, 3개월씩 모두 2년 2개월여 동안 도쿄에 주재하였다. 조병식은 겨우 1개월 20일 밖에 근무하지 않았으며, 성기운도 3개월 10일 정도 업무를 보았다. 조민희는 일시 귀국했던 2개월을 제외하고 비교적 장기간인 1년 7개월간 재직하였다.

요컨대, 초대 공사 민영준이 도쿄에 도착했던 6월 27일(8/16)부터 을사늑약 체결 후 외교권의 박탈로 마지막 공사 조민희가 도쿄를 떠났던 1905년 12월 21일까지 약 18년 4개월여 동안 주일공사의 근무 기간은 기껏해야 6년 9개월밖에 되지 않았다. 주일공사들이 긴급한 중대사를 처리하기 위해 귀국했던 경우도 있었지만, 1/3정도의 기간만 임지에서 업무를 수행했던 셈이었다. 이러한 사실은 그 자체만으로 주일공사관이 매우 파행적으로 운영되고 있었다는 점을 잘 보여준다.

그렇다면 왜 주일공사는 부임하기를 꺼려하거나 임지에서 장기간 근무하지 못했을까?

그 이유로는 첫째, 고종 혹은 정부가 상주외교관인 주일공사의 역할에 대한 중요성을 제대로 인식하지 못한 채 일회성의 특사 형식이나 요식행위로 임명·파견한 측면이 강했다는 점을 꼽을 수 있다. 고종은 독립국의 권리에 입각해서 청을 견제하기 위한 세력균형책의 일환으로 주일공사를 파견해야 한다는 논리를 펼쳤지만, 그 직접적인 동기는 흥선대원군의 환국으로 위축될지도 모를 왕권을 보존·수호하는 데 있었다.

〈표 4〉 주일공사와 대리공사의 재임기간

| 공사 | 재임기간 | 공사관 도착/출발일 | 복명일 | 대리공사 | 대리기간 | 비고 |
|---|---|---|---|---|---|---|
| 민영준 | 87.5.16~88.10.14 | 87.6.27/87.8.10 | 87.8.21 | 김가진 | 87.10.1~88.10.14 | |
| 김가진 | 88.10.14~93.3.29 | 87.6.27/90.1.9 91.7.20/91.9.2 | 90.1.22 91.9.21 | 유기환 | 90.1.9~90.4.6 | |
| | | | | 이학규 | 90.4.6~91.9.2 | |
| | | | | 권재형 | 91.9.2~93.7.4. | |
| 김사철 | 93.3.29~94.8.20 | 93.7.4/93.9.2 94.5.13/94.5.26 | 93.9.16 94.6.3 | 유기환 | 93.9.2~94.3.4 | |
| | | | | 김사순 | 94.3.4~5.13, 94.5.26~95.4.7 | |
| 고영희 | 94.5.10~95.8.27 | 95. 윤5.27/ 95.8.27? | | 한영원 | 95.4.7~윤5.29 | |
| | | | | 이태직 | 95.8.29~96.4.13 | |
| 이하영 | 96.3.12~98.11.11, 99.5.9~7.25(미부임) 00.4.22~00.8.7 | 96.4.20/96.12.26 97.1.31/97.4.15 〈일본태후장례식 특명전권공사〉 97.9.6/98.12.10? 00.4.?/00.7.23 | 97.4.27 99.1.9 | 한영원 | 96.12.26~97.9.6 | 특명전권공사(97.1.22~4.27) |
| | | | | 박용화 | 98.12.8~00.3.31 | |
| | | | | 유 찬 | 00.4.?~00.4.21? | |
| | | | | 박용화 | 00.7.10~00.8.26 | |
| 조병식 | 00.8.7~00.11.13 | 00.8.26/00.10.14 | 00.10.24 | 박용화 | 00.11.7~00.12.5 | |
| 성기운 | 00.11.13~01.5.30 | 00.12.13/01.3.24 | 01.4.3 | 박용화 | 01.3.24~01.5.21? | |
| | | | | 정해용 | 01.5.21?~01.10.25 | |
| | | | | 유 찬 | 01.10.25~02.7.18 | 02.7.12 (《래거안》) |
| | | | | 정해용 | 02.7.18~03.2.23 | 02.7.12 (《래거안》) |
| 고영희 | 03.2.10~03.12.28 | 03.2.23/03.10.27 | | 유 찬 | 03.10.27~03.11.18 | |
| | | | | 현보은 | 03.11.18~04.3.9 | |
| 조민희 | 04.4.7~05.12.23 | 04.3.9/04.8.18 04.10.30/05.12.21 | | 현보운 | 04.8.18~04.9.22 | |
| | | | | 박정선 | 04.9.23~04.10.30 | |

전거: 〈표 1〉과 동일

이러한 한계로 말미암아 주일공사는 해외상주 외교관의 기본적인 업무를 처리하기보다 실제로 당면 현안을 단기적·일시적으로 해결하는 데 급급한 경우가 많았다.

초대공사 민영준은 미국과 유럽주재 전권공사를 파견하기 위해 '선파후자'의 전례로 삼으려는 목적에서 부임하자마자 곧 귀국했는데, 이는 공사를 파견하지 않은 채 서리공사를 둘 수 없다는 일본 측의 요구조건을 충족시키려는 일종의 외교적 요식행위에 지나지 않았다. 김사철은 방곡령 담판 시 오이시 공사의 무례를 강력하게 일본정부에 항의하거나 김옥균 피살사건을 마무리하고 대리공사 유기환의 항의성 이임離任으로 말미암은 양국의 마찰을 무마하는 데 역점을 두었다.

조병식과 성기운은 주일공사라기보다 특사의 형식을 띠고 파견되었다. 조병식은 의화단사건의 확산에 편승해서 열강의 한국 출병 가능성이 고조되는 상황에서 일본의 정황을 파악하고, 망명자들의 동향을 탐지하고 한국중립화와 한일동맹의 가능성을 타진하려는 임무를 띠었다. 결국 그는 자신의 임무를 더 이상 수행하기가 곤란해지자 휴가를 핑계로 귀국하고 말았다. 성기운도 의화단사건 진압 후 러청밀약설이 나돌면서 일본정부의 동향과 망명자 처리방안을 파악·상담하기 위해 단기간만 주재했을 뿐이었다.

주일공사의 중요성에 대한 고종의 인식 부족은 미부임공사들의 임면과정에서도 잘 나타난다. 주일공사로 발탁되었음에도 부임하지 않았던 인물들은 이완용·성기운·이준용·김가진·유기환·김석규·이용태·김승규·이지용·현석운 등 무려 10명에 이른다. 우선 이완용은 1894년 8월 20일에 임명되었으나 생모의 상중과 부친의 노환을 내세워 사직소를 올려 허락을 받았고, 9월 6일에 발탁된 성기운도 결국 임지로 떠나지 않았다. 이어 12월 4일 주일공사로 임명된 이준용 역시 정치적 소용돌이에 휘말려 1895년 3월 22일 모반죄로 체포·구금되고 말았다. 이로 말미암아 청일전쟁과 일본군의 경복궁 점령 후 양국의 관계가 긴박하게 전개되었던 중요한 상황에서, 주일공사직은 5월 10일 고영희가 임명될 때까지 공석으로 남아 있었다.

1895년 8월 20일 민비살해사건으로 고영희가 급거 귀국한 뒤 8월 27일 (10/15) 주일공사로 발탁된 김가진도 2월 1일 부임하지 않은 상태에서 면직되고 말았기 때문에, 공사직은 1896년 3월 12일 이하영의 발탁 전까지 약 5개월간 비게 되었다. 이하영의 후임으로 1898년 11월 11일과 1899년 3월 15일에 각각 임명된 유기환·김석규도 끝내 부임하지 않았다. 유기환은 독립협회와 정부가 극한 대립으로 치닫고 있던 상황에서 만민공동회를 탄압하기 위해 박정양대통령 추대설을 날조하는 데 가담했다가 곤경에 처하자, 일시적 방편으로 주일공사로 임명되었으나 곧 사임하였다고 전해진다. 김석규 역시 임명된 지 보름만인 3월 31일 궁내부특진관으로 임명된 점으로 미루어 원래부터 파견을 염두에 둔 것은 아니었다고 여겨진다. 그 결과 1899년 5월 9일 주일공사로 임명된 이하영 역시 서울에 머무르다가 1900년 4월 22일 재차 주일공사로 발령을 받아 도쿄로 떠날 때까지 약 1년 5개월 동안 주일공사 부재상태가 지속되었다.

성기운의 후임으로 1901년 5월 30일과 1902년 12월 29일에 각각 임명된 이용태·김승규도 결국 부임하지 않았다. 이용태는 부친의 와병 등 가족문제를 이유로 내세웠지만, 실질적으로는 부임할 경우 자칫 자신의 세력을 잃게 될까 염려해서 갖가지 구실로 회피했던 것이다. 김승규 역시 고종의 독촉에도 개인사정을 내세워 부임하지 않다가 면직되었지만, 두 달여 뒤 특별 사면되면서 일본박람회 관람위원장으로 임용되었다. 따라서 그들의 주일공사 임명은 일본 측의 압박과 불만을 일시 모면하려는 지연작전에 지나지 않았다고 여겨진다. 이 탓에 1903년 2월 10일 고영희가 임명되고서야 비로소 약 1년 9개월간 주일공사의 공백이 메워지게 되었다.

1903년 10월 28일 고영희의 후임으로 임명된 이지용은 당시 상중에 있었기 때문에 그의 부임은 애초부터 실현되지 않을 것으로 예측되었고, 실제로도 이뤄지지 않았다. 따라서 12월 31일에 주미공사 조민희가 주일공사로 발탁되어 현지에서 곧바로 일본으로 부임하였다. 그러나 러일전쟁이 발발하자 1904년 3월 31일 조민희는 해임되고 현영운이 주일공사로 임명되었지만, 국내외의 반발로 그의 출발이 무산되는 바람에 조민희가 다시 주일공사로 임명되었다.

이처럼 상주공사에 관한 고종의 인식부족 혹은 신중치 못한 인사 조치로 말미암아 주일공사는 장기간 주재하지 못하거나 임명되더라도 갖가지 개인적인 이유로 부임하지 않는 현상이 벌어졌다. 주일공사들이 발령받았음에도 부임하지 않았던 기간은 무려 4년 6개월이나 되었던 것이다. 그 결과 주일공사의 권위는 실추되었고, 대일외교도 체계적으로 전개되지 못한 채 혼선과 차질을 초래하고 말았다.

둘째, 주일공사들은 정치적으로 민감한 사안이 산적했던 일본 상주로 인해 자칫 정계 내에서 자신의 입지가 약화되거나 소외당할지도 모른다고 인식하고 있었다는 점이다. 특히 그들은 망명자·유학생문제 등에 연루되었다는 오해를 살까봐 매우 두려워하였다. 주일공사로 최초로 내정된 이헌영의 실질적인 파견 목적이 반청 자주외교를 추진하기 위한 상주공사관의 설치보다 김옥균 등의 인도 교섭에 있었던 점에서 알 수 있듯이, 고종을 비롯한 정치권은 망명자의 처리 및 동향 파악에 신경을 곤두세우고 있었다. 망명자들이 끊임없이 재일유학생을 비롯한 국내외 세력과 접촉·연합해서 정권 전복 등 불온한 논의를 꾀하고 있다고 여겼기 때문이다. 따라서 재임 중 망명자들과 연루되거나 근거없는 소문에 휩싸일 경우, 주일공사들은 정치적 생명에 치명적인 타격을 받을 수도 있었다.

김가진은 1891년 김옥균·박영효 등의 민씨척족정권을 타도하려는 계획에 관여한 적도 있었다. 그는 공모자였던 안경수가 밀고할지도 모른다고 생각한데다가 자신이 연루되어 있다는 소문도 나돌았기 때문에 급히 손을 떼고 귀국했지만, 이로 말미암아 민씨척족의 반감을 사서 철저하게 중앙정계에서 배제당하였다. 1895년 8월 민비살해사건 후 그는 다시 주일공사에 임명되었지만, 이 사건을 처리하기 쉽지 않은 실정에서 훗날 자신의 신변 안전에 위험을 초래할지도 모른다는 판단 아래 부임하지 않았다.

1899년 5월 재차 주일공사로 발탁된 이하영 역시 자신이 일본 재직 시 곤궁에 처한 사람들의 부당한 금전 요구 청탁을 거절했더니 망명자와 내통했다고 무고를 당한 적이 있었기 때문에 부임하기를 꺼려한 채 사직소를 올렸다. 독립협회 해산 후 자신과 친밀했던 정동파인사들의 영향력이 상실되는 당시의 상황 속에서, 그는 또다시 무고에 휩싸일 가능성을 사전에 차단하기 위해 부임을 거절했던 것이다. 결국 1900년 4월 그는 또다시 주일공사로 임명되어 부임했는데, 곧이어 벌어진 안경수·권형진 등의 처형사건을 계기로 이준용·유길준 등 망명자들을 소환하려고 시도했으나 실패하는 바람에 귀국하고 말았다. 그 표면적인 이유는 임무를 완수하지 못한 데 있었지만, 실질적으로는 모함을 받아 고종의 신임을 잃어버렸기 때문에 더이상 직무를 수행하기 곤란하게 된 데 있었다.

조병식과 성기운이 한일동맹·중립화안을 전제로 망명자문제를 처리하려다 실패한 뒤 무려 2년 가까이 주일공사가 부재 중인 이유에 대해, 고무라 외무대신은 "종래 우리나라 주차한국공사의 지위는 외교상의 일처리 외에 유학생의 관리 등 몹시 귀찮은 사항도 있어 이로 인해 자진해서 그 임무를 맡으려고 하는 자가 적다"고 지적하였다.[33] 하야시를 비롯한 주한공사관원들 역시 주일공사직은 유학생의 뒤처리뿐 아니라 망명자와의 구설수 혹은 연루설에 휘말리는 경우가 많아서 기피대상이 되고 있다고 판단하였다.[34] 이러한 지적들은 주일공사의 장기적 부재에 따른 불만을 토로하는 과정에서 나온 것이지만, 당시의 실상을 정확히 간파하고 있었다는 점에서 시사해주는 바가 적지 않다.

이와 관련해서 주일공사들이 재직 시에도 다른 관직을 제수받았던 사실은 주목할 만하다. 먼저 민영준은 1887년 5월 16일 내무부협판으로서 주일공사에 발탁된 뒤 6월 9일 직제학에 임명되었고, 6월 12일 고종에게 사폐하였다. 8월 21일 그는 귀국하여 복명한 후에도 종전의 내무부협판과 직제학을 유지하면서 도승지(9.7)·동지의금부사(9.18)·전의감제조(11.10)·동지돈녕부사(11.27)·공조참판(12.8) 등을 거쳐 평안감사(12.15)로 재직 중인 1888년 10월 14일 주일공사직에서 비로소 물러났다.

김가진은 인천에 도착했던 1890년 1월 21일에 승지로 낙점을 받은

●

33 《일관기록》 18, 98~99쪽, 기밀송 제67호.

34 《일관기록》 20, 226~227쪽, (2) 기밀 제4호.

뒤 부호군(1.24)·내무부참의(2.6)에 임명되었으며, 내무부참의를 유지한 채 여주목사(2.21)를 거쳐 1891년 3월 22일 안동부사로 발령받았다. 그는 안동부사 재직 중 주일공사로 잠시 복귀하였다가 귀국하여 1891년 9월 21일 고종에게 복명한 다음에 안동부사로 복직한 뒤 1893년 3월 29일 해임될 때까지 근무하였다.[35]

김사철도 재임 중인 1893년 9월 16일 귀국한 뒤 한성부좌윤(9.25)·내무부협판(10.15)에 임명되어 형조참판(11.12)·동지돈녕부사(11.26)·병조참판(94.1.6)·공조참판(1.18)·이조참판(3.25) 등을 역임하면서 장기간 주일공사로 복귀하지 않았다. 이어 1894년 5월 그는 잠시 주일공사로 복귀했다가 6월 2일 돌아온 다음에도 8월 16일 교체될 때까지 교정청당상(6.13)으로 임명되었다.

이하영은 주일특명전권공사로서 임무를 마치고 1897년 4월 27일 서울에 도착한 뒤 5월 20일 시종원분시어侍從院分侍御에 임명되었다가 6월 27일 해임되었다. 이후 그는 약 5개월간 서울에 머무르는 동안 그가 어떻게 생활했는지는 잘 알려져 있지 않지만, 5월 23일 독립협회 위원으로 선출된 사실이 주목을 끈다. 조민희도 일시 귀국 중인 1904년 9월 22일 보병참령에 임용되었으며, 10월 14일 형법교정관에서 해임된 것으로 미루어 1900년 12월 9일에 임명된 형법교정관직을 주미 및 주일공사 파견 뒤에도 여전히 보유하고 있었음을 알 수 있다.

요컨대, 실질상 특파형식으로 파견된 조병식·성기운을 제외한 초대

---

35 그의 지방관 시절에 관해서는 김위현, 《동농 김가진전》, 학민사, 2009, 149~179쪽 참조.

공사 민영준 등 대부분의 주일공사들이 일시 귀국 후 곧바로 임지로 되돌아 가지 않은 채 장기간 국내에 체류하면서 다른 관직에 종사하고 있었다는 사실 자체는 그만큼 고종과 주일공사 모두 상주사절에 대한 정확한 인식이 결여되어 있었을 뿐 아니라 당시의 인사가 비현실적으로 이뤄졌던 단면을 보여준다. 아울러 이러한 현상은 한편으로 외국에 파견되기를 꺼려하는 상주관원에 대한 심리적 보상조치의 성격을 띤 것으로도 볼 수 있다.[36]

셋째, 주일공사들이 임지에서 제대로 근무할 수 없었던 이유 중의 하나로는 재정 궁핍을 들 수 있다. 주일공사들이 공사관을 원만하게 운영하고 본연의 임무를 수행하기 위해서는 무엇보다도 든든한 재정이 뒷받침되지 않으면 안 되었다. 그러나 국가재정의 궁핍으로 공사관원의 임금을 비롯한 공사관의 운영비를 제때에 지급하지 못하는 상황이 빈번하게 벌어졌다. 여비가 마련되지 않아서 주일공사와 서기관의 파견 혹은 귀국이 늦춰진 적도 있었다.[37]

이로 말미암아 주일공사관원은 공관 운영비를 마련하기 위해 일본의 은행 혹은 상인에게 거액을 빌렸지만, 상환 약속일에 갚지 못해 곤란에 처한 적이 많았다. 1897년 8월 외부가 탁지부에 주일공사관의 채무액을 갚지 못하면 공관의 사기뿐만 아니라 정부의 수모도 감당하기 어렵다고 거듭 호소했던 사례는 그 실상을 잘 보여준다. 다행히 이때 이하영이 일본으로 부임하

---

36 이러한 관행은 최초의 해외상주사절단이었던 주진대원도 예외가 아니었다. 한철호, 앞의 논문(2007) 참조.
37 《통서일기》 2, 327쪽, 1890년 3월 29일자; 《외아문일기》, 260쪽, 1897년 3월 9일자; 271~272쪽, 3월 27일자; 294쪽, 1897년 5월 17일자.

면서 채무액을 마련했기 때문에 일시적인 위기는 모면할 수 있었다.[38]

그러나 재정문제는 주일공사관이 강제로 폐쇄되기 직전까지 해결되지 않음으로써 공사관의 파행적 운영은 불가피했으며, 일제의 공사관 폐쇄에 빌미를 제공하고 말았다. 1904년 12월 하야시는 고종에게 지금까지 한국의 외교는 서울에서 항상 취급해왔으며, 앞으로 양국의 협약에 기초해서 일본이 한국의 외교문제를 서울 혹은 도쿄에서 교섭하려고 하므로 굳이 국비를 막대하게 들여 외교관을 파견할 필요가 없다고 주장했던 것이다. 종래 한국공사들이 늘 경비 부족으로 곤란을 호소하는데다가 부채를 끌어다 쓸 재원도 없는 실정이므로 이를 철퇴시키면 세비도 절약할 수 있다는 논리였다. 이러한 그의 주장은 한국의 외교권을 박탈하고 보호국으로 삼으려는 의도에서 나온 것이지만, 당시 한국외교 혹은 주일공사관의 실태를 정확히 파악·지적한 측면도 있었음을 부정하기 힘들다.[39]

이처럼 주일공사들이 장기간 자리를 비우는 바람에 주일공사관은 설치 초기부터 자연히 대리 혹은 서리공사에 의해 운영되지 않을 수 없었다. 초대 공사 민영준이 임지인 도쿄에 부임한 지 두 달 만에 귀국한 이래 주일공사관이 폐쇄될 때까지 대리 혹은 서리공사를 맡은 자는 김가진·유기환·이학규·권재형·김사순·한영원·이태직·박용화·유찬·정해용·현보운·박정선 등 12명이었다. 이들 가운데 유기환·김사순·한영원·정해용·현보운 등은 2차례, 유찬은 3차례, 박용화는 4차례를

---

38 《외아문일기》, 334쪽, 1897년 8월 18일자; 335쪽, 8월 21일자; 337쪽, 1897년 8월 24일자.
39 《일관기록》 22, 436~437쪽, 기밀 제122호.

각각 역임하였다. 또 김가진·이학규·권재형·김사순·박용화·정해용 등의 대리공사 재임기간은 1년이 넘었다.

더욱 주목할 만한 점은 한영원·정해용 등이 당시 주일공사관원 중 가장 말단인 번역관·서기생으로서 대리 혹은 서리공사직을 맡았다는 점이다. 이는 주일공사뿐 아니라 그 외에 실무를 담당해야 할 참찬관·참서관·서기생·번역관 등 공사관원조차 제대로 충원되지 않았던 실정을 잘 보여준다. 1889년 말경 주일공사관에는 참찬관·대리공사를 거쳐 공사로 승진되었던 김가진 외에 서기관 유기환만 근무했기 때문에, 김가진은 일본의 상공업 상황뿐만 아니라 모든 보고를 몸소 처리하느라 조금도 쉴 틈이 없었다고 전해진다.[40] 그리하여 1890년 1월 김가진은 국왕에게 복명하는 자리에서, 서기관 유기환이 대리공사로 홀로 남아 부산 출신의 통변通辯 김낙준과 업무를 보고 있다면서 통역관을 제외하고 최소한 3~4명의 관원이 충원되어야 일을 제대로 처리할 수 있다고 아뢰었다.[41]

실제로 공사관 개설부터 갑오개혁 이전까지 공사를 제외한 공사관원의 상황을 살펴보면, 서기관은 1889년 11월 12일부터 1891년 4월 19일까지 약 1년 5개월간 유기환·이학규가 홀로 근무하다가 대리공사로서 업무를 처리하였다. 또한 김하영도 후임자가 발령나기 6개월 전인 1892년 12월경에 귀국해버림으로써[42] 이 기간 동안 권재형이 혼자 근무하고

40 《讀賣新聞》, 1889년 12월 23일자, 〈朝鮮公使の多忙〉.
41 《승정원일기》, 1894년 1월 22일자.
42 김하영은 1892년 12월 11일부터 외아문에 나아가 주사로 근무하였다. 《통서일기》 3, 32쪽, 1892년 12월 11일자.

있었다. 번역관의 경우에도 안경수가 부임 직후인 1887년 9월 중순 귀국한 이래[43] 2년 5개월간 공석으로 남아 있다가 1890년 2월 26일 김낙준이 정식으로 발령받았으며, 1894년 3월 25일 한영원으로 교체되었다. 즉, 공사가 부재 중인 상황에서 서기관·번역관 등도 제대로 정원을 채우지 못한 채 공사관은 파행적으로 운영되었던 것이다.

이러한 사정은 1895년 3월 참찬관·서기관·번역관 체제에서 참서관·서기생 체제로 축소 개정된 뒤에도 달라지지 않았다. 김사철의 귀국 후 장기간 대리공사직을 맡아왔던 참서관 김사순은 1895년 2월 외무아문에 신병으로 인해 근무하기 어려우므로 곧 환국하겠다는 뜻을 강력하게 밝히면서 번역관 한영원을 서리공사로 임명해달라고 요청했던 것이다.[44] 외무아문은 급히 이태직을 참찬관으로 임명했으나 그의 부임이 늦어지자 4월 6일 김사순은 외무성에 자신의 귀국 이후 한영원을 서리공사로 임명한다는 사실을 통보한 뒤 그 다음날 도쿄를 떠났다.[45] 4월 14일 외부는 부랴부랴 한영원에게 서리공사직을 위임하는 훈령을 전보로 보내지 않을 수 없었다. 이로써 주일공사관에는 고영희가 공사로 임명되어 부임할 때까지 홀로 남은 번역관 한영원이 서리공사를 맡는 초유의 사태가 벌어지고 말았다.

또한 1901년 5월 20일경에도 서기생 정해용이 대리공사로 임명되는

---

[43] 《흠차주차일본공사관팔구양삭경용성책》, 1887년 9월 17, 21일; 《통서일기》 1, 596쪽, 1887년 10월 25일자; 626쪽, 12월 28일자.

[44] 《일안》 3, 210쪽, #3485.

[45] 《주일공사관일기》, 1895년 4월 6, 14일자; 《일안》 3, 255쪽, #3597.

상황이 재연되었다. 정해용은 1900년 12월 공사 성기운·참서관 유찬과 함께 주일공사관에 도착했는데,[46] 그 다음해 3월 성기운·유찬 등이 귀국한데다가 5월 21일경 대리공사 박용화마저 귀국하여 홀로 남게 되면서 대리공사를 맡지 않을 수 없었다.[47] 서기생으로 부임한 지 불과 6개월 만에 대리공사에 임명된 그는 주일공사로 임명된 이용태가 부임을 꺼려 하는 상황 속에서, 일단 1901년 10월 28일 참서관 유찬이 임시대리공사로 파견될 때까지 약 5개월간 대리공사의 업무를 보았다.[48] 그러나 1902년 7월 12일 유찬마저 명목상 휴가로 귀국하면서 재차 서기생 정해용을 대리공사로 임명한다고 일본 외무성에 통보하였다. 이어 17일 유찬이 환국함에 따라 그 다음날부터 정해용은 대리공사 사무를 개시하기에 이르렀다. 10월 24일 비로소 정부는 그를 참서관으로 승진시켜 임시대리공사로 임명하였다.[49]

이에 대해 고무라 외무대신은 한국정부가 미국·러시아에 항상 정식 공사를 주재시키거나 유럽 국가들에도 공사를 파견하고 있는 반면, 지난 3년간 한 번도 정식으로 주일공사를 두지 않은 채 항상 서기관을 대리공사로 임명하다가 현재처럼 겨우 서기생 한 명으로 하여금 사무를 처리하고 있다면서 강력하게 불만을 제기하였다. 한·일 양국 간의 거리도 가깝

---

46 《주일공관일기》, 1900년 12월 10일자.

47 《주일공관래거안》 7, 보고 제18호, 1901년 5월 21일.

48 《일관기록》 16, 480쪽, (17).

49 《주일공사관일기》, 1902년 7월 12, 15, 17, 18, 26일, 10월 26일자; 《승정원일기》, 1902년 9월 23일조; 《일관기록》 18, 250쪽, 래전 제62호.

고 교섭 역시 대체로 서울에서 처리되고 있는 상황을 고려하더라도, 이는 일본을 경시하는 조치이므로 더 이상 불문에 붙일 수 없다는 것이다. 따라서 그는 상주공사의 부재로 말미암아 외교상 조종할 수 있는 기회를 놓쳐버릴 염려가 있다면서 현안을 신속하게 처리하기 위해 비중있는 인물을 주일공사로 파견하도록 조치하라고 하야시 공사에게 지시하였다.[50]

하야시 공사는 즉각 한국정부에 서기생이 공사관의 업무를 처리하는 현상황에서 작년처럼 천장절 의식에 참석하지 못하게 될 뿐만 아니라 대리공사의 임명이 관례에도 어긋나 일본정부가 불쾌감을 느끼고 있으므로 주일공사를 파견해달라고 요청하였다. 결국 일본의 강력한 항의에 굴복해서 외부대신 조병식은 주일공사의 미부임으로 양국의 외교에 지장을 초래했다고 사과함과 동시에 정해용을 대리공사로 임명한 데 양해를 구한 다음 12월 29일에야 김승규를 신임 주일공사로 발탁하였다. 그러나 김승규마저도 부임하지 않았기 때문에 그 다음해 2월 10일에야 비로소 고영희가 주일공사로 발탁·출발하기에 이르렀다.

그러나 일본이 주일공사의 파견을 촉구했음에도 한국이 소극적으로 대응했던 상황은 곧 그 입장이 뒤바뀌게 되었다. 러일전쟁의 전황이 유리하게 돌아감에 따라, 일본은 한국을 보호국으로 삼기 위해 한국주재 외교사절을 철수시킴과 동시에 외국주재 한국공사관을 폐쇄시킴으로써 한국의 외교통로를 차단하려 했기 때문이다. 특히 1904년 8월 22일 '제1차 한일협약'을 강제로 체결하여 한국의 재정·외교권 장악에 박차를 가한 뒤, 일

---

50 《일관기록》 18, 98~99쪽, 기밀송 제67호.

본은 한국의 해외공관을 본격적으로 철수하는 데 착수하였다. 고종의 '허영虛榮' 정책에 근거해서 파견된 해외주재 공사관원들은 무용지물에 불과하다는 이유를 내세워 '재정정리의 제1보'로써 점차 소환하려 했던 것이다.

이러한 명분 아래 하야시는 당시 현지에 주재하고 있던 주불·독·청 3국 공사를 제외한 나머지 국가에 공사를 다시 파견하지 못하도록 조치하였다. 8월 18일 귀국했던 조민희의 후임 파견을 한국정부에 요구하지 않았던 의도도 타국 주재한국공사의 결원에 선례를 남기려는 데 있었던 것이다. 그럼에도 10월 25일 고종이 천장절 참석을 빌미로 조민희를 급파한 것은 일본의 해외 한국공사관 폐쇄 시도에 불의의 일격을 가한 것으로 평가된다.

이에 대응해서 12월 8일 하야시는 고종에게 시정개선의 일환으로 해외주재 한국공사는 실제상 필요가 없다는 뜻을 거듭 주장하였다. 지금까지 한국의 외교는 서울에서 항상 이뤄져왔던 데다가 앞으로도 양국의 협약에 의거해서 일본정부는 외교업무를 서울 혹은 도쿄에서 교섭·해결할 것인 만큼, 굳이 엄청난 국비를 들여 외교관을 파견할 필요가 없다는 것이다. 또한 그는 종래 한국공사들이 경비 부족으로 늘 곤란을 호소했을 뿐 아니라 부채를 끌어다 쓸 재원도 없는 실정이므로 오히려 철퇴시키는 편이 낫다면서, 그렇게 할 경우 세비를 절약할 수 있다는 논리를 펼쳤다. 이는 한국의 외교권을 박탈하려는 의도임에 틀림없지만, 한국외교 혹은 해외공관의 실상을 뼈아프게 지적한 것이었다고 여겨진다.

1904년 12월 말 외교고문 스티븐스의 부임을 계기로 한국의 해외공관 폐쇄를 본격적으로 추진했던 하야시 공사는 1905년 1월 26일 고종에게 아직 주재 중인 한국공사의 소환을 재차 강요하였다. 고종은 한일관계상 주일공사만큼은 그대로 주재시키고 싶다는 희망을 내비추었으나 하야시는 단호하게 거절하였다. 도쿄에는 공사를 소환한 후 적당한 시기에 고종의 대리자격을 지닌 사절을 임시 또는 영구히 파견하려는 계획을 갖고 있었기 때문이다. 그 반면 고무라는 고종이 주일공사의 주재를 강력하게 희망하는 만큼, 당분간 그 요구를 받아들여 현상태를 유지하자는 유화책을 내놓았다. 결국 고무라의 의견대로 조민희의 소환은 당장이뤄지지 않게 되었다.

마침내 1905년 11월 17일 을사늑약이 강제로 체결되고 각의에서 통감부 및 이사청 설치에 관한 칙령이 결정된 다음날인 23일, 가츠라 임시외무대신은 되도록 빨리 한국정부로 하여금 외부와 해외공관 폐지에 관한 칙령 발포를 촉구하라는 지시를 하야시 공사에게 내렸다. 그런데 하야시는 법률·칙령을 발포하더라도 실제로 실행되지 않는 현재의 상황에서 오히려 이를 잠시 지연하자는 의견을 내놓았다. 이에 따라 12월 13일에야 가츠라는 조민희를 직접 관저로 불러 앞으로 일본외무성이 한국의 외교관계 및 사무를 감독·지휘할 것이므로 주일한국공사관을 철퇴한다고 통고하였다. 12월 21일 이토가 통감부 초대 통감으로 임명되었던 날, 주일공사 조민희는 귀국길에 올랐고 주일공사관은 폐쇄되고 말았다.

이상과 같이 주일공사는 근대적 외교제도에 입각해 파견된 최초의 상주외교관으로서 대내외적으로 자주독립국의 위상을 높이고 양국 간의 국교정상화를 이룩하는 출발점이 되었다는 점에서 중요한 역사적 의의를 지닌다. 그러나 주일공사는 대외관계상 일본이 차지하는 비중에 걸맞은 활동을 제대로 펼치지 못하였다. 이처럼 주일공사관이 파행적으로 운영된 이유는 무엇보다 고종을 비롯한 집권층과 주일공사 자신이 그 역할의 중요성을 제대로 이해하지 못한 채 장기간 부재한 데 있었다.

주일공사는 망명자와 연루의혹 등 정치적으로 민감한 처지에 빠질 염려가 있었던 데다가 귀국 후 권력을 상실할지도 모른다는 우려 때문에 임명을 기피하였고, 임명되더라도 부임하지 않는 경우가 많았다. 양국 관계의 중대성에 걸맞은 전문적인 외교력을 갖춘 인물들의 발탁이 사실상 힘들었던 것이다.

또한 공사관원도 적었기 때문에 참서관·서기관마저 부재할 때에는 최하급의 서기생이 대리공사직을 맡아야 했던 상황에서 공사관 자체가 제대로 운용될 수가 없었다. 심지어 주일공사관은 운영비 부족으로 공사관의 기본적인 업무조차 제대로 수행하기가 어려웠던 실정이었다. 따라서 주일공사는 일본 국내의 동향을 광범위하고 체계적으로 파악하거나 각종 현안에 대해 일본정부와 적극적으로 협상을 벌이는 외교관의 가장 기본적인 업무조차 제대로 수행할 수 없는 지경에 빠진 적도 있었다. 이로 말미암아 긴급 상황이 발생했을 때, 고종은 임시로 특사를 파견하는 편법을 취했지만 별다른 성과를 거두기 힘들었다.

더군다나 양국관계가 상호 대등하게 전개되기보다는 일본의 한국정책에 의해 일방적으로 좌우되는 상황 하에서 양국 간의 교섭은 실질적으로 일본이 아니라 국내에서 진행되고 있었기 때문에 주일공사의 실질적인 입지는 좁아질 수밖에 없었다. 그 결과 주일공사는 양국 간의 현안을 처리하고 근대적 제도와 문물을 수용하는 데에는 부분적인 성과를 거두었지만, 일본의 실상을 정확히 파악하고 올바른 대책을 강구하지 못하는 한계를 드러냈다. 결국 주일공사의 파행적인 운영을 초래한 요인들은 일본이 한국의 외교권을 박탈하고 보호국화로 삼는 데, 나아가 한국의 국권을 강탈하는 데 중요한 빌미가 되고 말았다.

# 참고문헌

## 1. 자료

《內部來去文》, 규장각 17794.
《東京時事新聞抄》, 규장각 7561.
《駐日公使館日記》, 규장각 15725.
《駐日來去案》, 규장각 18060.
《駐日日記》, 규장각 23131.
《學部來去文》, 규장각 17798.
《議定存案(第一)》, 규장각 17236.
《欽差駐箚日本公使館經用成冊》, 규장각 20916.
《欽差駐箚日本公使館八·九兩朔經用成冊》, 규장각 21794.
〈典圜局의 製紙器械購買契約〉, 규장각 23065.
〈朝鮮政府에서 購入하는 製紙器械代金中 1萬圓의 領受證〉, 규장각 23130.

高麗大 亞細亞問題硏究所 編, 《舊韓國外交文書》, 高麗大 亞細亞問題硏究所, 1965~1971.
_____, 《舊韓國外交官係附屬文書》, 高麗大學校 亞細亞問題硏究所, 1972~1974.
《高宗純宗實錄》, 探求堂, 1970.
《舊韓國官報》, 아세아문화사, 1994.
國史編纂委員會 編, 《修信使記錄》, 國史編纂委員會, 1958.
_____, 《承政院日記》, 國史編纂委員會, 1970.
_____, 《大韓帝國官員履歷書》, 國史編纂委員會, 1972.
金允植, 《陰晴史》, 國史編纂委員會, 1958.
박대양, 《동사만록》, 민족문화추진위원회, 1977.
서울대학교 고전간행회 편, 《日省錄: 高宗篇》, 서울대학교 고전간행회, 1972.
서울시사편찬위원회 편저, 《國譯 漢城府來去文》, 서울특별시, 1997.
송병기 편역, 《개방과 예속 ── 대미 수교 관련 수신사 기록(1880)초──》, 단국대학교출판
   부, 2000.
윤치호 저, 송병기 옮김, 《국역 윤치호일기》, 연세대학교 출판부, 2001.
李台植, 《泛槎錄》, 서울대도서관 古4280-4.
_____, 최강현 옮김, 《명치시대 동경일기: 泛槎錄》, 서우얼출판사, 2006.

鄭 喬, 《大韓季年史》, 國史編纂委員會, 1957.

_____, 변주승 등 역주, 《대한계년사》, 소명출판, 2004.

韓國學文獻硏究所 編, 《朴定陽全集》, 亞細亞文化社, 1984.

黃 玹, 《梅泉野錄》, 國史編纂委員會, 1955.

_____, 임형택 외 옮김, 《역주 매천야록》, 문학과지성사, 2005.

《大朝鮮獨立協會會報》; 《독립신문》; 《親睦會會報》; 《皇城新聞》


미국무부, 한철호 옮김, 《미국의 대한정책 1834~1950》, 한림대학교 아시아문화연구소, 1998.

새비지-랜도어 지음, 신복룡 외 옮김, 《고요한 아침의 나라 조선》, 집문당, 1999.

서울대학교 인문대학 독일학연구소 옮김, 《한국근대사에 대한 자료: 오스트리아 헝가리 제국 외교 보고서(1885~1913)》, 신원문화사, 1992.


國史編纂委員會 編, 《駐韓日本公使館記錄》, 國史編纂委員會, 1986~2000.

_____, 《要視察韓國人擧動》, 國史編纂委員會, 2001.

金正明 編, 《日韓外交資料集成》, 巖南書店, 1967.

大村友之丞 編, 《朝鮮貴族列傳》, 大村友之丞, 1910.

杉山米吉, 《現今淸韓人傑傳─朝鮮韓國─》, 杉山書店, 1894.

細井肇, 《現代漢城の風雲と名士》, 日韓書房, 1910.

市川正明, 《日韓外交史料(5) 韓國王妃殺害事件》, 原書房, 1981

伊藤博文 編, 《秘書類纂 : 朝鮮交涉資料》, 秘書類纂刊行會, 1936.

日本外務省 編, 《日本外交文書》, 日本國際聯合協會, 1936~.

長風山人, 〈日露戰役前に於ける韓末宮廷外交秘聞〉, 《韓國近世史論著集─舊韓末篇─》 3, 태학사, 1982.

《在本邦各國公使任免雜件─韓國之部─》, 日本外務省 外交史料館 6-1-8-4-7.

《國民新聞》; 《大阪每日新聞》; 《讀賣新聞》; 《東京日日新聞》; 《東京朝日新聞》; 《時事新報》

吳汝綸 編, 《李文忠公(鴻章)全書》, 文海出版社(影印), 1965.

中央硏究院 近代史硏究所 編, 《淸季中日韓關係史料》, 中央硏究院 近代 史硏究所, 1972.


Spencer J. Palmer ed. *Korean-American Relations*: *Documents Pertaining to the Far Eastern Diplomacy of the United States*. *Volume II*: *The Period of Growing Influence*, *1887~ 1895*. Berkeley and Los Angeles : University of California Press, 1963.

Scott S. Burnett ed., *Korean-American Relations*: *Documents Pertaining to the Far Eastern Diplomacy of the United States Volumel Ⅲ*: *The Period of Diminishing Influence*, *1896~*

*1905*, Berkeley and Los Angeles : University of California Press, 1989.
《한영외교사관계자료집》, 동광출판사, 1997.


2. 연구문헌

단행본
구선희, 《한국근대 대청정책사 연구》, 혜안, 1999.
권혁수, 《19세기말 한중관계사연구—李鴻章의 조선인식과 정책을 중심으로—》, 백산자
　　　료원, 2000.
김기주, 《한말 재일유학생의 민족운동》, 느티나무, 1993.
문일평 저, 이광린 교주, 《한미오십년사》, 탐구당, 1975.
서영희, 《대한제국 정치사 연구》, 서울대학교출판부, 2003.
송병기, 《울릉도와 독도》, 단국대학교출판부, 1999.
신용하, 《독립협회연구》, 일조각, 1976.
유영익, 《갑오경장연구》, 일조각, 1990.
이광린, 《개화파와 개화사상연구》, 일조각, 1989.
이민원, 《명성황후시해와 아관파천》, 국학자료원, 2002.
이배용, 《한국근대 광업침탈사연구》, 일조각, 1989.
이선근, 《한국사—최근세편—》, 을유문화사, 1959.
정재정, 《일제침략과 한국철도(1892~1945)》, 서울대학교출판부, 1999.
한일관계사학회, 《조선시대 한일표류민연구》, 국학자료원, 2001.
한철호, 《친미개화파연구》, 국학자료원, 1998.
＿＿＿, 《한국 근대 개화파와 통치기구 연구》, 선인, 2009.
허동현, 《근대한일관계사연구》, 국학자료원, 2000.
현광호, 《대한제국의 대외정책》, 신서원, 2002.
＿＿＿, 《대한제국과 러시아 그리고 일본》, 선인, 2007.
강성은 지음, 한철호 옮김, 《1905년 한국보호조약과 식민지 지배책임》, 선인, 2008.
모리야마 시게노리, 김세민 옮김, 《근대한일관계사연구》, 현음사, 1994.


武井一, 《皇室特派留學生—大韓帝國からの50人—》, 白帝社, 2005.
林明德, 《袁世凱與朝鮮》, 中央研究院 近代史研究所, 1970.
長田彰文, 《セオドア·ルズベルトと韓國—韓國保護國化と米國—》, 未來社, 1992.
田保橋潔, 《近代日鮮關係の研究》上·下, 朝鮮總督府中樞院, 1940.

彭澤周, 《明治初期日韓淸關係の硏究》, 塙書房, 1969.

## 논문

김수암, 〈한국의 근대외교제도 연구〉, 서울대 외교학과 박사학위논문, 2000.

김원모, 〈박정양의 대미자주외교와 상주공사관개설〉, 《남사정재각박사고희기념 동양
학논총》, 고려원, 1984.

_____, 〈袁世凱의 한반도 안보책(1886)〉, 《동양학》 16, 1986.

김정기, 〈청의 조선정책(1876~1894)〉, 《1894년 농민전쟁연구》 3, 역사비평사, 1993.

김현숙, 〈한말 고문관 러젠드르(李善得)에 대한 연구〉, 《한국근현대사연구》 8, 1998.

김현철, 〈박영효의 '근대국가 구상'에 관한 연구─개화기 문명개화론자에 나타난 전통과
근대를 중심으로─〉, 서울대 외교학과 박사학위논문, 1999.

박찬승, 〈1890년대 후반 관비유학생의 도일유학〉, 《근대 교류사와 상호인식 I》, 아연출판
부, 2000.

송경원, 〈한말 안경수의 정치활동과 대외인식〉, 《한국사상사학》 8, 1997.

송병기, 〈소위 "삼단"에 대하여〉, 《사학지》 6, 1972.

_____, 〈개화기 일본유학생 파견과 실태(1881~1903)〉, 《동양학》 18, 1988.

오영섭, 〈동농 김가진의 개화사상과 개화활동〉, 《한국사상사학보》 20, 2003.

윤병희, 〈일본망명시절 유길준의 쿠데타음모사건〉, 《한국근현대사연구》 3, 1995.

이　훈, 〈'표류'를 통해서 본 근대 한일관계〉, 《한국사연구》 123, 2003.

이광린, 〈춘고 박영효(1861~1939)〉, 《개화기의 인물》, 연세대학교출판부, 1993.

이은자, 〈한국 개항기(1876~1910) 중국의 치외법권 적용 논리와 한국의 대응〉, 《동양사
학연구》 92, 2005.

이헌주, 〈강위의 대일개국론과 그 성격〉, 《한국근현대사연구》 19, 2001.

장수영, 〈구한말 역대 주미공사와 그들의 활동〉, 《재미과학기술협회보》 11-6, 1983.

전정해, 〈광무년간의 상업화 정책과 프랑스 자본인력의 활용〉, 《국사관논총》 84, 1999.

정성일, 〈표류민 송환체제를 통해서 본 근현대 한일관계─제도사적 접근(1868~1914)─〉,
《한일관계사연구》 17, 2002.

최덕수, 〈《사화기략》(1882)연구〉, 《사총》 50, 1999.

최　준, 〈을미망명자의 나환문제─한일양국간의 외교분쟁─〉, 《백산학보》 8, 1970.

최강현, 〈범사록〉, 《한국문학의 고증적 연구》, 고려대 민족문화연구소, 1996.

최영희, 〈주한일본공사관기록 수록 《韓末官人의 經歷一般》〉, 《사학연구》 21, 1969.

하우봉, 〈개항기 수신사행에 관한 일연구〉, 《한일관계사연구》 10, 1999.

한시준, 〈한말 일본유학생에 관한 일고찰〉, 《천관우선생환력기념 한국사학논총》, 정음
문화사, 1985.

한철호, 〈통리군국사무아문(1882~1884)의 조직과 운영〉, 《이기백선생고희기념 한국사 학논총》하, 일조각, 1994.

_____, 〈민씨척족정권기(1885~1894) 내무부의 조직과 기능〉, 《한국사연구》 90, 1995.

_____, 〈민씨척족정권기(1885~1894) 내무부 관료 연구〉, 《아시아문화》 12, 1996.

_____, 〈개화기(1887~1894) 주일 조선공사의 파견과 외교 활동〉, 《한국문화》 27, 2001 [〈주일 조선공사의 파견과 외교 활동(1887~1894)〉, 《한국 근대사회와 문화1—19세기 말에서 20세기 초를 중심으로—》, 서울대학교출판부, 2003].

_____, 〈주일 한국공사 이하영의 임면 배경 및 경위(1896~1900)〉, 《경주사학》 22, 2003.

_____, 〈갑오개혁기(1887~1894) 주일 조선공사의 파견과 외교 활동〉, 《백산학보》 70, 2004.

_____, 〈대한제국기(1896~1900) 주일 한국공사의 외교 활동과 그 의의—이하영을 중심 으로—〉, 《진단학보》 97, 2004.

_____, 〈개화기 관료지식인의 미국 인식〉, 《역사와현실》 58, 2005.

_____, 〈한국 근대 주진대원의 파견과 운영(1883~1894)〉, 《동학연구》 23, 2007.

_____, 〈대한제국기 주일 한국공사의 임면 배경과 경위(1900~1905)〉, 《한국근현대사 연구》 44, 2008.

_____, 〈개화기 박영효의 《사화기략》에 나타난 일본 인식〉, 《한국학논집》(한양대) 44, 2008.

_____, 〈갑오개혁·아관파천기(1894~1897) 일본의 치외법권 행사와 조선의 대응〉, 《한 국민족운동사연구》 56, 2008.

_____, 〈우리나라 최초의 국기('박영효 태극기' 1882)와 통리교섭통상사무아문 제작 국 기(1884)의 원형 발견과 그 역사적 의의〉, 《한국독립운동사연구》 31, 2008.

_____, 〈대한제국기 주일 한국공사의 활동과 그 의의(1900~1905)〉, 《사학연구》 94, 2009.

현광호, 〈대한제국기 망명자문제의 정치·외교적 성격〉, 《사학연구》 57·58합집, 1999.


阿部洋, 〈舊韓末の日本留學〉(Ⅰ)(Ⅱ)(Ⅲ), 《韓》 3-5, 3-6, 3-7, 1974.

安田吉實, 〈李朝貨幣 《交換局》と大三輪文書について〉, 《朝鮮學報》 72, 1974.

河村一夫, 〈靑木外相の韓國に關連する對露强硬政策の發展と日英同盟の成立との關係〉 上, 《朝鮮學報》 54, 1970.

_____, 〈朝鮮國王族李埈鎔の來日について(一)〉, 《朝鮮學報》 133, 1989.

# 찾아보기

지은이 한철호韓哲昊

고려대학교 사학과를 졸업, 같은 학교 대학원에서 석사학위를 받고, 한림대학교 대학원에서 박사학위를 받았다. 현재 동국대학교 역사교육과 교수로 재직 중이며, 한국근현대사학회 회장을 맡고 있다. 주요 논저로는 〈개항기 일본의 치외법권 적용 논리와 한국의 대응〉, 〈제1차 수신사(1876) 김기수의 견문활동과 그 의의〉, 〈한국근대 주진대원의 파견과 운영(1883~1894)〉, 〈메이지 초기 일본외무성 관리 다나베 다이치田邊太一의 울릉도·독도인식〉, 〈우리나라 최초의 국기('박영효 태극기' 1882)와 통리교섭통상사무아문 제작 국기(1994)의 원형 발견과 그 역사적 의의〉, 〈명동학교의 변천과 그 성격〉, 《친미개화파연구》, 《동아시아 근현대사》(역서), 《일본이라는 나라》(역서), 《한국근대 개화파와 통치기구 연구》 등이 있다.

한국근대 주일한국공사의 파견과 활동

◉ 2010년 7월 15일 초판 1쇄 인쇄
◉ 2010년 7월 23일 초판 1쇄 발행
◉ 지은이          한철호
◉ 발행인          박혜숙
◉ 편집인          백승종
◉ 디자인          이보용
◉ 영업 및 제작     변재원
◉ 인쇄            정민인쇄
◉ 제본            정민제책
◉ 종이            화인페이퍼
◉ 펴낸곳 · 도서출판 푸른역사
           주소 · 우 110−040 서울시 종로구 통의동 82
           전화 · 02)720−8921(편집부) 02)720−8920(영업부)
           팩스 · 02)720−9887
           전자우편 · 2007history@naver.com
           등록 · 1997년 2월 14일 제13−483호

ⓒ 한철호, 2009
ISBN 978-89-94079-09-7  93900

· 잘못 만들어진 책은 교환해 드립니다.